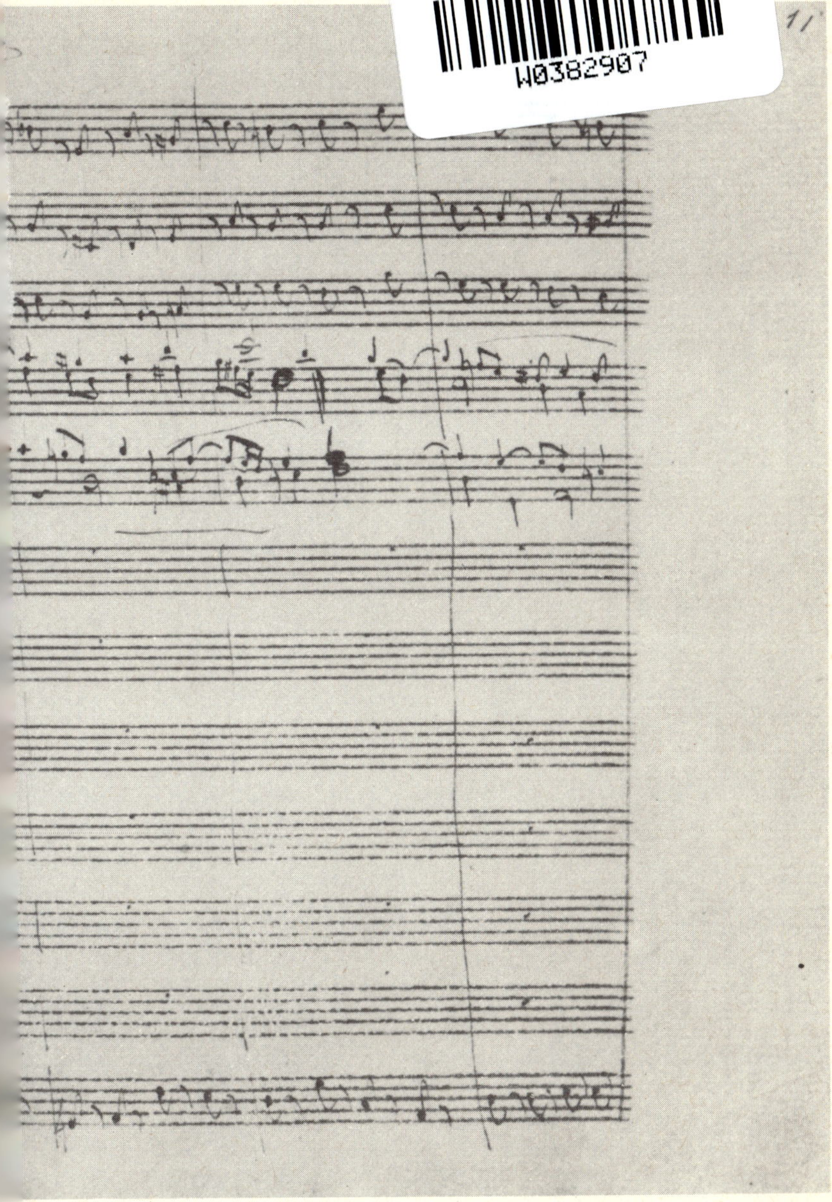
11

Heinz Gärtner

MOZARTS REQUIEM

Heinz Gärtner

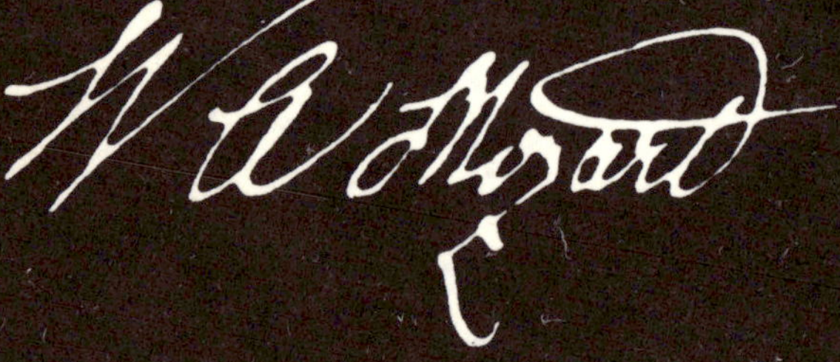

MOZARTS REQUIEM

und die Geschäfte der Constanze M.

Langen Müller

Vorsatz vorne und hinten:

Mozarts eigenhändige Niederschrift
des einleitenden »Requiem« und »Kyrie«.

Zum Innentitel:

Das unvollendete Mozart-Porträt,
gemalt von seinem Schwager Josef Lange.

58 Abbildungen

Umschlaggestaltung: Christel Aumann, München
Verlagsredaktion: H. R. v. Zabuesnig
Satz: Filmsatz Schröter GmbH, München
Gesetzt aus: 10/11 Lino Walbaum auf Linotron 202
Druck: Jos. C. Huber KG, Dießen
Binden: R. Oldenbourg, München
Printed in Germany 1986
ISBN: 3-7844-2104-0

...ergibt sich das Bild einer geradezu unglaublichen Verwirrung, eines unbegreiflichen Durcheinanders, einer manchmal absichtlichen Verschleierung, das Bild übelsten Betrugs und gewerbsmäßiger Fälschung in allen Fragen, die mit dem künstlerischen Nachlaß Mozarts zusammenhängen.

Wilhelm Hitzig zur Situation nach Mozarts Tod in
Der Bär, Breitkopf & Härtel, Leipzig 1928.

Inhalt

1
Mozart stirbt und seine Witwe stellt die Weichen

»Armenbegräbnis«. Zeitgenössisches Gemälde aus dem Besitz Beethovens, der es für Mozarts Leichenbegängnis hielt.

Am 4. Dezember 1791, nachmittags gegen zwei Uhr, spielt sich in der Rauhensteingasse Nr. 970 in Wien diese gespenstische Szene ab: Im ersten Stock des sogenannten Kleinen Kaiserhauses hat Wolfgang Amadeus Mozart, seit Tagen krank und bettlägerig, die Freunde und Weggefährten der letzten Zeit um sich versammelt. Es sind dies die Sänger Benedikt Schak und Alexander Gerl, beide noch acht Wochen zuvor als Tamino und Sarastro an der Uraufführung der *Zauberflöte* beteiligt, und Mozarts Schwager Franz Hofer. Sie proben das Requiem, genauer gesagt, das, was Mozart bisher davon komponiert hat. Er selbst trägt mit dünner Stimme vom Bett aus die Alt-Partie dazu bei, vermutlich des ›Lacrimosa‹, dessen erste acht Takte zugleich die letzten sind, die der Meister je komponiert hat. Elf Stunden später, wir schreiben den 5. Dezember, ist Mozart tot. –

Das Begräbnis findet am nächsten Tag statt – oder am übernächsten, wem immer man Glauben schenken will, dem Sterberegister oder dem Wetteramt. Die amtlichen Matrikeln verzeichnen den 6. Dezember als den Tag, an dem Mozart bestattet wurde. Dem aber steht entgegen, daß das »stürmische Wetter«, das Augenzeugen erlebt haben wollen, nach den Aufzeichnungen der Wiener Wetterwarte erst am 7. Dezember stattgefunden hat; am 6. Dezember herrschte Windstille.

Doch was sonst hätte die wenigen Freunde, die Mozart auf seinem letzten Weg begleiteten, zur Umkehr bewegen können, wenn nicht ein Naturereignis von ungewöhnlicher Heftigkeit, Schnee und Hagel etwa oder der vom Sturm aufgewirbelte Kalkstaub der zwar gepflasterten, aber berüchtigt staubigen Straßen der Wiener Vorstadt?

Tatsache ist, daß die Freunde dem toten Mozart nur bis zum Stubentor das Geleit gaben und dann Schutz innerhalb der Stadtmauern suchten. Von da an lenkte der Kutscher das armselige Trauergefährt allein zum St. Marx-Friedhof.

Allein – denn auch das steht fest: Auf Mozarts letzter Fahrt fehlte die Hauptleidtragende, seine Witwe Constanze!
Man möchte ihr gerne abnehmen, daß sie vor Kummer wie von Sinnen war, so erschüttert, daß sie aus dem Sterbehaus weggeführt werden mußte. Wenn dem so war, dann muß sich Constanze allerdings fragen lassen, warum sie auch an den folgenden Tagen keinen Fuß auf den Friedhof setzte, um das Grab, verspätet zwar, aber immerhin, zu besuchen; warum sie nicht wenigstens bemüht war, die Grabstätte Mozarts durch ein schlichtes Holzkreuz für die Nachwelt kenntlich zu machen. Erst siebzehn Jahre später, und selbst dann nur auf das Drängen von Freunden hin, sucht Constanze den St. Marx-Friedhof auf, natürlich ohne die geringste Spur von Mozarts Grab zu finden, nach siebzehn Jahren...
Auch sonst mehren sich die Zweifel am Bild der gramgebeugten Witwe. Hat Constanze etwa das Gedicht auf den Tod ihres Mannes – ausdrücklich mit dem Datum des Todestages versehen und mit »Deine äußerst betrübte Gattin Constanze Mozart née Weber« unterzeichnet – hat sie dieses Gedicht wirklich an demselben Tag geschrieben, an dem sie, angeblich wie betäubt vor Schmerz, nicht einmal am Begräbnis teilnehmen konnte?
Die erstaunlich klar formulierte Eintragung in das Stammbuch des Verstorbenen [1] deutet eher auf eine kleine zeitliche Manipulation Constanzes hin. Sie könnte das Gedicht auch erst einige Tage später verfaßt und rückdatiert haben, dann nämlich, als es ihr darum ging, in der Öffentlichkeit den Eindruck einer unter Tränen tapferen Witwe zu erwecken, Mitleid erregend und nur allzu berechtigt, die künstlerische Hinterlassenschaft Mozarts zu verwalten und zu – vermarkten.
Sie kommt zweifellos überraschend, die Vorstellung von Constanze als einer mit allen Wassern gewaschenen Geschäftsfrau. Sie, das »Weibchen«, vom liebenden Gatten bis zur Selbstzerstörung verwöhnt und bisher scheinbar alles andere als haushälterisch veranlagt, sollte sich buchstäblich über Nacht – der Nacht, in der Mozart starb – zur zielstrebig planenden, kühl rechnenden und bis zur Unredlichkeit taktierenden Frau gewandelt haben?

Und doch, so ganz von ungefähr kommt Constanzes Wandlung nicht, denkt man an das, was fast auf den Tag genau zehn Jahre zuvor geschah, an die schon tragikomischen Begleitumstände der Eheschließung Mozarts. Damals hatte er seinen ahnungslosen Vater mit der Nachricht vom geplanten Bund mit Constanze überrascht. Nicht nur darüber war Vater Leopold erbost – er hat Wolfgangs Ehe mit der »Weberischen« zeit seines Lebens für ein Unglück gehalten –, was ihn besonders wütend machte, war die schriftliche Verpflichtung, die Mozart einzugehen hatte: Constanze innerhalb von drei Jahren zu heiraten, widrigenfalls er ihr jährlich dreihundert Gulden zu zahlen hätte. Neun Monate darauf folgte dann der eigentliche »Heuraths-Contract«, nach dem Constanze 500, Mozart aber 1000 Gulden mit in die Ehe zu bringen hatte.

Nun war Constanze damals zwar erst 20 Jahre alt, also noch nicht volljährig, doch sind die Gerüchte nie verstummt, sie sei sehr wohl im Komplott mit Mutter und Vormund gewesen, um den gutgläubigen, verliebten Mozart in den Hafen der Ehe zu lotsen. Somit wäre lediglich der Kreis geschlossen und Constanze hätte nur das fortgesetzt, was sie zehn Jahre zuvor geschickt miteingefädelt hatte. Sie selbst setzt gewissermaßen den Schlußpunkt, wenn sie als 71jährige betont: »Ich bin nur eine Frau, allein in meinen Geschäften handle ich Manlich (männlich).«[2]

Constanze ist es, die dem Lauf des Geschehens nach Mozarts Tod eine völlig neue Richtung gibt. So gesehen, ist die Geschichte des Requiem zuerst einmal die Geschichte der schier unglaublichen Wandlung der Constanze Mozart!

Hatte sie bisher in den Tag hineingelebt, nicht gerade sorglos, aber doch in der Vorstellung, irgendwie würde es schon weitergehen, so entwickelte sie plötzlich ungeahnte Kräfte an Selbständigkeit und Initiative. Zielstrebig geht sie ihren Weg und läßt sich auch durch den Skandal nicht beirren, der sich kurz nach Mozarts Tod in ihrem unmittelbaren Bekanntenkreis ereignet.

Im Haus seines Logenbruders und Gläubigers, des 36jährigen Justizkanzlisten Franz Hofdemel, spielt sich eine Familientragödie ab. Hofdemel verletzt seine Frau Magdalena schwer und begeht anschließend Selbstmord. Die einen

Constanze Mozart (1762–1842), rechts eine Lithographie aus dem Jahr 1783, nahm nach dem Tod ihres Mannes im Kleinen Kaiserhaus in der Rauhensteingasse (unten) die Dinge zielstrebig in die Hand.

sagen, weil er sich um das Mozart geliehene Geld betrogen sah, die anderen – mit einem höheren Anspruch auf Glaubwürdigkeit –, weil seine Frau nicht nur die Schülerin Mozarts, sondern auch dessen Geliebte gewesen war und das Kind, das sie erwartete, von ihm stammte.[3]

Böse Gerüchte, die das Tagesgespräch von ganz Wien waren und auch den kaiserlichen Majestäten zu Ohren kamen. Constanze mochten sie nicht unwillkommen gewesen sein, um das Bild der leidgeprüften Witwe auch in dieser Hinsicht noch eindrucksvoller zu gestalten, gerade dem Kaiser gegenüber. Ihn hatte sie fest eingeplant.

Noch ist keine Woche seit dem Ableben Mozarts vergangen, da liegt Kaiser Leopold bereits Constanzes Pensionsgesuch vor, und das, obwohl ihr gar keine Pension zugestanden hätte (Mozart hatte noch nicht die erforderlichen zehn Jahre im Dienst des Kaisers verbracht). Dennoch bringt ihr das seitenlange Gesuch »um einen Gnadengehalt«, von einem Freund der Familie verfaßt, ein Drittel der 800 Gulden ein, die Mozart als kaiserlicher Kammerkomponist erhalten hatte, und das, recht ungewöhnlich, rückwirkend zum 1. Januar!

Zu danken hatte es Constanze in erster Linie dem Finanzminister Graf Chotek. Ihm schien es,

dem Dekor des k: Hofes entgegen zu stehen, die Wittwe eines in k: Diensten gestandenen so seltenen Talentes dem Bettelstabe auszusetzen.

Dem Bettelstab? Kein Zweifel, Constanzes Bemühungen, als notleidende Hinterbliebene zu erscheinen – allein schon der Erbschaftssteuer wegen – hatte ihre Wirkung nicht verfehlt. Dabei hatte sie, als das Pensionsgesuch bewilligt wurde, längst ausgesorgt.

Gewiß, ihre Situation war nach dem Tod des Gatten und Ernährers alles andere als rosig. Es waren Schulden vorhanden, und die Sorge um die beiden unmündigen Kinder, den siebenjährigen Karl und den erst fünf Monate alten Franz Xaver Wolfgang, machte die Sache nicht leichter. Aber die Schulden hielten sich in Grenzen, ja es waren sogar Außenstände, wenn auch nicht erreichbare, in Höhe von 800 Gulden

vorhanden. Und der für Constanze erfreulichste Umstand: Hauptgläubiger Michael Puchberg erwies sich noch über das Grab hinaus als treuer Freund Mozarts und stundete der Witwe die geliehenen 1000 Gulden, machte sie im Nachlaßverfahren erst gar nicht aktenkundig (auch wenn er selbst später in Armut starb).
Ansonsten meldete sich niemand, als der Magistrat das »Gläubiger-Einberufungs-Edikt« erließ, um »alle jene vorzuruffen, welche an gedachte Verlassenschaft Ansprüche und Forderungen zu haben vermeinen«. Niemand meldete sich, wie gesagt, die Gläubiger waren offensichtlich samt und sonders zufriedengestellt worden.
Kein Wunder, denn während sich Graf Chotek und andere hochgestellte Hofbeamte noch bemühten, dem Kaiser die verzweifelte Notlage der Mozart-Witwe nahezubringen, hatte diese inzwischen ein äußerst einträgliches Geschäft getätigt:
Es ist König Friedrich Wilhelm II. von Preußen, der Anfang Februar 1792, acht Wochen nach Mozarts Tod, seinen Gesandten in Wien, Jacobi Freiherr von Klöst, beauftragt, Verbindung mit Constanze aufzunehmen, um ihr acht, von ihm genau bezeichnete Werke Mozarts abzuhandeln. Schon elf Tage später kann der Gesandte seinem Herrn den Vollzug berichten und melden, er würde die gewünschten Kompositionen mit der nächsten Postkutsche auf den Weg bringen (was für Constanze eine »Nebeneinnahme« von 800 Dukaten bedeutete, mehr als das Vierfache dessen, was der verstorbene Mozart als »k. k. Kammercompositor« in einem ganzen Jahr verdient hatte).
Von vier dieser dem Preußenkönig überlassenen Werke liegt eine Erklärung Jacobis vor, in der er sich Constanze gegenüber verpflichtet,

die mitgegebenen Original Partituren nach genommener Abschrifft wieder in derselben Hände zurückzustellen.

Das Überraschende daran: Links unten auf dem Schriftstück entdeckt man eine kleine Notiz, in der Constanze dem König 450 Gulden – für ein Requiem in Rechnung stellt. Für das

Requiem, das von einem anderen in Auftrag gegebene und von Mozart unvollendet hinterlassene Requiem –?
Nun, der Vermerk am Rande der Erklärung Jacobis läßt den ersten Schritt zu einem abenteuerlichen Unternehmen erkennen: Constanze war bereits drei Monate nach dem Ableben Mozarts eifrig dabei, die Totenmesse anderweitig zu Geld zu machen!
Bei soviel Geschäftstüchtigkeit muß vorweg ein Wort zur Person Constanzes gesagt werden, sollte schon an dieser Stelle der Versuch einer Ehrenrettung gewagt werden, bevor wir den Weg des Requiem zurückverfolgen.
Constanze hatte zu Lebzeiten Mozarts nie wirklich Zugang zu seinen Werken gefunden und deren Größe nur geahnt. Nie verkörperte sie eine Art Muse für ihn (wie etwa Josepha Duschek, über die noch zu berichten sein wird), dazu war sie in musikalischen Belangen zu mittelmäßig. Eine gute Stimme allein – ihre Schwester Aloisia, Mozarts anfängliche Favoritin, hatte die bessere, für Bühne und Konzertsaal geeignetere – genügte da nicht.
Von einer solchen Frau zu erwarten, sie würde nach dem Tod des Gatten gleichsam als Gralshüterin seiner Werke auftreten, wäre wohl zuviel verlangt. Es überstieg einfach die Fähigkeiten Constanzes, in Mozarts Kompositionen mehr als eine »Ware« zu sehen, die es nach Angebot und Nachfrage zu behandeln galt. Im Unterbewußtsein mag der Wunsch mitgespielt haben, sich an der Erbmasse für manche Unbill in der Vergangenheit, die finanzielle Misere und die persönlichen Kränkungen – siehe Hofdemel! –, schadlos zu halten. Verführerisch war die Situation allemal bei dem gestiegenen Interesse, das die Öffentlichkeit an den Werken des Verstorbenen nahm.
Doch vergessen wir eines nicht: In ihrer Art war Constanze die ideale Ergänzung für Mozart, zuständig für das Vordergründige, das Diesseitige im Leben des Genies und von gleicher Wesensart, wenn es um die profanen Freuden dieses Lebens ging, denen Mozart bis zum Exzeß zugeneigt war. Und das darf Constanze mit Sicherheit für sich in Anspruch nehmen: Mozart hat sie geliebt, wirklich geliebt, auf seine Weise und ungeachtet aller Seitensprünge. Man braucht dazu nur die

Briefe zu lesen, die er in seinem Todesjahr an Constanze schrieb; aus ihnen sprechen auch nach neunjähriger Ehe noch unverändert Innigkeit und liebevolle Fürsorge.
Diesen hohen Stellenwert im Leben Mozarts, menschlich gesehen, kann ihr niemand streitig machen, er mag mit vielem versöhnen, was nach seinem Tod unter Constanzes tatkräftiger Mithilfe geschah, auch und gerade in Sachen Requiem. –

Die Geschichte des Requiem nimmt ihren Anfang am 14. Februar 1791. An diesem Tag stirbt auf Schloß Stuppach, im »Viertel unter dem Wienerwald« südwestlich von Wiener-Neustadt gelegen, die junge Gräfin Anna, eine geborene Edle von Flammberg, erst 20 Jahre alt.
Mit ihrem Gatten, dem ebenfalls erst 28 Jahre alten Franz Graf von Walsegg-Stuppach, hatte sie die Liebe zu Musik und Theater geteilt und hingebungsvoll ausgeübt. Allwöchentlich, jeweils dienstags und donnerstags, fanden »pünctlich und volle drey Stunden« Quartettabende im Schloß statt, und sonntags wurde Theater gespielt, an dem nicht nur das gräfliche Ehepaar und die Schwestern des Grafen teilnahmen, auch die Beamten und das gesamte Hauspersonal rechneten es sich zur Ehre an, mitwirken zu dürfen.
Eine kleine Enklave künstlerischer Begeisterung und Betriebsamkeit also, die wohl kaum jemals das Licht der Öffentlichkeit erblickt hätte, wäre für Graf Walsegg nicht das Beste gerade gut genug gewesen, den Tod der geliebten Gattin zu betrauern. Und so bestellte er bei dem berühmten Wiener Bildhauer Johann Martin Fischer ein monumentales Grabmal und ein Requiem beim angesehensten Meister der Tonkunst, bei Wolfgang Amadeus Mozart.
Bis dahin eine der üblichen Auftragsarbeiten für Mozart, mehr nicht, und doch schon an dieser Stelle bemerkenswert: Hier wurde – durch eine Totenmesse – der großen Liebe zweier junger Menschen ein Denkmal gesetzt, ein unvergängliches Denkmal, wie sich herausstellen wird (im Gegensatz zu dem Grabmal Fischers aus Marmor und Granit, das der Zerstörungswut französischer Besatzungssoldaten zum Opfer fallen wird).[4]

Graf Walsegg hatte durch einen Mittelsmann eine Anzahlung von 50 Dukaten geleistet – sie kamen Mozart, der wieder einmal in Geldverlegenheit war, gerade recht –, und er hatte sich, wie gewöhnlich, das Eigentumsrecht gesichert. Ein Eigentumsrecht, das insofern eine pikante Note aufwies, als der Graf fremde Kompositionen anzukaufen pflegte, um sie hinter verschlossenen Türen höchstpersönlich abzuschreiben und sie dann seinen Musikern als angeblich eigene Komposition aufs Pult zu legen.

Wie diese ganz private und an sich harmlose Schau gräflicher Eitelkeit im einzelnen ablief, schildert der Lehrer an der Patronatsschule des Grafen, Anton Herzog[5], der bei den wöchentlichen Quartettabenden die zweite Geige spielte:

Damit es... bey so häufigen Productionen nicht an neuen Quartetten mangle, schaffte Hr. Graf nicht nur alle öffentlich herausgegebenen Musikalien dieser Art an, sondern stand auch noch mit vielen Compositoren, aber immer ohne seinen Nahmen zu nennen, in Verbindung, die ihm Werke lieferten, von denen er sich ausschließlich den Alleinbesitz vorbehielt, und sie daher gut honorierte. Nahmentlich hat Hr. Hoffmeister[6] viele Flöten-Quartette geliefert, in welchen die Flötenstimmen (sie spielte der Graf selbst) ganz practikabel, die drey übrigen Stimmen aber ungemein schwer gesetzt waren, damit sich die Spieler recht abarbeiten mußten, wozu Hr. Graf lachte.

Es ging demnach recht ungezwungen zu bei den Hauskonzerten im gräflichen Schloß, und auch die weitere Schilderung läßt erkennen, daß weder der junge Graf noch die anderen Mitwirkenden die Sache allzu ernst nahmen, sie mehr als eine Art musikalisches Ratespiel betrachteten:

Weil Hr. Graf aber nie gestochene Musikalien spielen wollte, ließ er dieselben auf zehnliniges Notenpapier schön ausschreiben, aber nie einen Auctor angeben. Die auf geheimen Wegen erhaltenen Partituren, schrieb er gewöhnlich mit eigener Hand ab, und legte sie dann zum Ausschreiben der Auflagstimmen vor. Eine Original Partitur haben wir nie zu sehen bekommen (!). Die Quartette wurden dann gespielt, und nun mußten wir

Der Auftraggeber: Franz Graf Walsegg-Stuppach (1763–1827) bestellte das Requiem bei Mozart, der es nicht mehr vollenden konnte.

Mozarts späteres Grabmal an der Stelle, an der man seine letzte Ruhestätte vermutete.

den Auctor errathen. Gewöhnlich riethen wir auf den Hr. Grafen selbst, weil er zuweilen einige Kleinigkeiten komponierte; er lächelte dazu, und freuete sich, daß er uns, nach seiner Meinung, mystifizierte; wir lachten, daß er uns für so leichtgläubig hielt. Wir waren alle junge Leute, und hielten das für ein unschuldiges Vergnügen, was wir unserm Herrn machten.

Wer konnte damals schon ahnen, daß dieses »unschuldige Vergnügen« sich einmal zur Affäre auswachsen und musikgeschichtliche Dimensionen annehmen würde; daß das, was sich hier so harmlos anhört, fast 50 Jahre später den Zensurbehörden so brisant erscheinen würde, daß sie eine Veröffentlichung kurzerhand untersagten!
Auch Mozart sollte übrigens seinen Teil zu den gräflichen Hauskonzerten beitragen, bevor sein Tod diese Pläne zunichte machte. Ein Freund der Familie, der Prager Professor Niemetschek, erinnert sich, bei Constanze ein »Billett« gesehen zu haben, auf dem Mozart von Graf Walsegg gebeten wurde,

das Requiem zu senden, und eine Summe zu bestimmen, um welche er jährlich eine gewisse Anzahl Quartette machen könnte.[7]

Bei Niemetschek – er schrieb die erste ausführlichere Biographie Mozarts – erscheint Graf Walsegg bezeichnenderweise immer noch als »unbekannter Besteller«, und das sieben Jahre nach Mozarts Tod! Der Prager Professor hat, wie er betont, seine Informationen von Constanze bezogen, was die Frage aufwirft:
Haben Mozart und mit ihm Constanze, die von sich behauptet, daß Mozart ohne ihr Mitwissen »nicht den geringsten Schritt zu thun pflegte« –, haben also beide tatsächlich nicht gewußt, um wen es sich bei dem anonymen Auftraggeber des Requiem handelte? Oder haben beide nur, ebenso stillschweigend und augenzwinkernd wie die Musiker auf Schloß Stuppach, das Spiel des Grafen mitgespielt? Verständlich wäre es gewesen angesichts der weiteren 50 Dukaten, die bei Ablieferung der Totenmesse in Aussicht standen; immerhin

entsprachen die insgesamt 100 Dukaten der Summe, die Mozart sonst für eine ganze Oper erhielt.

Die zweite Version, gemeint ist das Wissen um die Person des Bestellers und gleichzeitig das stillschweigende Respektieren seiner Gewohnheiten, klingt glaubhafter, spricht doch Kronzeuge Anton Herzog ausdrücklich von »vielen Compositoren«, die Graf Walsegg belieferten und von ihm »gut honoriert« wurden. Eine solch bevorzugte Adresse wird sich in der Wiener Musikszene, sonst nicht gerade mit Mäzenen verwöhnt, schnell herumgesprochen haben. Unter diesen Umständen ließ sich die Identität des Auftraggebers für das Requiem wohl kaum verheimlichen, sie wird auch den Mozarts nicht verborgen geblieben sein.

Zum anderen taucht in dem Bericht unseres Gewährsmannes der Name Hoffmeister als der eines »Hauptlieferanten« auf. Franz Anton Hoffmeister war sieben Jahre lang, bis zum Tod Mozarts, dessen bedeutendster Verleger und freundschaftlich mit ihm verbunden. Mozart nennt ihn »liebster hofmeister« in dem einzigen (erhaltenen) Brief, den er an einen Verleger schrieb. Und in kritischen Zeiten, als Mozarts Werke kaum Käufer finden, kommt es zu einem regen Gedankenaustausch. »Schreib' populärer, sonst kann ich nichts mehr von dir drucken und bezahlen!« beschwört Hoffmeister den Freund, doch der antwortet: »Nun so verdiene ich nichts mehr und hungere und scher' mich doch den Teufel drum«.

Und dann sollte bei solch temperamentvollen Gesprächen nie der Name des Grafen Walsegg gefallen sein –? Auch Hoffmeister zählte schließlich zu den Gläubigern Mozarts und war, bei aller Freundschaft, daran interessiert, zu seinem Geld zu kommen. Da mußte ein so zahlungskräftiger und vor allem zahlungswilliger Musikfreund wie der Herr auf Stuppach doch ein beliebtes Thema gewesen sein. Vielleicht hat Hoffmeister Mozart sogar ins Gespräch gebracht, als der Graf nach einem Komponisten für das Requiem Ausschau hielt.

Dafür wäre allerdings auch ein anderer in Betracht gekommen, der bereits erwähnte Johann Michael Puchberg, eine der liebenswertesten Erscheinungen in der Umgebung Mozarts, geradezu rührend in seiner unerschütterlichen Treue und tiefen Verehrung für den so weit über ihm stehenden Freund. Puchberg, Inhaber einer Textilfirma und Freimaurer wie Mozart, war der von ihm am meisten strapazierte Geldgeber. Hier darf gefragt werden: Was wäre wohl aus Mozart geworden, hätte Puchberg ihm nicht, gerade in den letzten Jahren, mit größeren und kleineren Geldbeträgen unter die Arme gegriffen?

Wie auch immer, das Leben der Mozarts ist zeitweise ohne den treuen Puchberg nicht denkbar. Er stellte Anschrift und Wohnung zur Verfügung, wenn Werke Mozarts zur Vorbestellung auflagen, oder Constanze wohnte beim Ehepaar Puchberg, wenn Mozart verreist war, wie zwei Jahre zuvor mit dem Fürsten Lichnowsky. War umgekehrt Mozart »Strohwitwer« – und das war oft wochenlang der Fall, wenn Constanze wieder einmal zur Kur in Baden bei Wien weilte –, dann tauchte in den Briefen Mozarts wiederholt das »Heute speise ich bei Puchberg« auf. Bei Puchberg, das bedeutete, in der Wohnung des Freundes »Auf dem Hohen Markt 522« – dem Wiener Stadthaus des Grafen Walsegg!

Also auch hier eine Querverbindung, und die auffälligste dazu. Der Graf betrieb auf seinem Gut Schottwien Gipsmühlen und verkaufte den Gips über seine Wiener Niederlassung, eben jenes Haus, in dem auch Puchberg wohnte. Wenn aber Puchberg den Grafen gekannt hat, und daran kann eigentlich kein Zweifel bestehen, dann müssen ihn auch Mozart und Constanze gekannt haben, zumindest dem Namen nach. Ganz sicher aber ist ihnen ein Mann aus der unmittelbaren Umgebung des Grafen persönlich bekannt gewesen: sein Verwalter auf Gut Schottwien, Franz Anton Leitgeb. Denn Leitgeb war es, der den Auftrag für das Requiem übermittelte und, wichtiger noch, das Honorar auszahlte. Er war der »graue Bote«, der als legendäre Gestalt, ja geradezu als Wesen aus einer anderen Welt durch die Geschichte des Requiem geisterte – nach der Lesart Constanzes. Dabei mußte der Verwalter des Grafen spätestens bei Aushändigung des Honorars sehr leibhaftig in Erscheinung getreten sein![8]

Leitgeb seinerseits scheint aus seiner Mission keinerlei Hehl gemacht zu haben, bezieht sich doch unser Gewährsmann aus der Umgebung des Grafen, Anton Herzog, ausdrücklich auf ihn als Informanten. Ihm, Herzog, sei »der ganze Vorgang mit

dem Requiem durch den Hr. Oberbeamten Leitgeb, der die Abtragung des Honorars dafür, aus der Gypsniederlage in Wien zu besorgen hatte, durchaus bekannt« gewesen.
Ähnliches verlautet aus dem anderen Lager, dem Vertrautenkreis Constanzes. Hier ist es Abbé Maximilian Stadler – später mit der Sichtung der Erbmasse und der »Vergleichung« des Requiem befaßt –, der kurz und bündig erklärt:

Daß Graf Walsegg das Requiem bey Moz. bestellt habe, wußte ich gleich nach Mozart's Tode. Auch des Bestellers Absicht und alles, was man für ein Geheimnis ausgiebt, ist mir von jeher bekannt.

Nur Constanze will von alledem nichts gewußt haben! Sie beharrt darauf, den Besteller des Requiem weder der Person noch dem Namen nach zu kennen. Für sie bleibt er über Jahre hinweg der Mann im Dunkeln, der »Anonymus«. Und so geheimnisvoll ist auch die Darstellung, die sie Niemetschek, dem Mozart-Biographen, vom Ablauf des Geschehens gibt:

Kurz vor der Krönungszeit des Kaisers Leopold, bevor noch Mozart den Auftrag erhielt, nach Prag zu reisen, wurde ihm ein Brief ohne Unterschrift von einem unbekannten Bothen übergeben, der nebst mehreren schmeichelhaften Aeusserungen die Anfrage enthielt, ob Mozart eine Seelenmesse zu schreiben übernehmen wollte? um welchen Preis und binnen welcher Zeit er sie liefern könnte?

Mozart habe ihr, Constanze, von dem »sonderbaren Auftrag« erzählt und zugleich sein Verlangen geäußert, »sich in dieser Gattung auch einmal zu versuchen, um so mehr, da der höhere pathetische Stil der Kirchenmusik immer sehr nach seinem Genie war«.
Constanze will ihm geraten haben, den Auftrag zu übernehmen, also habe Mozart dem »unbekannten Besteller« zurückgeschrieben,

er würde das Requiem für eine gewisse Belohnung verfertigen; die Zeit der Vollendung könne er nicht genau bestimmen; er wünsche jedoch den Ort zu wissen, wohin das Werk, wenn es fertig seyn würde, zu übergeben habe. In kurzer Zeit erschien der Bothe wieder, brachte nicht nur die bedungene Belohnung mit, sondern noch das Versprechen, da er in dem Preis so billig gewesen sey, bey der Absendung des Werkes eine beträchtliche Zugabe zu erhalten. Er sollte übrigens nach der Stimmung und Laune seines Geistes schreiben, sich aber gar keine Mühe geben, den Besteller zu erfahren, indem es gewiß vergeblich sein würde.

Soweit die Schilderung Constanzes, von Niemetschek vertrauensvoll übernommen, der beteuert, er habe die Begebenheit so erzählt, »wie er sie oftmals aus dem Munde der Wittwe gehört« habe. Er konnte nicht ahnen, daß er von Constanze nur das erfuhr, was ihr ins Konzept paßte, sprich: was ihr zur Mystifizierung des Geschehens notwendig erschien. Und er wird noch die unangenehme Erfahrung machen, daß ihn Constanze in der entscheidenden Frage, was denn nun aus dem Requiem geworden sei, allein läßt. Dann bleibt ihm, völlig ahnungslos, nur die Feststellung:

Man erfuhr nie, daß es (das Requiem) *irgendwo aufgeführt worden sey. Mozarts Freunden würde es ein großes Vergnügen machen, einigen Aufschluß über die Sache zu erhalten. Denn man kann keine gegründete Ursache denken, die eine solche geheimnißvolle Verborgenheit nothwendig machte.*

Peinlich und beschämend zugleich für ihn, den gewissenhaften Chronisten: Zum Zeitpunkt des Erscheinens seiner Biographie war das Requiem längst und wiederholt, auch im Beisein Constanzes, aufgeführt worden!
Man kann nicht umhin, der Mozart-Witwe einen gewissen Respekt zu zollen. Es gehörte schon einiger Mut dazu, um nicht zu sagen: einige Unverfrorenheit, der Öffentlichkeit die »geheimnißvolle Verborgenheit« der Totenmesse anzudienen, angesichts einer nicht geringen Zahl von Mitwissern und im Vertrauen auf deren Verschwiegenheit – eine trügerische Sicherheit, die Constanze noch einiges Kopfzerbrechen bereiten wird.
Und Mozart? Was würde er, die Hauptperson, sagen, müßte

er in einem imaginären Prozeß um das Requiem als Zeuge aussagen? Nun, er würde sich wohl wesentlich nüchterner und undramatischer geäußert haben, wenn ihn Graf Walsegg von der Schweigepflicht entbunden hätte; vom Geheimnisvollen oder gar Mystischen wäre nicht mehr viel übrig geblieben.

An Tatsachen hätte Mozart in dem erdachten Prozeß dieses zu Protokoll gegeben: Er habe den Auftrag für das Requiem irgendwann im Juli 1791 erhalten, ohne daß ihm das genaue Datum gegenwärtig sei. Er erinnere sich lediglich daran, daß ihm etwa zu diesem Zeitpunkt Domenico Guardasoni, der Leiter des Prager Nationaltheaters, das Textbuch zu *La Clemenza di Tito* überbracht und ihm die ehrenvolle Aufgabe übertragen habe, die Festoper zur Krönung des österreichischen Kaisers zum König von Böhmen zu komponieren.

Auch würde Mozart dem imaginären Gericht die nicht geringen zeitlichen Probleme geschildert haben, vor die er sich gestellt sah. Er hatte um die Jahresmitte 1791 alle Hände voll zu tun: Zwei große Opern, die *Zauberflöte* und *La Clemenza di Tito*, mußten fertiggestellt werden, beide rechtzeitig zum Herbst. Sie hatten Vorrang, und von daher ist es verständlich, daß Mozart sich mit dem Ablieferungstermin für das Requiem nicht festlegen wollte. Eine bei ihm ungewöhnliche Einschränkung, schließlich war er als schnell arbeitender Komponist bekannt, für den frühzeitiges Abliefern eines Werkes ebenso frühzeitige Bezahlung bedeutete (was bei Mozart stets erwünscht war). Wenn der Meister also darauf verzichtete, so mußte dem schon Wichtiges entgegengestanden haben, eben die bereits weit gediehene Arbeit an der *Zauberflöte* und die kurzfristig anzugehende an der Krönungsoper, dem »Titus«.

Es spricht für Mozart, daß er Graf Walsegg, dem Besteller, gegenüber mit offenen Karten gespielt und keine Zusagen gemacht hat, die er nicht einhalten konnte. Allzu ernst wird er die Aufgabe anfänglich ohnehin nicht genommen haben, wußte er doch, daß er die Totenmesse aus der Hand geben und ein anderer sie als eigene Komposition ausgeben würde (erst später, als es dem Ende zuging, überkam Mozart die Vision, an seinem eigenen Requiem zu arbeiten).

Andererseits waren ihm die 50 Dukaten Anzahlung äußerst hilfreich, nachdem die letzte Anleihe bei Freund Puchberg, die allerletzte überhaupt, nicht mehr als 25 Gulden betragen hatte. Sie trug das Datum vom 25. Juni 1791, doch schon am 4. Juli war Mozart wieder so knapp bei Kasse, daß er Constanze ganze drei Gulden nach Baden schickte, wofür er sich entschuldigte.
Dann aber muß der »warme Regen« finanzieller Art gefallen sein, der auf Mozart, für den Meister offenbar völlig unerwartet, herniederging: Bereits am folgenden Tag überweist er eine beträchtlich höhere Summe mit der Ankündigung, bei seinem nächsten Besuch in Baden die gesamten Kosten für Constanzes Kur begleichen zu wollen. Inzwischen wird er die Anzahlung für das Requiem erhalten haben ...
Die Abreise nach Prag stand, wie gesagt, bevor; geben wir dazu wieder Constanze/Niemetschek das Wort, die mit dieser romantisch-verbrämten Szene aufwarten:

Eben als Mozart mit seiner Frau in den Reisewagen stieg, stand der Bothe wie ein Geist da, zupfte die Frau an dem Rocke, und fragte: ›Wie wird es nun mit dem Requiem aussehen? –‹ Mozart entschuldigte sich mit der Notwendigkeit der Reise und der Unmöglichkeit seinem unbekannten Herrn davon Nachricht geben zu können; übrigens würde es seine erste Arbeit bey der Zurückkunft seyn, und es käme nur auf den Unbekannten an, ob er solange warten wolle. Damit war der Bothe gänzlich befriedigt.

Ob und wieviel Mozart noch vor der Abreise nach Prag am Requiem gearbeitet hat, muß offen bleiben. Mehr als ein paar Skizzen und Entwürfe können es nicht gewesen sein, dazu war die Zeit zu knapp bis zur Premiere des *Titus* (auch wenn er die Oper mit Hilfe Süßmayrs innerhalb von 18 Tagen komponiert haben soll). Und die Ansprüche, die an eine Krönungsoper gestellt wurden, waren immerhin hoch.
Nicht zu vergessen die *Zauberflöte*! Freund Schikaneder, Theaterdirektor, Schauspieler und Textdichter in einer Person, hatte sie mit großem persönlichen Einsatz vorbereitet. Sein Glaubensbekenntnis:

Der Prager Professor Franz Niemetschek (1766–1849) übertrug seine Freundschaft zu Mozart auf dessen Familie und übernahm die Erziehung des ältesten Mozart-Sohnes.

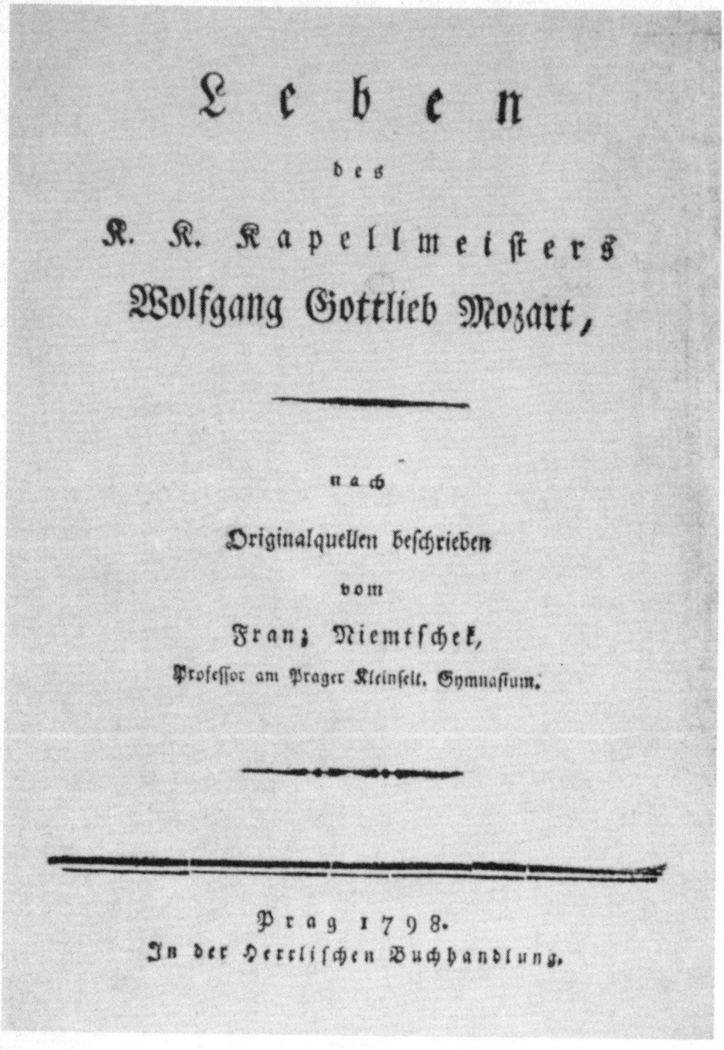

Leben

des

K. K. Kapellmeisters

Wolfgang Gottlieb Mozart,

nach

Originalquellen beschrieben

vom

Franz Niemtschek,

Professor am Prager Kleinseit. Gymnasium.

Prag 1798.

In der Herrlischen Buchhandlung.

Die erste ausführliche Mozart-Biographie, von Niemetschek nach »Originalquellen« verfaßt, die größtenteils auf Constanzes unzulängliche Informationen zurückgingen.

Ich schreibe fürs Vergnügen des Publikums, gebe mich für keinen Gelehrten aus. Ich bin Schauspieler – bin Direkteur – und arbeite für meine Kaße; nicht etwa das Publikum ums Geld zu betrügen: denn betrügen läßt sich der vernünftige Mensch nur einmal.

Mit einem solch temperamentvollen Theatermann im Rükken, dem zudem finanziell das Wasser bis zum Hals stand, war nicht zu spaßen. Viel hing davon ab, daß das von ihm inszenierte Spektakel auch tatsächlich Ende September, 14 Tage nach Mozarts Rückkehr aus Prag, über die Bühne gehen würde – und noch immer fehlten Priestermarsch und Ouvertüre.
Mit einem drängenden Schikaneder hinter sich und vor sich die heikle Aufgabe einer Krönungsoper, blieb Mozart von Mitte Juli bis Ende September kaum Zeit für Gedanken an das Requiem. Nimmt man das muntere Treiben Mozarts nach den ersten Aufführungen der *Zauberflöte* hinzu, währenddem er nicht viel zuwege gebracht haben konnte, dann dehnt sich dieser Zeitraum bis Anfang Oktober aus. Mit anderen Worten, bis zu seiner Erkrankung verblieben Mozart noch an die sechs bis sieben Wochen für eine ernsthafte, ungestörte Arbeit am Requiem. Und selbst sie wurde noch einmal unterbrochen durch die *Kleine Freimaurer-Kantate*, die er bis zum 15. November komponiert und am 18. November persönlich dirigiert hat. Vom 20. November an aber war Mozart bettlägerig und kaum mehr in der Lage, größere Partien zu schreiben.
Die Häufung von Daten mag veranschaulichen: Mozart konnte allein schon rein zeitlich nur Teile eines Riesenwerkes wie des Requiem niederschreiben. Mehr war in diesen wenigen Wochen kaum möglich, in denen sich zudem die ersten Anzeichen der Krankheit und tiefe Depressionen bemerkbar machten (auf einem anderen Blatt steht, was er dennoch seinem Schüler Süßmayr an Skizzen und Ideen zum Requiem anvertraute).
Mozart persönlich hat sich nie dazu geäußert, wie er überhaupt, sehen wir ihn wieder als Zeugen in dem erdachten Prozeß, für sich in Anspruch nehmen darf, sich strikt an die Spielregeln des Grafen Walsegg gehalten und – geschwiegen

zu haben. Nicht eine einzige Äußerung zum Requiem finden wir in seiner ausführlichen Korrespondenz mit Constanze, in der andere Kompositionen durchaus angesprochen werden; nur hin und wieder eine Andeutung, die mit seiner Arbeit an der Totenmesse in Verbindung gebracht werden könnte.
So schreibt er am 7./8. Oktober, er habe »das Rondó vom Stadler«, gemeint ist der dritte Satz eines Klarinettenkonzertes, das er für den Freund komponierte, fast fertig instrumentiert – ein Hinweis auf das Requiem aber läßt sich bestenfalls von der Passage ableiten:

Hätte ich nichts zu thun, so würde ich gleich auf die 8 tage mit dir hinaus gegangen seyn; – ich habe aber daraus (draußen) *gar keine bequemlichkeit zum arbeiten; – und ich möchte gerne, so viel möglich, aller Verlegenheit ausweichen; nichts angenehmeres als wenn man etwas ruhig leben kann, deswegen muß man fleissig seyn, und ich bin es gerne ...*

Galt das dem Requiem? Möglicherweise auch der Satz »heute früh habe ich fleissig geschrieben daß ich mich bis auf ½ 2 Uhr verspätet habe« in einem Brief tags darauf an Constanze, und einige Zeilen darunter »Gleich nach Tisch gieng ich wieder nach Hause und schrieb ...«
Mozart hat das Ganze äußerst diskret behandelt und nüchtern gesehen. So nüchtern, daß er das Requiem für sich selbst gar nicht auf der Rechnung hatte. In seinem »Verzeichnüß aller meiner Werke«, in dem er seit 1784 sorgfältig über alle Kompositionen, auch die nicht vollendeten, Buch führte, notierte er für die letzten sechs Monate seines Lebens:

am 18. Juni 1791	*›Ave verum Corpus‹,*
im Juli	*›Eine kleine Teutsche kantate‹,*
im Juli	*›die Zauberflöte (ohne Priestermarsch und Ouvertüre)‹,*
am 5. September	*›La Clemenza di Tito‹,*
am 28. September	*›zur Oper. die Zauberflöte – einen Priestermarsch und die Ouvertüre‹ und*
am 15. November	*›Eine kleine freymaurerkantate‹*

Vom Requiem keine Spur in dieser Liste; Mozart war sich augenscheinlich darüber im klaren, daß diese Totenmesse in andere Hände übergehen und sozusagen unter falscher Flagge segeln würde, somit nicht ins »Verzeichnüß« gehörte. Ein Vorgang, der so ungewöhnlich nicht war, erschienen doch im März desselben Jahres *6 deutsche Lieder beym Klavier zu singen*, bei denen Gottfried von Jacquin als Komponist genannt wurde, während zwei der Lieder – Jacquin widmete sie von ihm verehrten Damen – aus der Feder seines Freundes Mozart stammten. –[9]

Um auf das »Verzeichnüß« zurückzukommen: Die Eintragung der *Kleinen Freimaurer-Kantate* vom 15. November 1791 ist die letzte schriftliche Äußerung überhaupt, die uns von Mozart vorliegt. Um so mehr sind wir für die Wochen nach seiner Rückkehr aus Prag bis zu seinem Tod auf die Schilderung angewiesen, die Niemetschek im unbeirrten Vertrauen in Constanzes Glaubwürdigkeit von den Ereignissen gibt:

Bey seiner Zurückkunft nach Wien nahm er (Mozart) *sogleich seine Seelenmesse vor, und arbeitete mit viel Anstrengung und einem lebhaften Interesse daran: aber seine Unpäßlichkeit nahm sichtbar zu, und stimmte ihn zur düstern Schwermuth. Seine Gattin nahm es mit Betrübniß wahr. Als sie eines Tages mit ihm in den Prater fuhr, um ihm Zerstreuung und Aufmunterung zu verschaffen, und sie da beyde einsamm saßen, fing Mozart an vom Tode zu sprechen, und behauptete, daß er das Requiem für sich setze. Thränen standen dem empfindsamen Manne in den Augen. ›ich fühle mich zu sehr‹, sagte er weiter, ›mit mir dauert es nicht mehr lange …*

Und Constanze/Niemetschek fahren fort:

Zentnerschwer fiel diese Rede auf das Herz seiner Frau; sie war kaum im Stande ihn zu trösten, und das Grundlose seiner schwermüthigen Vorstellungen zu beweisen. Da sie der Meynung war, daß wohl die Krankheit im Anzug wäre, und das Requiem seine empfindlichen Nerven zu sehr angreife, so rief sie den Arzt, und nahm ihm die Partitur der Komposition weg.

Diese Phase tiefer Depression kann, wenn sie sich denn so abgespielt haben sollte, bei Mozart erst nach dem 14. Oktober eingesetzt haben, dem Datum seines letzten Briefes an Constanze. Wie in den vorausgegangenen Briefen plaudert der »Strohwitwer« darin munter drauflos. Um diese Zeit ist er, wie immer in den letzten Monaten, aufgeräumt und guter Dinge. Unter anderem erzählt er von dem Späßchen, das er sich mit Schikaneder erlaubt hat: Während einer Aufführung der *Zauberflöte* hatte er bei der Arie des Papageno hinter der Bühne das Glockenspiel bedient und Schikaneder, dem das gar nicht lustig erschien, mit dem Einsatz hängen lassen.
Der anhaltende Erfolg der *Zauberflöte* machte Mozart Freude, besonders der »Stille beifall«, mit dem die Oper in Wien aufgenommen wurde. Da auch aus Prag frohe Kunde kam – der *Titus*, der anfangs gar nicht gefallen hatte, auch dem Kaiserpaar nicht, hatte inzwischen begeisterte Zustimmung gefunden – sah sich Mozart eindeutig wieder auf der Sonnenseite des Lebens.
Desto unerwarteter muß dann der endgültige Zusammenbruch gekommen sein. Ihm war Mitte November noch einmal eine kurze Wendung zum Guten vorausgegangen, ausgelöst durch den Erfolg der *Kleinen Freimaurer-Kantate*. Er habe Mozarts Geist »neue Schnellkraft« verliehen, heißt es bei Niemetschek, und Mozart habe »wiederholt verlangt sein Requiem fortzusetzen und zu vollenden«. Constanze habe daraufhin keine Bedenken mehr gehabt, ihm die Partitur wieder auszuhändigen.
Doch es handelte sich dabei nur um ein letztes Aufflackern seines Lebenslichtes, Mozarts Ende war nahe:

In wenigen Tagen verfiel er in seine vorige Melancholie, ward immer matter und schwächer, bis er endlich ganz auf das Krankenlager hinsank, von dem er ach! nimmer aufstand! Am Tage seines Todes ließ er sich die Partitur an sein Bett bringen. ›Habe ich es nicht vorgesagt, daß ich dieß Requiem für mich schreibe?‹ so sprach er, und sah noch einmal das Ganze mit nassen Augen aufmerksam durch. Es war der letzte schmerzvolle Blick des Abschieds von seiner geliebten Kunst – eine Ahndung seiner Unsterblichkeit.

Bis dahin eine eindrucksvolle, zu Herzen gehende Schilderung vom Sterben des Meisters. Doch die folgenden Sätze zerstören alles. Sie bringen im »Originalton« Constanzes das weitere Geschehen, in Kurzfassung und so, wie sie es gerne dargestellt gesehen hätte:

Gleich nach seinem Tode meldete sich der Bothe, verlangte das Werk, so wie es unvollendet war, und erhielt es. Von dem Augenblicke an sah ihn die Wittwe nie mehr, und erfuhr nicht das mindeste, weder von der Seelenmesse, noch von dem Besteller. Jeder Leser kann sich vorstellen, daß man sich alle Mühe gab den räthselhaften Bothen auszuforschen, aber alle Mittel und Versuche waren fruchtlos.

Welche Fülle von falschen Aussagen in diesen wenigen Zeilen, und wie bedenkenlos hatte Constanze den Freund im fernen Prag seinen (von ihr gesteuerten) Irrtümern überlassen!
Der Bote habe das Requiem gleich nach Mozarts Tod unvollendet erhalten? – Falsch: Die Totenmesse mußte zuerst von fremder Hand vollendet werden, bevor sie dem Boten übergeben wurde. Weiter: Constanze habe nie mehr etwas von der Seelenmesse erfahren? – Erst recht falsch: Sie hat Kopien anfertigen lassen und weiterverkauft. Und sie hat Aufführungen des Requiem selbst erlebt oder Mitteilung davon erhalten. Schließlich: Constanze habe nie mehr von dem Besteller gehört? – Ebenso falsch: Noch bevor Niemetscheks Biographie mit gleichlautendem Text in zweiter Auflage erschien, hatte sich der Besteller längst durch einen Mittelsmann gemeldet.
Der arme Niemetschek! Er hatte sich redliche Mühe gegeben, eine zutreffende Lebensbeschreibung des von ihm hochverehrten Meisters vorzulegen. Er habe sich »der größten Wahrheitsliebe befließen, und manches Interessante lieber ausgelassen, wenn ihm dessen Wahrheit etwas zweifelhaft erschien«, beteuert er und bedankt sich sogar bei Constanze »für ihre freundliche Bereitwilligkeit«, ihm alle »Hülfsmittel, Schriften und Briefschaften« mitgeteilt zu haben.
Zu spät erkannte Niemetschek, aus welch trüber Quelle er seine Informationen bezogen hatte, gerade im Schlußteil

seines Requiem-Berichtes. Hier hatte ihn Constanze mit gezielt falschen Mitteilungen versorgt und ihn dann alleingelassen, ja, sie machte sich kein Gewissen daraus, Breitkopf & Härtel eben diese Arbeit Niemetscheks zu empfehlen, als der Verlag eine umfangreichere Biographie Mozarts herausgeben wollte. Sie behauptet, dem Professor »alle Nachrichten und Materialien schon geliefert« zu haben, und tut so, als habe sie ihn damit zuverlässig und ausreichend bedient.
Am Ende muß Niemetschek resigniert und gewiß auch menschlich tief enttäuscht feststellen:

›*Ich konnte* (von Constanze) *nicht alles brauchen, theils wegen der noch lebenden Personen, theils weil ich nicht alles glaube, was Md. Mozart sagt oder zeigt.*

Ähnlich äußert sich ein anderer Geschäftspartner Constanzes, der Offenbacher Verleger André. In einem Brief an seinen Schwiegersohn schreibt er, er halte

die über die Entstehung des Requiem ausgesprengte Anecdote für ein von Mozarts Wittwe ersonnenes Märchen…

Soweit war es also mit dem Ruf Constanzes gekommen! Dabei hat es eine Zeit gegeben, da hatte die Mozart-Witwe ihren Kredit noch nicht verspielt, da wurde ihr auch in Mozarts Freundeskreis uneingeschränkt Anteilnahme und Hilfe zuteil – in den ersten Tagen und Wochen nach dem Tod des verehrten Meisters. Doch dann, als Constanze ihre eigenen Wege ging, die allein ihren Geschäftsinteressen dienten, verlagerte sich das Geschehen auf zwei getrennte Ebenen:
Während der Name Mozart der Witwe allerorten Tür und Tor öffnete und sie von einer Welle der Sympathie und Bewunderung für den Verstorbenen getragen wurde, wendeten sich Mozarts Freunde und Schüler, einer nach dem anderen, von ihr ab, enttäuscht und nicht länger gewillt, von Constanze lediglich als Marionetten auf der Bühne des Requiem (und anderer Werke) bewegt zu werden…

2
Was nun mit dem Requiem oder: Wer hat was komponiert?

Mozarts letzte Noten, die Schlußtakte des »Lacrymosa«, von Eybler im Sopran durch zwei Takte ergänzt.

Zuerst standen sie ausnahmslos zur Verfügung, die Süßmayr, Eybler, Schak und Freystädtler und wie die Freunde und Schüler Mozarts alle hießen. Constanze konnte jedenfalls damit rechnen, daß einer von ihnen ihr bei der Lösung des vordringlichsten Problems behilflich sein würde, bei der Ergänzung und Vollendung des Requiem. Sie hatte Teile davon unter dem Wust der Mozartschen Hinterlassenschaft gefunden und wußte, daß es nur eine Frage der Zeit sein würde, bis sich der Auftraggeber melden und seine Rechte geltend machen würde. Was aber hatte sie ihm zu bieten?

Nach einer ersten Sichtung (durch wen auch immer) kam Constanze um die für sie und die Nachwelt betrübliche Feststellung nicht herum, daß nicht unwesentliche Teile des Requiem fehlten, daß sie entweder in den Stimmen nicht ausgeschrieben oder von Mozart gar nicht in Angriff genommen worden waren.

Listen wir die einzelnen Teile der Totenmesse auf, wie sie Mozart geplant hatte:

I. Introitus mit
Requiem und Kyrie
II. Sequenz mit
Dies irae
Tuba mirum
Rex tremendae
Recordare
Confutatis
Lacrimosa
III. Offertorium mit
Domine Jesu
Hostias
IV. Sanctus
V. Benedictus
VI. Agnus Dei

VII. Communio mit Lux aeterna

Davon lagen, von Mozart fast vollständig ausgeschrieben[10], nur das einleitende Requiem und ›Kyrie‹ vor. Vom ›Dies irae‹ an bis einschließlich ›Hostias‹ hatte der Meister zwar die Chor- und Solostimmen samt Generalbaß in die Partitur eingetragen, die Instrumentierung aber nur mehr oder weniger angedeutet. Nach dem achten Takt des ›Lacrimosa‹ endete die Arbeit Mozarts, das heißt, er scheint sich nicht an die Reihenfolge gehalten und das Offertorium vor dem ›Lacrimosa‹ komponiert zu haben.
Die Schlußteile ›Sanctus‹, ›Benedictus‹ und ›Agnus Dei‹ fehlten ganz, waren bestenfalls in Form von Skizzen und Entwürfen vorhanden. Endlich die abschließende ›Communio‹: Hier sollte, dem Wunsch Mozarts entsprechend, die Einleitung wiederholt werden, »um dem Werk mehr Einförmigkeit zu geben«, wie es Süßmayr formulierte, der letztendlich die Bearbeitung übernahm.
Mit anderen Worten, für etwa drei Viertel des Requiem war das Klangbild der menschlichen Stimmen – die Hauptarbeit und künstlerisch entscheidende dazu – durch den Meister vorgegeben, während die Partitur instrumental noch reichlich leere Stellen aufwies; für Constanze mit Sicherheit keine allzu große Überraschung, da sie ja Fortgang und Abbruch der Arbeit Mozarts am Requiem miterlebt hatte.
Wie sollte sie sich nun verhalten? Dem »unbekannten Besteller« die unfertige Mozart-Partitur anzubieten, schien unmöglich. Der Graf hatte eine komplette Totenmesse bestellt, und nur eine solche war ihm von Nutzen. Er würde sich nicht mit einem Fragment zufriedengeben und voraussichtlich nicht zögern, die bereits angezahlten 50 Dukaten zurückzufordern. An eine Rückzahlung aber war für Constanze angesichts der Schuldenlast nach Mozarts Tod (und ihrem ausgeprägten Geschäftssinn) nicht zu denken.
Andererseits stellte allein schon das bisher von Mozart Fertiggestellte ein beträchtliches Kapital dar, vom künstlerischen Wert ganz zu schweigen; es zu vergeuden, war ebensowenig im Sinne Constanzes, die sich natürlich bewußt war, daß die

Nachfrage nach Mozarts letztem Werk, seinem »Schwanengesang«, groß sein würde. Es müßte ihr nur gelingen, die Totenmesse, eigentlich Eigentum des Bestellers, der Öffentlichkeit irgendwie zugänglich zu machen. Doch auch dazu bedurfte es eben eines abgeschlossenen Requiem ...
Noch war Zeit. Weihnachten und die Jahreswende 1791/92 standen vor der Tür, und der Besteller würde gewiß eine angemessene Trauerfrist einhalten, bevor er sich meldete. Und Constanze entschied: Er sollte sein komplettes Requiem bekommen!
Stammten nicht wesentliche Teile von der Hand Mozarts (sie zu ergänzen, war in ihren Augen reine Formsache) und waren nicht »Zettelchen« vorhanden, an die sich ein Bearbeiter halten konnte? Hier bedarf es einer Anmerkung: Bis vor kurzem war gar nicht sicher, ob es solche Notizen Mozarts überhaupt gegeben hat. Zwar will Abbé Stadler, der Vertraute Constanzes, von ihr erfahren haben,

es hätten sich auf Mozart's Schreibpulte nach seinem Tode einige wenige Zettelchen mit Musik gefunden.

Doch gesehen hatte sie bislang niemand. Erst in jüngster Zeit tauchte ein Skizzenblatt auf,[11] auf dem Mozart einige Takte zum ›Rex tremendae‹ und die einer ›Amen‹-Fuge notiert hatte. Kein Zweifel also, es mußte richtungsweisende Skizzen Mozarts zum Requiem gegeben haben.
Wie auch immer, Constanze setzte ihren Weg zielbewußt fort. Eigentlich ging es nur darum, den Anteil Mozarts möglichst hoch, den des Bearbeiters dagegen möglichst niedrig anzusetzen. Diesen Eindruck galt es in der Öffentlichkeit zu erwecken, mit der Constanze ihre eigenen Pläne hatte, und natürlich auch beim Besteller, dem diese Pläne gar nicht gefallen würden; er vor allem mußte davon überzeugt sein, mit der Totenmesse einen »echten Mozart« erhalten zu haben.
Wer aber sollte das Requiem vollenden? Eine entscheidende Frage, und als Antwort kam nur einer in Frage: Franz Xaver Süßmayr, die Schlüsselfigur in der Gaunerkomödie, zu der sich das Geschehen um das Requiem noch auswachsen

sollte, die wahrhaft tragische Figur in dieser Komödie, der noch ein gesondertes Kapitel zu widmen sein wird.
Süßmayr, zehn Jahr jünger als Mozart, war dessen auserwählter Schüler. Mozart mag in ihm sogar seinen »Kronprinzen« gesehen haben, was den armen Süßmayr oft zur Zielscheibe des derben Spottes machte, hinter dem der Meister – »Ich brauche halt immer einen Narren« – seine freundschaftliche Zuneigung zu verstecken pflegte. Dann häuften sich in seinen Briefen an Constanze die drastischen Späße und Albernheiten, nicht zu zählen die Ohrfeigen in den verschiedensten Varianten, die er Süßmayr durch Constanze übermitteln ließ – Zeugnisse eines vertrauten Umgangs der drei untereinander. Und es spricht für das Vertrauen, das der sonst so eifersüchtige Mozart in Süßmayr setzte: Er durfte Constanze bei ihren Kuraufenthalten in Baden begleiten.
Als Kopist vermochte Süßmayr die Handschrift Mozarts täuschend ähnlich nachzuahmen, Constanze später hochwillkommen, um ihre betrügerischen Absichten bei der Ergänzung des Requiem zu verwirklichen. Da konnte sie sicher sein, daß nicht »zwei Schriften ineinander« wären, und der unbefangene Betrachter würde das Ganze für die Handschrift Mozarts halten.
Süßmayr kannte praktisch jede Note, die Mozart in seinem Todesjahr schrieb, und kopierte, was auch immer aus dessen Feder kam, in den eigenen vier Wänden oder auswärts, von Mozart brieflich ins Bild gesetzt. Die Verbindung riß selbst dann nicht ab, als Mozart an der *Zauberflöte* arbeitete und Süßmayr, zur Begleitung Constanzes nach Baden »abkommandiert«, wochenlang abwesend war. Das blieb bis zum Ende so. Auch in Mozarts letzten Stunden war Süßmayr bei ihm. Sophie Haibel, Constanzes Schwester, erinnert sich:

Da war der Sissmaier bey M: am Bette dan Lag auf der Deke das Bekante Requiem und M: Explicirte ihm, wie seine Meinung seie dass er es Nach seinem Todte Vollenden sollte.[12]

Alles sprach demnach für Süßmayr, doch der Mann, dem Constanze, nach einigen Anfragen bei anderen, die Vollendung der Totenmesse anvertraute, hieß – Joseph Eybler!

Ein bedeutsames Dokument:
Ein Skizzenblatt von der Hand Mozarts zum »Rex tremendae« und zu einer »Amen«-

Fuge im Besitz der Deutschen Staatsbibliothek, Berlin. Es gab sie also tatsächlich, die »Zettelchen« Mozarts zum Requiem …

Es gehört zu den großen, wohl niemals ganz zu lösenden Rätseln in der Geschichte des Requiem, was Constanze dazu bewogen haben mochte, Eybler, etwa gleichaltrig mit Süßmayr, den Vorzug zu geben. Gewiß, auch Eybler war Schüler Mozarts gewesen und noch ein Jahr zuvor hatte dieser ihm bescheinigt, es sei »nur zu bedauern, daß seinesgleichen so selten sind«. Ein ähnlich intensiver Gedankenaustausch aber wie zwischen Mozart und Süßmayr hat mit ihm nicht stattgefunden, jedenfalls nicht im Fall des Requiem.
Mehr als drei Jahrzehnte später bemüht sich Constanze um eine Erklärung. »Daß ich's Eybler'n angetragen habe«, läßt sie zum Requiem-Auftrag verlauten,

kam daher, weil ich eben (ich weiß nicht warum) böse auf Süßmayr war, und selbst Mozart viel auf Eybler gehalten hat, und ich mir dachte, daß es ein jeder ausführen könne, indem die Hauptstellen alle ausgesetzt waren. Und so ließ ich den Eybler zu mir kommen, und theilte ihm meinen Wunsch mit; da er mir's aber sogleich mit schönen Worten abschlug, bekam er's nicht in die Hand. – Dieß sind Wahrheiten, die ich Sie, lieber Freund! (gemeint ist Abbé Stadler) *als Frau von Ehre versichern kann.*

Hier irrte Constanze ganz offenkundig oder sie sagte, wieder einmal und keinesfalls als »Frau von Ehre«, die Unwahrheit. Denn Eybler bekam das Requiem, genauer, die von Mozart ausgeschriebenen Teile, sehr wohl in die Hand. Drei Tage vor Weihnachten, inzwischen 16 Tage nach Mozarts Tod, bestätigt er schriftlich, von Constanze den Auftrag zur Ergänzung des Requiem erhalten zu haben:

Endes unterzeichneter bekennt hiemit, daß ihm die verwittwete Frau Konstanzia Mozart das von ihrem seel. Herrn Gemahl amgefangene Seelenamt zu vollenden anvertraut; derselbe erkläret sich (bereit), *es bis auf die Mitte der künftigen Fastenzeit zu enden, und versichert zugleich, daß es weder abgeschrieben, noch in andere Hände als die der Frau Wittwe gegeben werden soll. Wien den 21ᵗ Dezember 1791. Joseph Eybler.*[13]

Und sollte es noch eines weiteren Beweises bedürfen, so liefert ihn die Österreichische Nationalbibliothek. Sie verwahrt als Kodex 17561 b Mozarts Originalhandschrift von Sequenz und Offertorium, in die Eybler seine Ergänzungsversuche hineingeschrieben hat. Als ein ganz persönliches Vermächtnis hat er in der rechten oberen Ecke des ›Lacrimosa‹-Blattes verfügt:

Letztes Mozarts Manuscript. Nach meinem Tod der k:k: Hofbibliothek vermacht vom Joseph Eybler mp.

Wie sagte Constanze doch: sie wäre »böse auf Süßmayr« gewesen, ohne sich erinnern zu können, warum? Wußte sie wirklich nicht mehr, was sie derart verstimmt hatte, daß sie die Vollendung des Requiem nicht dem einzigen Menschen übertrug, der dafür in Frage kam? Kaum zu glauben, diese Gedächtnislücke bei einer solch wichtigen Entscheidung!
Sie gab Anlaß zu den kühnsten Vermutungen, ja Verdächtigungen. Eine von ihnen unterstellt Constanze nichts weniger als ehebrecherische Beziehungen zu Süßmayr. Constanze sei verärgert darüber gewesen, daß Süßmayr nach dem Tod Mozarts keinerlei Anstalten gemacht habe, sie zu heiraten. Zu heiraten – ? Richtig, denn folgt man den Spekulationen weiter, dann wäre Mozarts Jüngster, geboren im Juli des Jahres 1791, in Wahrheit der Sohn Süßmayrs gewesen.
Erhielt er nicht die Vornamen Franz Xaver Wolfgang, also Vornamen, von denen die beiden ersten auf Süßmayr hinwiesen? Und war Mozart etwa nicht neun Monate vor der Geburt auf Reisen gewesen? Warum sonst hätte er wohl Süßmayr zur Begleitung Constanzes mit nach Baden geschickt? Doch gewiß nur deshalb, weil er den eigentlichen Vater an der Seite der werdenden Mutter wissen wollte ...[14]
Alle diese Gedankenspielereien lassen sich leicht entkräften. Die Taufnamen seines Jüngsten konnten bei Mozart ebenso gut Ausdruck seiner freundschaftlichen Verbundenheit mit Süßmayr gewesen sein, vielleicht eine Art Wiedergutmachung für den Spott und die Derbheiten, die dieser von ihm zu erdulden hatte. Unabhängig davon trug das Kind auch den Vornamen Wolfgang. Niemals hätte Mozart, der in diesen Dingen sehr eigen war, ein ehebrecherisches Verhältnis abge-

segnet, indem er gestattete, daß das »Ergebnis« seinen Vornamen führte.
Zum Zeitpunkt der Zeugung nur soviel: »Technisch« gesehen, konnte Mozart durchaus der Vater sein, er war rechtzeitig zurückgekehrt... Und aus Süßmayrs Begleitung ließe sich auch ein anderer Schluß ableiten, ein Schluß, der sogar Constanzes Verärgerung erklären könnte: Vielleicht war Süßmayr von Mozart nicht zum Begleiter, sondern zum – Aufpasser bestellt worden!
Constanze war kein Kind von Traurigkeit, auch als Ehefrau nicht; in dieser Beziehung stand sie ihrem Mann in nichts nach. Wir kennen Briefe, in denen Mozart Constanze ins Gewissen redete, nachdem sie sich bei ihren Kuraufenthalten in Baden offenbar leichtfertig aufgeführt hatte. Dann sah er sich in die ungewohnte Rolle des Tugendwächters gedrängt und warnte »ein Frauenzimmer muß sich immer in Respekt halten« oder »erinnere Dich nur daß Du mir einmal selbst gestanden hast, daß Du zu nachgebend seyst«.
Davon könnte abgeleitet werden, daß Mozart – er hat nie ein Hehl daraus gemacht in diesem Punkt empfindlich zu sein – Süßmayr beauftragt hatte, in Baden ein wachsames Auge auf Constanze zu haben; daß dieser ihm dann von irgendeiner Eskapade seiner Eheliebsten berichtet hat, was Constanze als »Anschwärzen« empfunden haben mochte. Ob das aber ausreichte, eine derart langandauernde Verstimmung herbeizuführen? Denn lange genug hat sie gedauert, die angebliche Verärgerung Constanzes, an deren Ursache sie sich nicht erinnern konnte oder wollte (wir werden im weiteren Verlauf des Geschehens immer wieder auf diesen »Dauerzustand« zurückkommen, wenn sich die Frage stellt, warum bei Problemen mit dem Requiem denn nicht Süßmayr herangezogen wurde).
Nein, es mußte sich schon auf einer anderen Ebene, vor einem ernsthafteren Hintergrund abgespielt haben, was Constanze anfänglich vor einer Verbindung mit Süßmayr zurückschrecken ließ.
Stellen wir zunächst fest: Süßmayr war aus Constanzes Sicht letztlich kein erstrebenswerter Partner – er wußte zuviel! Ein Mann von seiner Redlichkeit war als Mitwisser unbequem, ja,

gefährlich für die ursprüngliche Absicht Constanzes, das Requiem als ganz von Mozart auszugeben. Und es kam etwas hinzu, was den Grad der Bedenklichkeit in den Augen Constanzes noch erhöhte: Süßmayr war nicht nur Schüler und Adlatus Mozarts, er war auch gleichzeitig Schüler und Freund des Hofkapellmeisters Antonio Salieri!
Mit seiner Person sollten wir uns ausführlicher beschäftigen, muß Salieri doch in den kommenden Jahren für Constanze als Feindbild herhalten, nicht zuletzt, um vom Requiem abzulenken.
Seit Mozart von Salzburg nach Wien wechselte, sah er stets einen Mann vor sich, an dem es in beruflicher wie in gesellschaftlicher Hinsicht kein Vorbeikommen gab, eben jenen Antonio Salieri. Man sieht sich an die Fabel vom Hasen und dem Igel erinnert: Wann auch immer der »Hase« Mozart sein Ziel erreicht zu haben glaubte, der »Igel« Salieri war längst vor ihm da.
Das begann bereits im ersten Wiener Jahr Mozarts, als er sich Hoffnungen machen durfte, der Musiklehrer der Prinzessin von Württemberg zu werden, was ihm unerwartet früh den Zugang zur kaiserlichen Familie verschafft hätte. »Wenns keine hexen giebt«, schreibt er dem Vater nach Salzburg, »so wird sie meine Scolarin auf dem Clavier«. Nun, es gab besagte »hexen«, und schon wenige Tage darauf mußte Mozart einräumen:

Der kayser hat es mir verdorben, denn bei ihm ist nichts als Salieri...

Oder nehmen wir, fünf Jahre später, das glanzvolle Hoffest in Schönbrunn, veranstaltet zu Ehren der niederländischen Generalgouverneure – ein Fest wie aus dem Bilderbuch, mit Salieri und Mozart als Komponisten. Es lohnt sich, im Vorübergehen einen Blick auf die prächtige Kulisse zu werfen, vor der beide Komponisten um die Gunst eines illustren Publikums wetteiferten. In der *Wiener Zeitung* heißt es:

Die Tafel unter den Orangeriebäumen war mit einheimischen und fremden Blumen, Blüthen und Früchten auf die ange-

nehmste Weise besetzt. Während dem Se. Maj. mit den hohen Fremden und den Gästen das Mahl einnahmen, ließ sich die Musik der Kaiserl. Königl. Kammer auf blasenden Instrumenten hören. Nach aufgehobener Tafel wurde auf dem an einem Ende der Orangerie errichteten Theater ein neues für dieses Fest eigens komponirtes Schauspiel mit Arien, betitelt: Der Schauspiel-Director, durch die Schauspieler von der K. K. Nazionalbühne aufgeführt. Nach dessen Ende wurde auf der wälschen Bühne, die am anderen Ende der Orangerie errichtet war, die ebenfalls ganz neu für diese Gelegenheit verfaßte Opera buffa unter dem Titel: Prima la Musica e poi le Parole, von der Gesellschaft der Hofoperisten vorgestellt. Während dieser Zeit war die Orangerie mit vielen Lichtern an Lustern und Plaken auf das herrlichste beleuchtet...

An der Aufgabenverteilung ließ sich unschwer die Rangordnung ablesen: Während Mozart sich mit der Musik zu einer Komödie, dem *Schauspieldirektor*, bescheiden mußte, fand Salieri Gelegenheit, mit einer ganzen Opera buffa zu glänzen. Dem entsprach dann auch das Honorar: Mozart mußte sich laut kaiserlichem Dekret mit 50 Dukaten, wie jeder »gewöhnliche« Schauspieler und Sänger, begnügen, Salieri kassierte das Doppelte, nämlich 100 Dukaten.
Kein Zweifel, Salieri, obwohl nur sechs Jahre älter als Mozart, war der erklärte Favorit am Hof. Mozart war klug genug, sich damit abzufinden. Dem Vater, der Mozart nur zu gerne wieder in Salzburg gesehen hätte und der deshalb nicht müde wurde, sich über die »Cabalen« Salieris zu verbreiten, macht er die Situation klar. Der Titel eines Hofkapellmeisters läge für ihn, Mozart, in unerreichbarer Ferne. Noch sei zwar der greise Bonno im Amt, doch

wenn der Bonno stirbt, so ist Salieri kapellmeister – dann anstatt Salieri – wird starzer einrücken, anstatt starzer – weis man noch keinen. – Basta.

Überhaupt sei der Dienst am Hof keineswegs erstrebenswert. »Die Ehre allein, beym kayser zu seyn, ist mir nicht hinlänglich«, erklärt er dem Vater. »Wenn mir der kayser 1000 fl

(Gulden) giebt, und ein graf 2000. – so mache ich dem kayser mein kompliment und gehe zum grafen.« Was er dann im Falle des Requiem ja auch getan hat...

Dabei mag ein wenig die Einsicht des Fuchses mitgespielt haben, dem die Trauben zu hoch hängen, sonst hätte sich Mozart nicht im Mai 1790 um die Stelle des zweiten Kapellmeisters beworben – hinter Salieri. In seinem Gesuch an Erzherzog Franz, den späteren Kaiser, empfiehlt er sich bezeichnenderweise als Komponist von Kirchenmusik, »da der sehr geschickte kapelm Salieri sich nie dem kirchen Styl gewidmet« habe. Dagegen habe er selbst sich »vonn Jugend auf diesem Styl ganz eigen gemacht«.[15] Mozart sah also seine Chance bezeichnenderweise in der Kirchenmusik, und er hätte sich zudem mit einer Stellung unter Salieris Oberhoheit begnügt.

Letzten Endes ist er sogar stolz auf die Wertschätzung, die ihm Salieri entgegenbringt. Nach einer Aufführung der *Zauberflöte*, zu der er Salieri und dessen Geliebte Cavalieri persönlich abholt, gibt er Constanze einen ausführlichen Bericht nach Baden:

Du kannst nicht glauben, wie artig beide waren – wie sehr ihnen nicht nur meine Musick, sondern das Buch und alles zusammen gefiel. – Sie sagten beide ein Opera – würdig bey der größten festivität vor dem größten Monarchen aufzuführen, – und Sie würden sie gewis sehr oft sehen, den sie haben noch kein schöneres und angenehmeres Spectacel gesehen...

So verfeindet, wie es die Legende wissen will, können beide demnach nicht gewesen sein. Eher hat man sich, von den üblichen Eifersüchteleien unter Künstlern abgesehen, gegenseitig respektiert: Mozart in Salieri den ranghöheren Kollegen (wenn auch nicht den besseren Komponisten), umgekehrt Salieri in Mozart, sicher nicht leichten Herzens, den genialeren Musiker.

Von daher ist es auch verständlich, daß Süßmayr der Diener zweier Herren sein konnte, daß er sich als Mozarts Kopist betätigte und gleichzeitig als Geiger in Salieris Hofkapelle aushalf.[16] Salieri schätzte ihn als seinen »viel zu jung verstorbenen Lieblingsschüler«, umgekehrt hat Süßmayr nach dem Tod Mozarts seine Verehrung allein auf Salieri übertragen, bis ins Private hinein: Als er schon zu Lebzeiten sein bescheidenes Mobiliar samt »Bettgewand und Leintuch« seiner Schwester vermachte, war es Salieri, der das Testament bezeugte.

Von der Öffentlichkeit wurde die Stellung Süßmayrs bei Mozart und Salieri gleich hoch bewertet, sie verteilte ihre Wertschätzung auf beide. So wandte sich der Rektor der Prager Universität bei der Uraufführung eines Liedes, das Süßmayr zum Geburtstag Kaiser Franz II. komponiert hatte – der Text stammte übrigens von Mozart-Biograph Niemetschek – mit den Worten an Süßmayr: »Werther Freund und würdiger Scholar eines grossen Salieri und des unvergesslichen Mozarts!«

Constanze mag es anders gesehen haben. Sie mußte zweifellos befürchten, daß gerade diese enge Bindung Süßmayrs an Salieri ihren Plänen schaden, mehr noch, sie zunichte machen könnte. Denn: Was Salieri wußte – und Constanze konnte sicher sein, daß Süßmayr ihm nichts verheimlichen würde –, wußte der Hof, und was der Hof wußte, konnte wiederum Graf Walsegg, der gute Beziehungen zum Wiener Adel unterhielt[17], nicht verborgen bleiben. Und damit drohte bereits im frühen Stadium die Wahrheit über das unvollendete Requiem ans Licht zu kommen.

War es das, was Constanze bis zuletzt vermeiden wollte? Warum sie Süßmayr erst dann mit der Ergänzung der Totenmesse betraute, als ihr gar keine andere Wahl mehr blieb? Süßmayrs enge Kontakte zu Salieri und die daraus resultierende Gefahr einer Mitwisserschaft des allmächtigen Hofkapellmeisters könnten ihr Zögern erklären.

Auf der anderen Seite ist ihr das Gespann Salieri/Süßmayr gerade recht, um den Verdacht zu schüren, Süßmayr hätte nicht nur wenig am Requiem getan, er wäre auch das »Werkzeug« Salieris gewesen. Es kommt Jahre später zu einer Reise des Ehepaares Vincent und Mary Novello, beide glühende Verehrer Mozarts, die dem Meister durch einen Besuch bei der Witwe ihre Reverenz erweisen wollen. Sie reisen mit der vorgefaßten Meinung nach Salzburg, daß Süßmayr, den sie

ohne ein Werk von ihm zu kennen, einen »obscuren Autoren« nennen, unmöglich das Requiem ergänzt und vollendet haben könnte. Und sie sehen sich durch Constanze in ihrem Verdacht bestätigt.
In das gemeinsame Tagebuch – es hatte ursprünglich nur privaten Charakter und wurde erst in jüngster Zeit veröffentlicht [18] – trägt Vincent Novello ein:

Der Umstand, daß Süßmayr nach Mozarts Tod das Verdienst für sich in Anspruch nahm, den letzten Teil dieses mit Recht so berühmten Werkes geschrieben zu haben, erweckte in mir einen solchen Verdacht, daß ich Mozarts Witwe fragte, ob er nicht etwa ein neidischer und versteckter Feind und nicht der aufrichtige Freund und dankbare Schüler gewesen sei, worauf die Witwe zugab, daß Süßmayr nur wenige Lektionen von Mozart erhalten habe und in Wahrheit der Schüler und Freund Salieris war (der Mozarts bitterster Feind gewesen), was meinen Verdacht völlig bestätigte.

Also auch hier wieder die fatale Unterstellung einer Komplizenschaft zwischen Süßmayr und Salieri und die Verteufelung des Hofkapellmeisters als »bittersten Feind« Mozarts dazu; sie hatte bereits kurz nach dem Tod Mozarts eingesetzt und ihren Höhepunkt in der Anschuldigung erreicht, Salieri habe Mozart vergiftet.
Ein dunkles Kapitel der Nach-Mozart-Ära! Ein weiteres Mal sät Constanze durch ihr undurchsichtiges Verhalten, ihr vielsagendes Schweigen und ihre gezielten Indiskretionen eine böse Saat. Um so erstaunlicher, als ihr Salieri gerade recht ist, um ihr Verhalten zu rechtfertigen, nachdem sie das Requiem, fast ein Jahr v o r der Aufführung durch den rechtmäßigen Besitzer, der Öffentlichkeit in eigener Regie präsentiert hatte. Im nachhinein benennt sie Salieri als Zeugen:
»Zur Geschichte meiner Copie des Requiems«, schreibt sie Breitkopf & Härtel, »gehört noch, daß der Baron von Swieten ... 1792 es hier hat aufführen lassen. Auch Salieri war bey den Proben – Keiner hat etwas zu tadeln gefunden.« Was so klingt, als habe Salieri diese Uraufführung von Constanzes Gnaden als durchaus rechtens empfunden.

Constanze zeigt auch keine Bedenken, den jüngeren und begabteren ihrer beiden Söhne, Franz Xaver Wolfgang, durch Salieri Gesangsunterricht erteilen zu lassen. Im Gegenteil, sie ist des Lobes voll, auch, was die menschliche Seite anbelangt. Salieri habe »viele liebe und freundschaft für ihn«, teilt sie dem älteren Bruder Karl Thomas in Mailand mit, und sie wäre glücklich, könnte sie auch ihm einen solchen Lehrmeister verschaffen.
Spricht so eine Frau vom angeblichen Todfeind, wenn nicht gar Mörder ihres Mannes? Und doch: Während Sohn Wolfgang den Verdacht des Giftmordes ausdrücklich zurückweist – Mary Novello in ihrem Tagebuch: »Der Sohn stellt es in Abrede, daß er (Salieri) Mozart vergiftet habe« –, schweigt sich Constanze aus. Sie, die als einzige überlieferte, Mozart habe in seinen Todesahnungen davon gesprochen, vergiftet worden zu sein, und dadurch erst den Stein ins Rollen brachte, ausgerechnet sie läßt die Dinge im Zwielicht. Kein Wort zur Ehrenrettung Salieris, weder in den von ihr gesteuerten Lebensbeschreibungen Mozarts noch in der sich über Jahrzehnte hinziehenden Korrespondenz, kein einziges Wort...
Constanze hätte Salieri viel ersparen können, denn der schreckliche Verdacht – natürlich kam er Salieri zu Ohren – hat zweifellos zu der geistigen Umnachtung beigetragen, in die Salieri gegen Ende seines Lebens verfiel, als er versuchte, sich mit einem Messer die Kehle zu durchschneiden. Vom Kaiser in allen Ehren und mit vollen Bezügen in den Ruhestand entlassen, war doch der geistige und körperliche Verfall des über 70jährigen nicht mehr aufzuhalten. Er stirbt als ein Mann, den seine Zeitgenossen so gesehen haben:

Ein höchst liebenswürdiger Mensch. Freundlich und gefällig, wohlwollend, lebensfroh, witzig, unerschöpflich in Anekdoten, in Citaten, ein feines, niedlich gebautes Männchen, mit feurig blitzenden Augen, gebräunter Hautfarbe, immer nett und reinlich, lebhaften Temperaments, leicht aufbrausend, aber ebenso leicht zu versöhnen.[19]

Dieser Mann konnte wohl kaum die düstere Gestalt gewesen sein, die Mozart das Leben ach so schwer gemacht hat, ein

Josef Leopold Edler von Eybler (1765–1846) wurde von Constanze zuerst mit der Fertigstellung des Requiem betraut, gab den Auftrag dann aber zurück.

Von Constanze als Zeuge ihrer Requiem-Aufführung benannt: Antonio Salieri (1750–1825), der angebliche Todfeind Mozarts.

stets drohender Schatten auch über den Tod des Meisters hinaus. Nicht, daß Constanze dies ausdrücklich behauptet hätte, sie hat, vieldeutig geschwiegen und Salieri in jenem geheimnisvollen Halbdunkel belassen, das ihr auch für das Requiem wünschenswert erschien.

Salieris Nachfolge als Hofkapellmeister tritt Joseph Eybler an, derselbe Joseph Eybler, dem Constanze – und damit schließt sich der Kreis – noch vor Süßmayr die Vollendung des Requiem angetragen hatte. Wir erinnern uns: Eybler hatte, auch wenn es Constanze später nicht mehr wahrhaben wollte, die Totenmesse gute zwei Wochen nach Mozarts Tod übernommen,um sie »bis auf die Mitte der Fastenzeit zu enden.«

Mit den Einleitungssätzen des Requiem brauchte sich Eybler nicht zu befassen; sie waren, mit kleinen Abstrichen, »ganz Mozart« und so gut wie abgeschlossen. Seine Arbeit begann mit der ›Dies irae‹-Sequenz. Hier trug er in die Mozartsche Partitur ein, wie er sich die Instrumentierung dachte. Ohne zum Abschluß zu kommen: Es blieben Zeilen leer, selbst da, wo man den Einsatz bestimmter Instrumente hätte erwarten können.

Beim ›Dies irae‹ ist Eybler noch voll bei der Sache, er ergänzt die fehlenden Holzbläser, die Trompeten und Pauken und füllt die von Mozart leergelassenen Passagen der Streicher aus. Doch dann zeigen sich über lange Strecken Lücken. Zwar schreibt Eybler die Streicher in den folgenden Sätzen durchgängig fort, aber man vermißt die Holzbläser, die Trompeten und Pauken, vor allem dort, wo sie für ein eindrucksvolles Klangbild zu sorgen hätten, im ›Rex tremendae‹ zum Beispiel. Erst im ›Confutatis‹ weist die Partitur dann wieder die gebotene Fülle auf.[20]

Das Ganze macht den Eindruck einer gewissen Unsicherheit, so, als hätten den Bearbeiter schon nach den ersten Ergänzungen Zweifel gepackt, die Aufgabe jemals bewältigen zu können. Es scheint, als wäre Eybler nur zögernd zu Werke gegangen. Irgendwann müssen sich bei ihm die Skrupel eingestellt haben, das Genie Mozart nachvollziehen zu wollen, irgendwann müssen ihm die eigenen Grenzen überdeutlich bewußt geworden sein.

Beim ›Lacrimosa‹, dem Schluß der Sequenz mit den letzten

acht Takten, die Mozart je geschrieben hat, deutet sich dieser Zeitpunkt an. Geradezu ängstlich skizziert, muten die beiden Takte an, die Eybler den mächtig aufstrebenden, dann abrupt abbrechenden Chorstimmen im Sopran hinzugefügt hat (später wird sie jemand mit der »Bleyfeder einzäunen« und so, wie alles in der Sequenz, als nicht von Mozart stammend kennzeichnen).

Zwei Takte im Sopran, nichts sonst, hat Eybler in das ›Lacrimosa‹ geschrieben. Die Vorstellung, hier die letzte Arbeit Mozarts vor sich zu haben, mag ihm endgültig das schier Unlösbare der vor ihm liegenden Aufgabe vor Augen geführt haben. Schließlich galt es über die Sequenz hinaus noch das zweiteilige ›Offertorium‹ zu ergänzen und die Schlußsätze völlig neu zu komponieren.

Das aber hatte nichts mehr mit einer Bearbeitung zu tun, hier war eine von Mozart hinterlassene Leere mit eigener schöpferischer Kraft zu füllen (soweit nicht »Zettelchen« zu verwenden waren). Und spätestens an dieser Stelle müssen einem ehrbaren Komponisten wie Eybler Bedenken gekommen sein, ob er sich nicht dem Verdacht aussetzen würde, sich mit fremden Federn schmücken zu wollen, ob er nicht gar im Begriff war, sich zum Handlanger eines großangelegten, nur den Geschäftsinteressen Constanzes dienenden Täuschungsmanövers zu machen.

Eybler hat dann auch tatsächlich das Mozartsche Manuskript, mit seinen Eintragungen versehen, an die Witwe zurückgegeben. Wann genau, ist nicht bekannt, und auch beim Warum sind wir letztlich auf Vermutungen angewiesen. Bedauerlich erscheint es allemal, daß Eybler seine Arbeit vorzeitig abgebrochen hat. Kenner meinen, er habe bei seiner Ergänzung des Requiem besser in Mozart »hineingehört« als später Süßmayr, doch kann darüber anhand der spärlichen Einlassungen Eyblers nur spekuliert werden (und wäre Süßmayr gegenüber auch nicht fair).

Der weitere Werdegang Eyblers: Er wird noch im selben Jahr (1792) Chorregent der Karmeliter und macht seinen Weg als »geist- und kunstvoller Kirchencomponist«. Die Kaiserin wird auf ihn aufmerksam und beruft ihn zum Musiklehrer ihrer Kinder. Auf ihren Wunsch schreibt er selbst ein großes

Requiem, wird Vizekapellmeister Salieris und erreicht als dessen Nachfolger den Höhepunkt seiner Karriere.
Mit Mozarts Totenmesse bleibt er auf schicksalhafte Weise verbunden: Bei einer Aufführung des Requiem erleidet er 1833 einen Schlaganfall, der zu einer Lähmung führt und seine Laufbahn jäh beendet...
Nach Eybler kommt endlich Süßmayr an die Reihe. Er weiß zu berichten, daß vor ihm »die Endigung dieses Werkes mehreren Meistern übertragen«[21] wurde, die aber, um Ausreden nicht verlegen, allesamt ablehnten. Eine abenteuerliche, in ihrer Alltäglichkeit ernüchternde Vorstellung: Constanze geht mit den Bruchstücken der Totenmesse des Meisters hausieren, anders kann man es nicht nennen, und holt sich eine Absage nach der anderen, ausgerechnet Süßmayr aber wird bis dahin gemieden!
Die Frage ist, warum gerade er, ein doch nicht minder ehrenwerter Komponist als Eybler, schließlich den Auftrag zur Vollendung des Requiem übernommen hat. Wo er doch besser als jeder andere – und nach Eyblers Rückzieher mehr denn je – wissen mußte, welche Probleme auf ihn zukamen; daß es kaum Lorbeeren zu ernten gab, er, im Gegenteil, mit allerlei Unannehmlichkeiten zu rechnen haben würde (was sich schließlich auch bewahrheitete).
Die Frage stellen, heißt, einen ganz anderen, überraschenden Aspekt aufzeigen, was den Gang der Dinge anbelangt: Konnte man bisher davon ausgehen, daß Constanze es war, die zuerst bei »mehreren« angefragt und dann irgendwann über Eybler bei Süßmayr angelangt war, so ergibt auch der umgekehrte Weg einen Sinn. Könnte es vielleicht so gewesen sein, daß sich Constanze zuerst an Süßmayr gewandt hatte – er müßte das allerdings verschwiegen haben – und von ihm eine Absage erhalten hatte, eben weil er ein ehrenwerter Mann war, der den Umfang der Ergänzungen nur zu genau kannte und von vorneherein die Schlußfolgerungen zog, die nach ihm Eybler gezogen hat? Oder weil er, der 25jährige, sich ganz einfach überfordert fühlte?
Das könnte erklären, warum Constanze »böse« auf Süßmayr gewesen war; der Korb, den ihr Süßmayr gab, könnte Grund genug gewesen sein. Aus Constanzes Sicht wäre ihre Verärge-

rung sogar verständlich. Wen sonst hätte sie von Anfang an als Helfer, als Bundesgenossen betrachten können, wenn nicht ihn, den engsten Mitarbeiter ihres verstorbenen Mannes! Umso unerwarteter und tiefer muß sie dann die Absage Süßmayrs getroffen haben.

Es würde dem Charakter Süßmayrs entsprochen haben – er wird als »bescheiden, freundlich und hilfsbereit« geschildert[22] –, wenn er in höchster Not schließlich doch noch eingesprungen wäre, obwohl auch er unter Zeitdruck stand. Er war schließlich nicht irgendwer, sondern galt als tüchtiger Musiker, als ein fleißiger, aufstrebender junger Komponist. In Kürze sollte er zum stellvertretenden Kapellmeister des k.k. Nationaltheaters berufen werden, und in wenigen Wochen stand die Uraufführung seiner Oper *Moses oder Der Auszug aus Ägypten* im Freihaustheater auf der Wieden auf dem Programm – unter der Leitung von Emanuel Schikaneder.

Die Parallele zur *Zauberflöte* ist nicht zu übersehen: Wie Mozart, von Freund Schikaneder zur Fertigstellung der Oper gedrängt, immer das Riesenwerk des Requiem vor Augen hatte, so sah sich nun auch Süßmayr, ebenfalls mit Schikaneder im Rücken, gezwungen, seine Oper pünktlich abzuliefern und gleichzeitig das Requiem seines Meisters Mozart zu vollenden – Duplizität der Ereignisse!

Zum Zeitplan: Eybler hatte Constanze am 21. Dezember 1791, 16 Tage nach Mozarts Tod, den Empfang der Bruchstücke des Requiem bestätigt. Gemessen an seinen Eintragungen in die Mozartsche Handschrift, dürfte er sich etwa drei bis vier Wochen daran versucht haben. Sollte sich die Abwicklung nicht durch anderweitige Kontakte Constanzes verzögert haben, dann hätte Süßmayr das Manuskript Mitte bis Ende Januar 1792 in die Hand bekommen.

Schon am 4. März aber hatte Constanze, wie aus der Quittung des preußischen Gesandten zu ersehen, König Friedrich Wilhelm II. eine Abschrift überlassen oder für die nächste Zukunft versprochen. Süßmayrs Arbeit mußte demnach so weit gediehen sein, daß es mit dem für eine Kopie ungewöhnlich hohen Preis von 450 Gulden, das waren 100 Dukaten, immerhin genau die Summe, die mit dem eigentlichen

Der Partiturentwurf Mozarts für die »Dies irae«-Sequenz mit den Ergänzungen Eyblers, die später von dritter Hand durch »Einzäunungen« mit Bleistift kenntlich gemacht wurden.

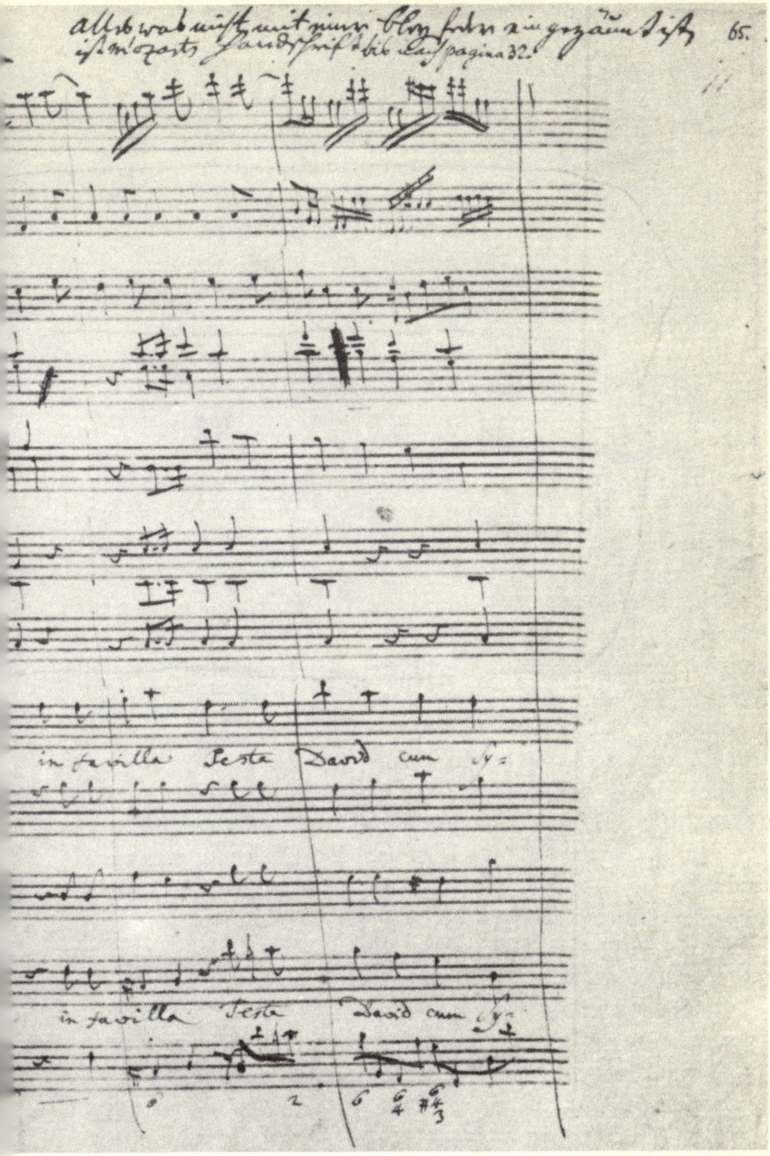
65.
in favilla Teste David cum Sy-
in favilla Teste David cum Sy-

Auftraggeber, Graf Walsegg, für das Original des Requiem vereinbart war, – daß es also damit seine Richtigkeit hatte.
Was war inzwischen geschehen? Constanze hatte Süßmayr einen Packen von Notenblättern ausgehändigt, 45 an der Zahl, das Requiem, soweit es Mozart hinterlassen und Eybler versuchsweise ergänzt hatte. Für die einleitenden Sätze konnte Süßmayr die Mozartsche Fassung übernehmen, dagegen bedurfte es für die anschließende Sequenz einer neuen Partitur, nachdem das Original ja Eyblers Eintragungen enthielt.
Süßmayr, einmal dabei, für die Sequenz neues Notenpapier verwenden zu müssen, bezog das Offertorium und die Schlußteile gleich mit ein. Da er die Blätter der von ihm neu angelegten Partitur wieder von 1 an numerierte, ergab sich ein für die Nachwelt verwirrendes Zahlenspiel: Mozarts Handschrift trug für ›Requiem‹ und ›Kyrie‹ die Nummern 1 bis 9 und setzte sich nach einem Leerblatt 10 von 11 bis 45 fort, darunter zwei weitere Leerblätter 34 und 42. Süßmayr seinerseits numerierte Sequenz und Offertorium neu von 1 bis 33 und den Schlußteil wieder von 1 bis 19. Ein Durcheinander von Seiten und Zahlen, das die Beantwortung der Frage, wer denn nun was komponiert hatte, nicht leichter machte.
Erst später wurden beide Handschriften in fortlaufender Numerierung vereinigt und durch rote Farbe kenntlich gemacht; die Blätter Mozarts von 1 bis 10 und die Süßmayrs von 11 bis 63 – die Partitur des vollständigen Requiem, wie sie heute als einzig authentische Quelle von der Österreichischen Nationalbibliothek verwahrt wird. –
Süßmayr hat sich der Eyblerschen Ergänzungen nur dort bedient, wo sie ihm ins Konzept paßten. Ansonsten läßt er, auch wenn Eyblers Gedankengut hier und da anzuklingen scheint, keinen Zweifel daran, daß seine Auffassung Vorrang hat, soweit ihm die von Mozart vorgegebenen Motive Spielraum lassen. Das gilt einmal für die Sequenz, zum anderen für das Offertorium, an dem sich Eybler erst gar nicht versucht hatte. Hier hatte Mozart nur einige Takte für die Streicher geschrieben, in den Singstimmen aber wie sonst den Weg gewiesen.

Mozart als Wegweiser! In seiner Begleitung bewegt sich »Lehrling« Süßmayr auf sicherem Boden. Die Chöre und Soli, der Baß und die Skizzen von Streichern und Bläsern in Sequenz und Offertorium, das alles war schließlich »echter Mozart«, schwarz auf weiß nachzulesen auf den 45 Blättern des Originalmanuskripts. Von nun an aber betrat Süßmayr Neuland, völliges Neuland – wenn man seinen Worten Glauben schenken darf. Woher diese Zweifel?

So leicht es fällt, dem Charakter Süßmayrs entsprechend, seine späteren Beteuerungen, er habe die Schlußteile des Requiem »ganz neu verfertigt«, für bare Münze zu nehmen, so schwer fällt es, ihm in diesem Punkt vorbehaltlos zu folgen. Zur sehr erinnern die ersten Takte des ›Sanctus‹ an die des ›Dies irae‹, zu deutlich vermeint man, auch im ›Benedictus‹ [22a] und ›Agnus Dei‹ die Handschrift des Meisters herauszuhören. Nun, wahrscheinlich hat es auch für die Schlußteile die berühmten »Zettelchen« gegeben – doch, wo sind sie geblieben? Haben Constanze oder Süßmayr sie nach Gebrauch vernichtet? Aber warum sollten sie ...

Je mehr »Zettelchen« Constanze hätte vorweisen können, desto glaubhafter hätte sie Mozart als Urheber des gesamten Werkes »verkaufen« können (oder sie war nicht einmal zu diesem Zugeständnis bereit). Und was Süßmayr angeht, so mußte ihm daran gelegen sein, mit solchen Notizen zu beweisen, daß er sich nicht mit fremden Federn schmücken wollte. Wie gesagt, hinter Mozarts Anteilen am ›Sanctus, ›Benedictus‹ und ›Agnus Dei‹ stehen bis heute viele Fragezeichen; es wäre ein Glücksfall sondergleichen, würde die eine oder andere Skizze dazu noch auftauchen.

Und auch die Partitur selbst gibt, buchstäblich am Rande, Rätsel auf: In der rechten oberen Ecke der ersten Seite findet sich der Vermerk »di me W. A. Mozart 7·92«. Er könnte bedeuten, daß Mozart, im Dezember 1791 bereits verstorben, den von ihm vermuteten Abschluß des Requiem vorausdatiert hat. Heute heißt es, Süßmayr habe den mysteriösen Hinweis hinzugefügt. Das »di me« irritiert in jedem Fall. Von Süßmayr (oder von Constanze?) konnte dieses »von mir W. A. Mozart« nur in betrügerischer Absicht stammen, von Mozart selbst nur dann, wenn er damit das Original kennzeichnen wollte, ohne

Der Mozartschen Schrift täuschend ähnlich: Die Handschrift Franz Xaver Süßmayrs im »Domine Jesu«, dem Beginn des Offertoriums. Auch hier hatte Süßmayr die Vorgaben Mozarts in eine neue Partitur übernommen.

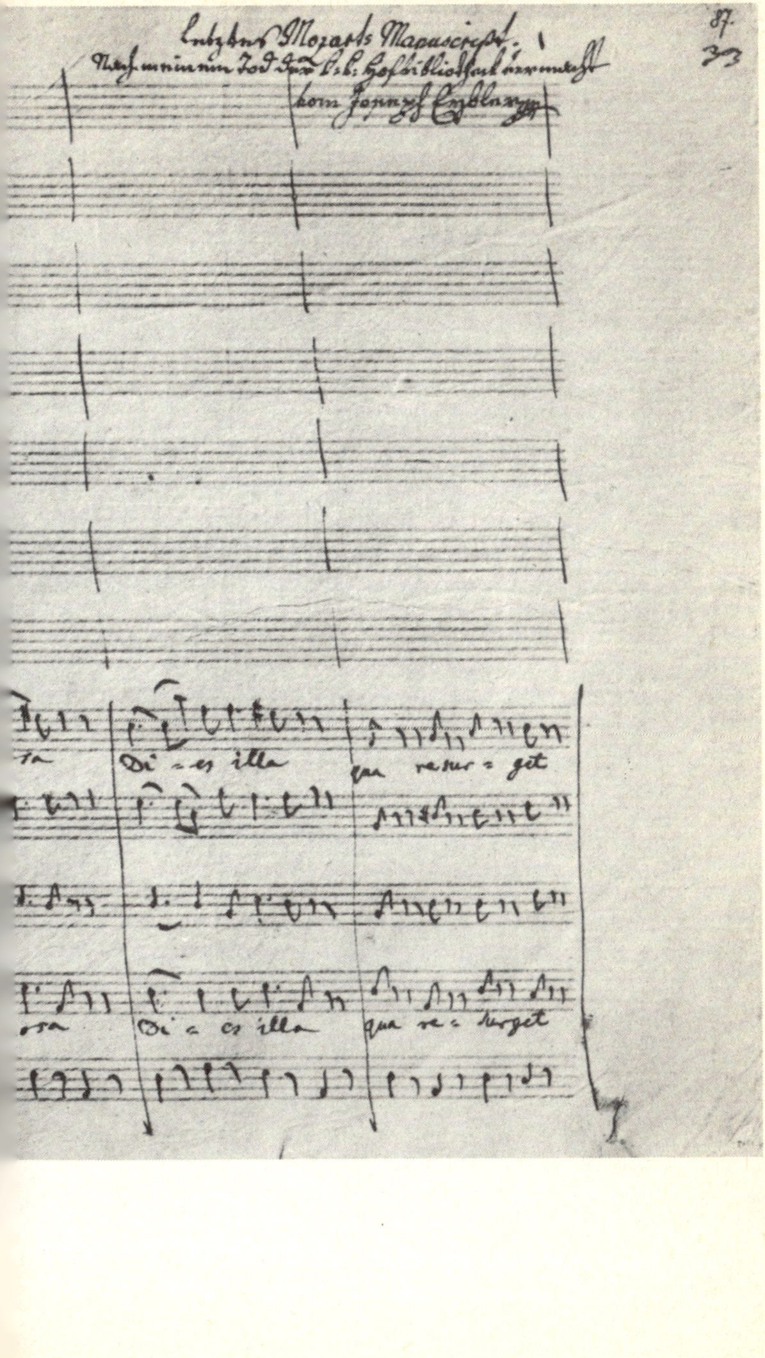
Di = es illa
qua re-sur = get
Di = es illa
qua re = surget

Rücksicht darauf, daß der Besteller gutes Geld dafür bezahlt hatte und es als sein rechtmäßiges Eigentum betrachten würde. Merkwürdig ist dieser demonstrative Hinweis auf die alleinige Urheberschaft Mozarts allemal.
Irgendwann in der ersten Hälfte des Jahres 1792 war es dann soweit: Süßmayr hatte die Ergänzung des Requiem abgeschlossen. Ein mühsames Stück Arbeit lag hinter ihm. Er hatte sich ein Konzept für Sequenz und Offertorium gemacht (die einleitenden Sätze ›Requiem‹ und ›Kyrie‹ lagen ja in der Urschrift Mozarts fast vollständig vor) und die Singstimmen mit dem Instrumentalbaß nach den Vorlagen des Meisters übertragen. Die Instrumentierung dieser Teile hatte er nach den von Mozart angedeuteten Motiven vorgenommen und die Schlußteile, ›Sanctus‹, ›Benedictus‹ und ›Agnus Dei‹, angeblich völlig neu, hinzugefügt. Das Ganze hatte er dann ins Reine geschrieben, in einer Handschrift, die der Mozarts, wie gehört, täuschend ähnlich war, so daß bei dem Paket von 63 Notenblättern, das nun zur Ablieferung an den Besteller bereitlag, kaum ein Unterschied zwischen den Anteilen Mozarts und Süßmayrs auszumachen war.
Soviel zum Formalen. Was aber hatte Süßmayr zum Inhaltlichen beigetragen? Geben wir, bereits hier, einer Stimme von heute das Wort: Die Nachwelt müsse Süßmayr immer dafür dankbar bleiben, daß er in die Bresche gesprungen sei, heißt es da, denn

niemals wären die Skizzen allein... zur lebendigen Anschaulichkeit des Kunstwerks emporgestiegen. Dieses Verdienst und die Daseinskraft der endgültigen Schöpfung spricht beredter für den Wert der Leistung Süßmayrs als die unleugbaren Schwächen seiner zaghaften Hand. Was Süßmayr als Erfinder beisteuerte, wußte sich in bescheidener Art dem Vorhandenen anzupassen, so daß es nicht allzugrell aus dem wunderbaren Rahmen fiel...[23]

Und ein Berufener, wie Johannes Brahms, faßt es in die wenigen Worte:

Er hat die Anlage Mozart's sorgsam kopirt und sie mit soviel Liebe wie Pietät ergänzt.

Doch darum ging es nicht. Die Ergänzungen an sich stellten nichts Ungewöhnliches dar; was sie betrifft, hätte man zur Tagesordnung übergehen können (auch ein Michael Haydn hatte beispielsweise ein Requiem unvollendet hinterlassen, das später ergänzt wurde).
Was den Dingen die entscheidende Wende gab, war die Tatsache, daß sich Constanze bei der Ablieferung des Requiem an den Besteller Graf Walsegg des zweifachen Betruges schuldig machte:

1. Sie verschwieg ihm, daß außer Mozart noch ein anderer Komponist an der Fertigstellung des Requiem beteiligt war – Graf Walsegg mußte glauben, einen »echten Mozart« erworben zu haben, und ahnte nicht, daß er das Opfer einer arglistigen Täuschung durch die Mozart-Witwe geworden war.
2. Constanze kannte keine Skrupel, sich vor der Ablieferung Kopien von der Mozart/Süßmayrschen »Gemeinschaftsarbeit« machen zu lassen und sie als Mozarts »Schwanengesang« zu verkaufen, obwohl das Eigentumsrecht daran eindeutig bei Graf Walsegg lag.

Die Ergänzung verschwiegen zu haben, mochte Constanze moralisch noch damit vor sich selbst gerechtfertigt haben, daß Mozart ja den Hauptteil im Original geliefert habe, nicht zu reden von den »Zettelchen« und dem Süßmayr gedanklich Übermittelten. Hier wäre noch ein Auge zuzudrücken, nicht aber bei Punkt 2: Mit der Herstellung von Kopien vergriff sich Constanze schlicht an fremdem Eigentum!
Wieviel Kopien letztlich hergestellt wurden, bleibt das Geheimnis von Constanze und Süßmayr, der für die Produktion zuständig war. Es scheint jedenfalls so, als wären Abschriften am Fließband hergestellt worden, ob nun in der Rauhensteingasse 970, der Wohnung Constanzes, oder der Singerstraße 954, Süßmayrs Domizil.
Abbé Stadler weiß von zwei Kopien zu berichten, von denen eine für Wien, Constanzes eigenen Gebrauch, die andere für Leipzig, den Verlag Breitkopf & Härtel, bestimmt gewesen

sei. Er selbst habe sich eine Abschrift des »Requiem und Kyrie, wie auch das ganze Dies irae bis Lacrymosa aus der Urschrift genommen«, sich also der von Mozart vorgegebenen Teile bedient (bei den zahlreichen Ergänzungen Mozartscher Fragmente durch Stadler liegt der Verdacht nahe, er wollte vielleicht mit einer eigenen Version des Requiem auf den Markt kommen).
Und dann gingen noch »Copien an Fürsten«. Constanze, von Breitkopf & Härtel angeklagt, sich am Besteller »versündigt« zu haben, verteidigt sich mit der kühnen, heute nicht mehr zu widerlegenden Behauptung, sie habe sich

bey der Ablieferung die Freyheit ausbedungen, Copien an Fürsten zu geben, die sie natürlicherweise nicht herausgeben würden…

und sie räumt dem Verlag gegenüber ein zweites Mal ein, »zwey oder drey regierenden Herrn« Abschriften überlassen zu haben, gegen gutes Geld, versteht sich, was der Verlag als unzulässige Bereicherung Constanzes betrachtete.
Einer der »regierenden Herrn« war, wir erinnern uns, Preußenkönig Friedrich Wilhelm II.; die anderen sind nicht bekannt. Namen spielen auch nur noch eine untergeordnete Rolle angesichts des Siegeszuges, den das Requiem dank der Kopien in alle Welt antrat. Abbé Stadler erinnert sich:

Bis nun dieses Werk (das Requiem) *im Druck erschien, wurden die Copien immer mehr vervielfältigt und in Prag, Dresden, Leipzig usw. verbreitet…*[24]

Dem Schneeballsystem folgend und nicht länger unter Kontrolle, überschwemmen die Abschriften in der Folgezeit das Land, geheimnisumwittert zwar, aber doch ziemlich konkret als Mozarts Vermächtnis. Nur einer ist ahnungslos und glaubt sich allein im Besitz des Requiem: Graf Walsegg-Stuppach!

3
Graf Walsegg-Stuppach, der betrogene Betrüger

Schloß Stuppach bei Gloggnitz am Fuß des Semmering. Von hier aus nahm die Geschichte des Requiem ihren Ausgang.

Man zögert, den jungen Grafen freiweg einen Betrüger zu nennen. Schließlich hat er nur das getan, was in seinen Kreisen, dem musikbeflissenen Adel, üblich, zumindest nicht ungewöhnlich war. Ein »unschuldiges Vergnügen« nannten die Bediensteten das Verfahren ihrer Herrschaft, eine fremde Komposition anzukaufen, um sie als eigene auszugeben. Und das Ganze wäre auch nach der landläufigen Meinung, wo kein Kläger, da kein Richter, unentdeckt geblieben, hätte es nicht eine Constanze Mozart gegeben. Erst der von ihr inszenierte Schwindel, die Ergänzung der Requiem-Fragmente durch Süßmayr und der Verkauf der Kopien hatte ja den Mann ans Licht der Öffentlichkeit gezerrt, der fest davon überzeugt war, der rechtmäßige Eigentümer des Requiem zu sein, frei darüber verfügen – und im Verborgenen bleiben zu können. Gestehen wir also Graf Walsegg-Stuppach im vorweg »mildernde Umstände« zu, zumal das nun folgende, immer tiefere Verstricken in das eigene Lügennetz eher mitleidiges Schmunzeln, denn Empörung auslöst.
Auf Schloß Stuppach gehen nach der Übergabe des Requiem an den Grafen die Dinge ihren gewohnten Gang: Graf Walsegg zieht sich mit der vermeintlich ganz von Mozart stammenden Partitur in sein Schreibkabinett zurück und fertigt hinter verschlossenen Türen eine Abschrift an. Dann wagt er einen entscheidenden Schritt nach vorn, zu weit nach vorn: Auf der von ihm abgeschriebenen Partitur vermerkt er *Requiem composto del Conte Walsegg* und täuscht damit, sozusagen aktenkundig, seine Urheberschaft vor. Verhängnisvoll für ihn, der sich dieses Zugeständnis an die eigene Eitelkeit nicht versagen konnte: Von nun an kann er nichts mehr zum Schutz seines Eigentums unternehmen, ohne sich bloßzustellen. Hatte er sich nicht selbst zum Komponisten des Requiem erklärt, und mußte nicht folglich die in der Öffentlichkeit kursierende, Mozart zugeschriebene Totenmesse eine andere sein?
Die Bediensteten nehmen das »Requiem composto del Conte

Walsegg« wie immer augenzwinkernd entgegen. Unser Gewährsmann aus der Umgebung des Grafen, Anton Herzog, inzwischen zum »Kreis- und Hauptschul-Director und Chorregent in Wr. Neustadt« befördert, hält rückschauend auch gleich die Entschuldigung bereit:

Kann man es Hr. Grafen verargen, wenn er sich nur mit uns seinen Untergebenen, einen Scherz machte, indem er das Requiem, aber nur in unserer Gegenwart als seine Composition ausgab; da ihm mit seinem theuer erworbenen Eigenthume... viel ärger mitgespielt wurde.

Und er schildert das Geschehen aus der Sicht des unmittelbar Beteiligten:

Nachdem also Hr. Graf von Walsegg die Partitur des Requiem erhalten hatte, schrieb er dieselbe sogleich, nach seiner gewöhnlichen Weise, mit eigener Hand von Note zu Note ganz rein ab, und übergab solche stückweise seinem Violinspieler Benaro, damit er die Auflagenstimmen ausschreibe. Unter dieser Arbeit saß ich oft stundenlang an Benaros Seite, und verfolgte den Gang dieses ausgezeichneten Werkes mit steigendem Interesse.

Herzog fährt fort:

Da nun alle Auflagestimmen ausgeschrieben waren, so wurde sogleich die Einleitung zur Aufführung des Requiem getroffen. Weil sich aber in der Umgegend von Stuppach, nicht alle dazu geeigneten Musiker auf bringen ließen, so wurde veranstaltet, daß die erste Aufführung des Requiem in Wiener Neustadt geschehen sollte. Man traf die Auswahl unter den Musikern so, daß die Solo- und wichtigsten Parte von den besten, wo man sie fand besetzt wurden...

Die Generalprobe war für den 12. Dezember 1793 in der Zisterzienser Stiftspfarrkirche zu Wiener Neustadt angesetzt. Zwei Tage später, am 14. Dezember – wurde dann

um 10 Uhr ein Seelenamt in der nähmlichen Kirche abgehalten, wobey dieses berühmte Requiem zum ersten Mahle, zu seinem bestimmten Zwecke, aufgeführt wurde.

Die Betonung liegt auf »zu seinem bestimmten Zwecke«, einer Einschränkung, zu der sich Herzog genötigt sah, nachdem das Requiem bereits ein Jahr zuvor nach einer Kopie Constanzes, beziehungsweise Süßmayrs, im Jahnschen Saal in der Himmelpfortgasse in Wien »uraufgeführt« worden war. Offenbar in einem glanzvollen gesellschaftlichen Rahmen, zu dem, wir haben es gehört, auch Hofkapellmeister Salieri zählte.

»Ich habe es aufführen lassen«, bekennt Constanze in einem Schreiben an Breitkopf & Härtel, ohne zu sagen, wieviel Geld sie damit verdient hat. Das besorgte seinerzeit die Zeitung *Magyar Hirmondó*, die von einem »Erlös über 300 Golddukaten« sprach; das waren mehr als 1350 Gulden, verdient mit der Aufführung eines Werkes, dessen Eigentumsrechte Constanze bereits für 450 Gulden verkauft hatte …

Irgendwann im Laufe des Jahres 1792 muß Graf Walsegg das Gerücht zu Ohren gekommen sein, Mozarts Witwe wolle ein Requiem des Verstorbenen aufführen, »sein Requiem«, denn daß Mozart noch eine zweite Totenmesse komponiert haben sollte, war denn doch zu unwahrscheinlich. Die Nachricht muß den Grafen wie ein Blitz aus heiterem Himmel getroffen haben. Aus seiner Sicht nur allzu verständlich: Da erwirbt er für gutes Geld eine Totenmesse, gibt sie mit dem Recht des Käufers, wenn auch nicht dem moralischen, als seine eigene Komposition aus und bereitet eine würdige Aufführung vor – und muß plötzlich zur Kenntnis nehmen, daß eben diese Totenmesse von Mozarts Witwe der Öffentlichkeit als das Vermächtnis des Meisters präsentiert wird!

Wahrlich bitter für Graf Walsegg, und das erklärt auch, warum sich die Aufführung des Requiem durch den eigentlichen Auftraggeber so lange hinausgezögert, warum sie erst 22 Monate nach dem Tod der geliebten Gattin stattgefunden hat: Der Graf konnte sich einfach keinen unmittelbaren Vergleich zwischen dem von ihm beanspruchten Werk und dem von Constanze vorgestellten leisten.

Vielleicht heißt es, die Phantasie allzu sehr zu bemühen, sich

In der Wallfahrtskirche Maria Schutz führte Graf Walsegg das Requiem als eigene Komposition auf.

Von der Zensur verboten: Die »Wahre und ausführliche Geschichte des Requiem von W. A. Mozart« in der Handschrift Anton Herzogs, aufbewahrt im Stadtarchiv Wiener-Neustadt.

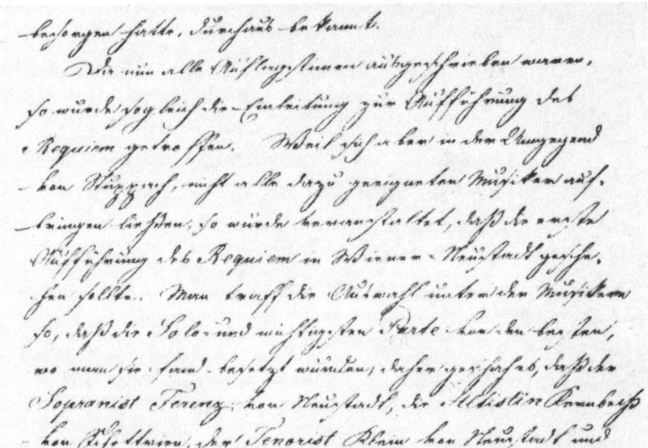

bezogen hatte, durchaus bestimmt.
Da nun alle Auflagsstimmen ausgeschrieben waren,
so wurde sogleich die Einleitung zur Aufführung des
Requiem getroffen. Weil sich aber in der Umgegend
von Stuppach nicht alle dazu geeigneten Musiker auf-
bringen ließen, so wurde veranstaltet, daß die erste
Aufführung des Requiem in Wiener-Neustadt gesche-
hen sollte. Man traf die Auswahl unter den Musikern
so, daß die Solo und wichtigsten Parte [illegible]
besetzt wurden, daher geschah es, daß der
Sopranist Ferenz von Neustadt, die Altistin Kernbeiß
von Schottwien, der Tenorist Klein von Neustadt und
der Bassist Thurner von Gloggnitz zu den Solopar-
ten verwendet wurden. Am 12. Dezember 1793 wur-
de Abends auf dem Chor in der Cistercienser-Stifts-
pfarrkirche zu Wiener-Neustadt die Probe, und am
14. Dezember um 10 Uhr ein Seelenamt in der näm-
lichen Kirche abgehalten, wo bey dieses berühmte
Requiem zum ersten Mahle, zu seinem bestimmten

vorzustellen, Graf Walsegg könnte der Requiem-Aufführung à la Constanze heimlich beigewohnt haben. Andererseits, wie sonst hätte er in Erfahrung bringen können, um welches Requiem es sich nun in Wahrheit handelte, ob und inwieweit das in seinem Besitz befindliche und unter Verschluß gehaltene »Original« mit der von Constanze angekündigten Totenmesse identisch war?

Und noch ein anderer wird unter den Zuhörern dieser unrechtmäßigen ersten Aufführung des Requiem am 2. Januar 1793 im Haus des Hoflieferanten Ignaz Jahn gewesen sein: Franz Xaver Süßmayr. Er wohnte in Wien, erlebte die Vorbereitungen aus nächster Nähe mit und ihm wird die Absicht Constanzes nicht verborgen geblieben sein, das Requiem so gut wie ganz Mozart zuzuschreiben.

Was konnte er dagegen tun? Dem kleinen Kreis von Eingeweihten, die um seinen Anteil am Requiem wußten, stand die breite Öffentlichkeit gegenüber, die Constanzes Worten mehr Glauben schenken würde, als seinen, Süßmayrs, Beteuerungen. Und die sich nur zu gerne der Vorstellung hingeben würde, Mozarts »Schwanengesang« beizuwohnen. Eine fatale Situation für Süßmayr, der erleben mußte, wie das von ihm vollendete Requiem von einem tiefbewegten Publikum als Mozarts letztes Werk gefeiert wurde, von ihm aber war, wenn überhaupt, nur gerüchteweise die Rede.

Süßmayrs ohnmächtiger Zorn, tatenlos zusehen zu müssen, wie Constanze das Requiem anhand ihrer Kopie vermarktete, könnte sehr wohl die totale Entfremdung zwischen ihm und Constanze herbeigeführt haben, die, obwohl beide am selben Ort wohnten, nicht einmal den Austausch von Nachrichten erlaubte...

Auch Graf Walsegg, seinem »Leidensgenossen«, waren die Hände gebunden, denn das, was er seinen Musikern zum Ausschreiben der Stimmen übergeben hatte, trug eindeutig den Vermerk »Composto del Comte Walsegg«. Folglich konnte er keinen seiner Freunde oder Untergebenen als »Spion« benutzen, ohne sich selbst zu entlarven. So bleibt es (möglicherweise) bei der Ironie des Schicksals: Graf Walsegg besucht unerkannt die Uraufführung des Requiem und muß feststellen, daß es sich bei der als Mozarts »Schwanengesang«

deklarierten Totenmesse Note für Note um jene handelt, die er seinen Musikern als eigene Komposition aufs Pult gelegt hat.
Strafe genug für ihn, sich gedulden zu müssen, ein Jahr zuwarten zu müssen, bis Gras über diese vorzeitige Aufführung des Requiem gewachsen war. Dann erst konnte er es wagen, die Messe ihrer eigentlichen Bestimmung zuzuführen, in einem Totenamt für seine verstorbene Gattin. Der Graf habe das Requiem persönlich dirigiert, erinnert sich Herzog, und es habe noch eine zweite Aufführung gegeben, die letzte durch Graf Walsegg:

Am 14. Februar 1794, am Sterbetag der Fr. Gräfin wurde das Requiem in der Patronatskirche des Hr. Grafen, zu Maria-Schutz am Semmering aufgeführt, und von dieser Zeit an wurde davon von dem Hr. Grafen sonst kein Gebrauch gemacht, als daß er dasselbe in Quintetten für Streichinstrumente setzte …

Wie verstört der Graf durch die ganze, für ihn so unerfreuliche Entwicklung gewesen sein muß, läßt die Version erkennen, die er in seiner nächsten Umgebung verbreitete. Er glaubte wohl, seinen Untergebenen eine Erklärung schuldig zu sein, nachdem die Kunde von der Aufführung eines Mozartschen Requiem mit Sicherheit bis nach Schloß Stuppach gedrungen war. Wie sonst hätte er sich mit dieser abenteuerlichen Darstellung an die Öffentlichkeit gewagt:
Er sei Mozarts Schüler gewesen (was er in Wirklichkeit nie war), behauptete der Graf laut Herzog, und habe ihm, Mozart, »die Partitur stückweise zum Durchsehen nach Wien geschickt«. Zuletzt habe er ihm »das gerade vollendete Benedictus zu eben diesem Zwecke übersandt«. Einmal in das Lügengewirr verstrickt, geht es ebenso verworren weiter:

Nach Mozarts Tod habe man die Partitur des Requiem (also das angebliche Werk des Grafen) *vom Anfange bis zum Agnus Dei gefunden, und man glaubte, es sey Mozarts Composition, weil ihre beyden Handschriften die täuschendste Ähnlichkeit miteinander haben sollten. Herr Graf habe dann das*

Requiem mit Hinzufügung des Agnus Dei und des Übrigen vollendet...

Soweit die abenteuerliche Lesart des Grafen, seiner überraschten Umgebung präsentiert und von Herzog überliefert. Über das wissende Lächeln des Eingeweihten hinaus und vom Täuschungsmanöver durch das »Composto del Conte Walsegg« einmal abgesehen, hatte sich der Graf vorher niemals zum Requiem geäußert. Nun, in die Enge getrieben und um zu retten, was nicht mehr zu retten war, trat er die Flucht nach vorne an, nunmehr vollends in der eigenen Falle gefangen. –

Damit verschwindet Graf Walsegg für die nächsten Jahre von der Bühne des Requiem, die er, von der Öffentlichkeit unbeachtet, ohnehin nur als »Anonymus« betreten hatte – er macht »keinen Gebrauch mehr von der Totenmesse«, wie bei Herzog zu lesen ist. Er hätte gewiß auch weiterhin geschwiegen, hätte ihn nicht eine Ankündigung besonderer Art alarmiert.

Die musikinteressierte Öffentlichkeit horchte auf, als sich die Nachricht verbreitete, bei Breitkopf & Härtel in Leipzig würde demnächst Mozarts Requiem im Druck erscheinen, und zwar wörtlich

nach der Original-Partitur, die Madame Mozart obiger Handlung überlassen hat.

Das war zuviel. Hatte Graf Walsegg das widerrechtliche Verbreiten der Kopien durch Constanze noch ohne Einspruch hingenommen – daß Kopien existierten, wußte er spätestens seit der illegalen Aufführung des Requiem durch die Mozart-Witwe –, so blieb ihm nach diesem weiteren »Sündenfall« Constanzes keine andere Wahl, als die jahrelang geübte Zurückhaltung aufzugeben. Er und kein anderer war schließlich im Besitz des »Originals« und mußte sein Eigentum verteidigen, wollte er nicht zulassen, daß irgendwelche Kopien des Requiem für alle Zeiten als Original festgeschrieben wurden.

»Man kann denken«, schreibt Herzog, der treue Diener seines

Herrn, »welchen Eindruck es auf Hr. Grafen machte, als er erfuhr, daß die Partitur seines Eigenthums in Leipzig öffentlich im Druck erschienen sey.«[25] Daß Constanze ein falsches Spiel getrieben haben könnte, kommt dem braven Mann nicht in den Sinn:

Der Frau Witwe Mozart und ihrer Umgebung mag auch der Vertrag, den ihr seliger Gatte mit Hr. Doctor Sortschan eingegangen ist, daß nähmlich Herr Graf von Walsegg alleiniger Eigenthümer des bestellten Requiem seyn sollte, nicht bekannt gewesen seyn; sonst würde man doch nicht zugleich bey der Absendung der Partitur an den Herrn Besteller, ohne dessen Wissen und Willen, eine Abschrift davon zum Verkauf an die Musikhandlung in Leipzig geschickt haben?

Graf Walsegg bleibt auch diesmal im Hintergrund und schickt seinen Anwalt Dr. Sortschan vor. Constanze aber liefert ein weiteres Meisterstück geschickten Taktierens, indem sie in die Rolle der Beschuldigten schlüpft.

Der Eigenthümer und Besteller des Requiems, dessen Name seit 1791. gänzlich verborgen geblieben ist, hat sich eingefunden, nicht, wie es scheint, um sich über Sie, aber wohl über mich zu beklagen,

schreibt sie Breitkopf & Härtel am 30. Januar 1800.
Constanze gefällt sich in dieser Rolle, nicht ohne Hintergedanken: Zum einen gibt sie sich damit den Anschein der Ehrbarkeit – »Erkennen Sie meine gewöhnliche Aufrichtigkeit!« kokettiert sie dem Verlag gegenüber –, zum andern behält sie sich den Part der Vermittlerin vor. Weiß sie doch, daß sie sich nur dann glimpflich aus der Affäre ziehen kann, wenn sie die Fäden in der Hand behält. Es gilt zu verhindern, daß Graf Walsegg über ihren Kopf hinweg Verbindung mit dem Verlag aufnimmt, also verschweigt sie weiterhin den Namen des Bestellers.
Constanze wäre nicht sie selbst gewesen, hätte sie dabei nicht auch an die Möglichkeit gedacht, aus der Preisgabe des Namens zusätzlich Kapital zu schlagen. Breitkopf & Härtel

könne ja, so meint sie, »den Namen des bisherigen Anonym für die biographie gewinnen« (also muß sie ihn doch wohl gekannt haben!)
Graf Walsegg steht alldem hilflos, mit gebundenen Händen gegenüber. Er weiß, er kann es sich nicht leisten, Aufsehen zu erregen, und er muß die Darstellung akzeptieren, die ihm Constanze auf dem Weg über Dr. Sortschan zukommen läßt: Die Leipziger hätten die Herausgabe des Requiem ohne ihr Wissen und nach anderen Kopien vorgenommen, führt die Mozart-Witwe zu ihrer Verteidigung an – die reine Unwahrheit! Wenige Wochen zuvor hatte sie Breitkopf & Härtel ihre Kopie gegen 25 Gulden und 25 Frei-Exemplare leihweise überlassen, und natürlich hatte der Verlag diese Kopie als Vorlage benutzt. Nur, davon wußte Graf Walsegg nichts, konnte er nichts wissen, nachdem sich Constanze so wirkungsvoll als »Vermittlerin« in Szene gesetzt hatte.
Kein Wunder, daß der Graf sich überraschend schnell beschwichtigen ließ und seine Ansprüche auf ein Minimum zurückschraubte. Constanzes Erfolgsmeldung an Breitkopf & Härtel folgt dann auch auf dem Fuße:

Indessen kann ich Sie ... damit beruhigen, daß ich Ihnen melde, der quästonirte (fragliche) *Anonym, der von sehr hohem Stande ist, habe sich verlauten lassen, daß er wohl mit einer Anzahl Exemplarien für seine Ansprüche sich gänzlich begnügen wolle. Doch hat er auch von 50 ducaten gesprochen, welche sein Ankaufspreis waren. Wollen Sie ausser den mir versprochenen Zehn Exemplarien noch 25. hergeben?*

Womit sich Graf Walsegg letztlich zufriedengegeben hat, bleibt offen. Die besagten »25 Exemplarien« dürften nicht ausgereicht haben. Vielleicht hat Constanze noch einiges an ungedruckten Manuskripten Mozarts dazugelegt, vielleicht das einleitende ›Requiem und Kyrie‹ in der Urschrift Mozarts, wenn denn Stadlers Behauptung richtig sein sollte, Graf Walsegg habe seinerzeit eine vollständige Partitur Süßmayrs erhalten.[26] Möglicherweise hat Constanze sogar die 50 Dukaten »Ankaufspreis« mit Hilfe des Leipziger Verlages zurückerstattet – der Wink mit dem Zaunpfahl war deutlich genug,

denn auch Breitkopf & Härtel mußte daran gelegen sein, die Sache gütlich zu regeln.
Graf Walsegg tritt dann nur noch einmal in Erscheinung, bevor er sich mit dem »Original« des Requiem für immer der Öffentlichkeit entzieht: Er erlaubt – Neugierde oder Zeichen seines guten Willens? –, daß Constanze ihre Kopie[27] mit dem angeblichen Original des Grafen vergleicht. Schauplatz ist die Anwaltskanzlei des Dr. Sortschan, und es ist die große Stunde des Abbé Stadler, der die »Vergleichung« im Auftrag von Constanze durchführt. Beim zweiten Mal ist es die gerade erschienene Erstdruck-Partitur des Requiem, von der auch Graf Walsegg wissen möchte, ob und in wieweit sie mit seinem Manuskript übereinstimmt. Um es vorwegzunehmen: Von Flüchtigkeitsfehlern und kleineren Retuschen abgesehen, stimmen sowohl die Kopie wie auch die Erstdruck-Partitur mit dem »Original« des Grafen überein.
Ansonsten spielt sich auf der Ebene des Grafen nichts mehr ab. Von der Außenwelt abgeschlossen, dringt von Schloß Stuppach aus kein Laut in Sachen Requiem mehr nach draußen; für die nächsten nahezu vier Jahrzehnte schlummert das, was Graf Walsegg für Mozarts eigenhändige Requiem-Partitur hält, im Verborgenen.
Vergeblich unternimmt Anton Herzog, unser oft zitierter Gewährsmann aus der Umgebung des Grafen, einen letzten Vorstoß, seinem Herrn vielleicht doch noch Einzelheiten über die Entstehung des Requiem zu entlocken. Selbst angesichts des Todes – wir sind hier den Ereignissen weit vorausgeeilt – läßt der Graf das Geschehen um die Totenmesse im dunkeln, und Herzog ist so klug wie zuvor. Mit der ihm eigenen Gründlichkeit berichtet Herzog dennoch von dieser Begegnung:

Als ich den Herrn Grafen, in seiner letzten Krankheit vor dem Tode, welcher am 11. November 1827 erfolgte, von Wr. Neustadt aus… besuchte, lenkte ich auch die Rede auf die Musik und das Theater der längst vergangenen Zeit, weil ich wußte, daß er gern davon sprach, und auch zugleich auf das Requiem. Ich fragte ihn auch, ob er die Broschüren kenne, die Hr. Abbé Stadler darüber geschrieben habe (Stadler hatte um diese Zeit in zwei Schriften die Echtheit des Mozartschen Requiem verteidigt). *Er bejahte, dachte eine Weile nach und fragte mich, ob ich einen Hern Kandler von Wien kenne.*[28] *Ich sagte, daß mir Hr. Kandler zwar nicht persönlich bekannt sey, daß ich aber einige Aufsätze über Musik von ihm... gelesen habe. Hierauf sagte, Hr. Graf, daß als er vergangenen Sommer in Baden war, Herr Kandler zu ihm gekommen sey, um Aufschlüsse über das Entstehen des Requiem von ihm zu erhalten. Ich sagte: Haben sie ihm Hr. Graf wohl gegeben? Worauf er antwortete: Sie wissen jetzt gerade so viel wie vorhin.*

Graf Walsegg hat also, will man es dramatisch ausdrücken, sein Geheimnis mit ins Grab genommen. Was ihn betrifft, so kann schon an dieser Stelle ein Fazit gezogen werden:
Viel Ruhm, von der Ehre ganz zu schweigen, hat das Requiem ihm, seinem rechtmäßigen Besitzer, nicht eingebracht. Das Schicksal des Grafen war es, daß er, als Besteller der Totenmesse eigentlich die Hauptperson, nur auf einem Nebenschauplatz agieren durfte; daß er nach einigen kurzen Auftritten die Requiem-Szene wieder verlassen mußte, so unbemerkt, wie er sie betreten hatte. Was bleibt, ist das schemenhafte Dasein eines betrogenen Betrügers, eines Mannes, der das Pech hatte, an eine noch Listenreichere, nämlich Constanze, zu geraten.

4

Einzelkämpferin Constanze und der neue Mann in ihrem Leben

Ein ehrenwerter Mann: Georg Nikolaus Nissen, gemalt im Jahr seiner Vermählung mit Constanze (1809).

Wir haben es eingangs gesagt: Die Geschichte des Requiem ist in erster Linie und fast ausschließlich die Geschichte der schier unglaublichen Wandlung der Constanze Mozart! Wir konnten verfolgen, wie sie, bislang das verwöhnte »Weibchen«, die keineswegs leichte Situation nach dem Tod Mozarts meisterte, souverän und im Alleingang. Und wir haben es auch weiterhin mit einer außergewöhnlichen Persönlichkeit zu tun, in ihrer Art durchaus bewundernswert, verzichten wir darauf, jedesmal entrüstet den Zeigefinger zu heben, wenn für die Mozart-Witwe wieder einmal der Zweck die Mittel heiligen mußte.
Denn: Wo in der gesamten Musikgeschichte ist eine Frau wie sie zu finden? Wann hat es je die Witwe eines Komponisten gegeben, die derart energisch das Heft in die Hand genommen und ihr Ziel, bei allen Winkelzügen, letztlich geradlinig angesteuert hat – das Ziel, sich mit Hilfe des Mozartschen Erbes durchs Leben zu schlagen?
Constanze hat, für jedermann überraschend, ein Eigenleben entwickelt, das ihre Umgebung, selbst die Söhne und später ihren zweiten Gatten, zwangsläufig zu Statisten degradierte. Anpassungsfähig wie kaum eine andere, hat sie sich in jede ihr wünschenswert erscheinende Rolle hineingelebt. Sie war einmal die notleidende Hinterbliebene, dann wieder die gefürchtete Geschäftsfrau, von der ihre Partner nur zu genau wußten, daß sie vor ihr auf der Hut sein mußten.
Es sind viele Gesichter, die wir von Constanze zu sehen bekommen, doch sind sie alle auf einen einfachen Nenner zu bringen: es ist ihr unbeugsamer Wille, sich zu behaupten, ein eisernes Sich-nicht-unterkriegen-lassen, das sie bis ins hohe Alter hinein vorantreibt (auch wenn dann Geiz und Frömmelei das Bild verunstalten).
Constanze hatte es nach Mozarts Tod wirklich nicht leicht, wir haben es gesehen. Auch als mit der Ablieferung des Requiem das vordringlichste Problem gelöst zu sein schien, gab es noch eine Menge zu tun. Im Arbeitszimmer des Verstorbenen

müssen sich die Manuskripte nur so getürmt haben, die Skizzen und Entwürfe, die Originale und Kopien, wie auch die Noten fremder Komponisten, die der Meister für sich abgeschrieben hatte.

Was man Mozart vorwerfen könnte,

versucht Constanze später das Chaos zu erklären,

ist, daß es nicht ordentlich mit seinen Papieren war, und manchmal das, was er zu componiren hatte, verlegte; und er um nicht lange suchen zu müssen, lieber es nochmal schrieb.

Und auch daran erinnert sie sich in diesem Brief:[29] Mozart habe, die Noten des Requiem vor sich, Süßmayr mit den Worten verspottet:

ey – da stehen die Ochsen wieder am Berge; das verstehst du noch lange nicht.

Nun, genau das war auch Constanzes Dilemma: Ein unschätzbares Vermögen lag vor ihr, buchstäblich zum Greifen nahe – und sie wußte damit nichts anzufangen. Dabei standen die Zeichen günstiger denn je zu Mozarts Lebzeiten. Verleger fragten nach unveröffentlichten Manuskripten oder nach Kopien, die als Vorlage für die beliebten Arrangements dienen konnten; Freunde und Gönner baten um Skizzen und Entwürfe und wollten sich diese wertvollen Erinnerungsstücke etwas kosten lassen.
Was aber waren Originale, was Kopien (sie waren leicht zu verwechseln angesichts der täuschend ähnlichen Handschriften Mozarts und Süßmayrs)? Wozu gehörten die Entwürfe und zu welch größerem Werk die Skizzen? Fragen über Fragen, deren Beantwortung für Constanze bares Geld bedeuteten; nicht jedoch bei ihrem gegenwärtigen Wissensstand.
Constanze tat das Klügste, was sie in dieser Situation tun konnte: Sie hielt sich zurück, schirmte ihre Schätze erst einmal vor der Öffentlichkeit ab und überließ es den Verlagen und Buchhandlungen, die Nachfrage zu befriedigen. Es

herrschte Hochkonjunktur in Mozart-Musikalien. An einem einzigen Tag, nehmen wir etwa den 14. Januar 1792, wurden in der »Wiener Zeitung« Dutzende von Werken des Verstorbenen angeboten, zu recht unterschiedlichen Preisen übrigens: Während bei Hoffmeister die Arie des Papageno aus der *Zauberflöte* für sieben Kronen zu haben war, kostete sie in der Lauschischen Musikhandlung immerhin 16 Kronen – Konkurrenz belebte auch dieses Geschäft!
Glaubt man *Teutschlands Annalen des Jahres 1794*, so war geradezu ein Mozart-Fieber ausgebrochen. Sie berichten, nicht ohne kritische Untertöne, nichts könne und dürfe in dieser Zeit

gesungen und gespielt und nichts mit Beifall angehört werden, als was den allgewaltigen Zaubernamen Mozart, an der Stirn führt. Opern, Sinfonien, Quartetten, Trios, Duetten, Klaviersachen, Lieder, sogar Tänze, alles muß von Mozart seyn, wenn es Anspruch auf allgemeinen Beifall machen soll. Auch haben die Notenpressen ... nichts unterlassen, diese Grillen der Dilettanten zu befriedigen. Vermittels der grossen Kunst des Arrangirens, besitzen wir bereits die ›Zauberflöte‹ ... in allen oben genannten Formen gedruckt und gestochen. Der Himmel weiss, wie abenteuerlich manche dieser Versuche ausgefallen sind ... Genug, man spielt oder singt von Mozarten ...

Constanze konnte es nur recht sein. Sie wußte, daß die Zeit für sie arbeitete. Würde nicht der Mozartsche Nachlaß im Laufe der Jahre an Wert noch gewinnen? Lehrte nicht die Erfahrung, daß sich Legenden um ihren wertvollen Besitz bilden würden, preistreibend für ihre Verhandlungen mit den Verlegern? Kurz, sie brauchte nichts zu übereilen. Auf Notverkäufe war sie ohnehin nicht angewiesen, nachdem sie bereits im ersten Jahr nach Mozarts Tod ausgesorgt hatte.
Für Constanze war die Ablieferung des Requiem – welche Erleichterung! – das Startzeichen, sich nunmehr der eigenen Karriere zu widmen; mit 30 Jahren war es noch nicht zu spät, ein neues Leben zu beginnen.
Sie ist selbst ihre beste Propagandistin, wenn es gilt, die Gunst der Stunde zu nutzen und bei der zahlreichen Mozart-Ge-

meinde Gefühle anzusprechen. Ungeniert wendet sie sich bei der Ankündigung eines Benefizkonzertes am Ort an das »goldene Wiener Herz«:

Innigst gerührt von dem ungetheilten Beyfalle, welches die... Aufführung des letzten Meisterwerkes ihres sel. Gatten: La Clemenza di Tito[30] *erhalten hat, findet sie* (Constanze) *sich verpflichtet, dafür den wärmsten Dank abzustatten. Der für sie so schmeichelhafte Wunsch, diese Oper... wieder zu hören, legt ihr die Pflicht auf, diese letzte* (?) *Arbeit ihres sel. Gatten zur Aufführung zu bestimmen. Sie verspricht sich um so mehr einen zahlreichen Zuspruch, als die edlen Bewohner Wiens, wenn es auf Unterstützung der Wittwen und Waisen ankam, immer ihrer Lieblingsneigung – Wohlzuthun gefolget sind...*

So oder ähnlich lauten alle ihre Ankündigungen in dieser Zeit. Die Verbeugung vor dem Publikum fällt stets tief aus. Es sind die zwei Gesichter der Constanze, von denen wir bereits gesprochen haben: Während sie sich einerseits immer neue Einnahmequellen erschließt und ihr Vermögen ständig vermehrt, versteht sie es andererseits, den Eindruck der bescheidenen, mitleiderregenden Frau zu erwecken, legt sie eine Demutshaltung an den Tag, die im krassen Gegensatz zu ihren oft rüden Geschäftspraktiken steht.
Auch den Pragern, den wohl treuesten Anhängern Mozarts, bietet sie ein Bild »nach Maß«. Nicht von ungefähr hat sie ihre erste größere Reise in die böhmische Metropole angetreten; dort konnte sie sicher sein, mit offenen Armen empfangen zu werden.
In Prag – Constanze hatte es selbst miterlebt – war Mozart wirklich zu Hause gewesen, hier hatte man ihm uneingeschränkte Bewunderung und Verehrung entgegengebracht, mit einer Herzlichkeit, die ihn für manche in Wien oder Salzburg erlittene Kränkung entschädigte. Mozart hat es den Pragern dann auch mit seinen schönsten Werken gedankt, mit einer seiner eindrucksvollsten Symphonien, der *Prager*, mit dem *Figaro*, in Wien umstritten, hier aber begeistert aufgenommen, und nicht zuletzt mit dem *Don Giovanni*, der von Prag aus seinen Siegeszug angetreten hatte. Und hatte

Mozart nicht selbst gesagt: »Mein Orchester ist in Prag«? Kein Wunder, daß die Böhmen ihn als einen der ihren feiern, als Constanze ihren »Antrittsbesuch« als Witwe macht.
»Mozart scheint für Böhmen geschrieben zu haben«, verkündet die *Prager Neue Zeitung* stolz, als der Besuch der Mozart-Witwe ins Haus steht, »nirgends verstand man besser seine Musik als in Prag und selbst auf dem Lande ist sie allgemein beliebt.«... Und mit Rührung vermerkt die Zeitung das Auftreten Constanzes und ihres Söhnchens Karl:

Man kann sich vorstellen, wenn man Prags Kunstgefühl und Liebe für Mozart'sche Musik kennt, wie voll der Saal gewesen ist. Mozarts Witwe und Sohn zerfloßen in Thränen der Erinnerung an ihren Verlust und des Dankes gegen eine edle Nation...[31]

Allerdings sieht sich die gleiche Zeitung Wochen später gezwungen, Constanze gegenüber der Öffentlichkeit in Schutz zu nehmen; sie hatte sich unversehens das Mißfallen der Prager zugezogen. Was war geschehen? Der neunjährige Karl sollte »nach Wunsch einiger Freunde des mozartischen Namens« als Opferknabe in Salieris Oper *Axur* auftreten, was das Prager Publikum in Aufregung versetzte. Es vermutete, wohl nicht zu Unrecht, Constanze als die treibende Kraft hinter den Kulissen. Eilig versicherte das Blatt, die Ankündigungen – immerhin zwei an der Zahl! – wären mißverständlich gewesen und es

könnte leicht der Unterrichtete nach dem letzten Opernzettel die Witwe Mozart... eines Eigensinns beschuldigen, wovon sie nichts weiss...

Mit der Reise nach Prag löste Constanze auch das nächstdringliche Problem: Wohin mit den Kindern? Sie gibt Karl, ihren Ältesten, in die Obhut Professor Niemetscheks, eben jenes Niemetscheks, der sich um diese Zeit mit Feuereifer der Mozartpflege widmete und jene Biographie des Meisters vorbereitete, bei der er dann von Constanze so schmählich im Stich gelassen wurde. Dessenungeachtet verlebte Karl eine

Die Söhne Mozarts: Karl (1784–1858) im Alter von 14 Jahren und der sieben Jahre jüngere Franz Xaver Wolfgang (links).

schöne Zeit bei den Niemetscheks, an die er sich auch im hohen Alter noch gerne erinnerte: [32]

Unterricht und Wohnung erhielt ich von Herrn Professor Franz Niemetschek, damals Professor bei dem Kleinseitner Gymnasium, welches auch ich besuchte, ... in dem kleinen Städtchen Sadska geboren, allwo ich jährlich seligst vergnügter Weise die Schulferien zubrachte.

Dann folgt jener Satz, in dem sich die wohl schmerzlichste Erfahrung seiner Kindheit offenbart:

Bei Franz Duschek erhielt ich Kost und einige Anweisung im Clavier – doch blos als Nebenbeschäftigung, da es schon durch einen Machtspruch (!) *meiner Mutter beschlossen war, daß nicht ich, sondern mein damals 2jähriger Bruder in diese Bahn eintreten sollte.*

Das bittere Schicksal eines Erstgeborenen, auf den sich anfangs die – allzu hohen – Erwartungen der Mutter konzentriert hatten, und der von ihr mitleidlos fallengelassen wurde, als sich diese Erwartungen nicht erfüllten!
Karl verbringt drei Jahre in Prag und geht als 14jähriger, ohne das Gymnasium abgeschlossen zu haben, in die Fremde, nach Livorno in Italien, wo er auf Wunsch der Mutter eine Handelslehre antritt. Da auch sein jüngerer Bruder Wolfgang – die Vornamen »Franz Xaver« hatte Constanze kurzerhand gestrichen – sein Leben fern von zu Haus zubringen wird, stellt sich die Frage: War Constanze eine schlechte Mutter?
Nimmt man die Briefe zum Maßstab, die zwischen Mutter und Söhnen gewechselt werden, dann kommt man nicht umhin, die Frage zu verneinen. Aus ihnen sprechen auf den ersten Blick liebevolle Fürsorge und Anteilnahme, wie sie eben eine gute Mutter ihren Kindern entgegenbringt. Und von den Söhnen, die sich auch gegenseitig herzlich zugetan sind, strahlen Liebe, Achtung und Dankbarkeit zurück – ein Musterbeispiel familiärer Verbundenheit, so scheint es.
Doch das alles spielt sich, wie gesagt, brieflich ab, bei Karl von Anfang an, bei Wolfgang ab dem 17. Lebensjahr. Wenn es

um die »Nestwärme« geht, die eine Mutter zu bieten hat, um die Geborgenheit im Kreis der Familie, dann sieht die Sache schon anders aus. Da überwiegt freilich der Eindruck, als würden Constanzes mütterliche Zuwendungen und Pflichten dort enden, wo ihr die Kinder lästig zu werden beginnen, wo ihr Vorhandensein die Pläne der Mutter zu durchkreuzen drohten.

Das ist der Fall, als Constanze im Herbst 1795 eine Konzertreise unternimmt (Vielleicht sollte man besser von einer Geschäftsreise sprechen, nachdem die begeisterte Aufnahme allerorten gewiß mehr dem Namen Mozart als den gesanglichen Darbietungen Constanzes galt). Dann wird auch der kleine Wolfgang bei den Niemetscheks in Pflege gegeben. Zum letzten Mal für lange Zeit sind die beiden Brüder, Karl elf und Wolfgang vier Jahre alt, beisammen, und sie genießen dieses Beisammensein, wie aus ihren Erinnerungen hervorgeht, auch ohne die Mutter...

Constanze tritt die Reise in Begleitung ihrer Schwester Aloisia und des Pianisten und Komponisten Eberl an. Das Konzert im Leipziger Gewandhaus am 11. November bestreiten die drei noch gemeinsam, dann trennen sich überraschend ihre Wege. Während Constanze allein nach Berlin weiterreist, gastiert Aloisia in Hamburg, wo sie den *Sesto* in Mozarts *Titus* singt. Anton Eberl aber kehrt nach Wien zurück, vielleicht wegen seiner bevorstehenden Heirat – oder es kündigte sich damals schon an, was bald zu einer schweren Verstimmung zwischen Constanze und ihm führen wird.

In Berlin wird Constanze mit allen Ehren empfangen. Friedrich Wilhelm II., der sich bereits einmal, nach dem Tod Mozarts, durch den großzügigen Ankauf von Werken des Meisters – auch einer Kopie des Requiem – als äußerst hilfreich erwiesen hat, zeigt sich erneut entgegenkommend. Hier seine Order, aus der die Hochachtung hervorgeht, die der Preußenkönig für Mozart empfand:

Se. Königl. Majestät von Preußen etc. etc. machen sich ein wahres Vergnügen, durch die Gewährung des Wunsches der Wittwe Mozart zu beweisen, wie sehr Sie das Talent ihres verstorbenen Mannes geschätzt, und die ungünstigen Umstände bedauert haben, welche ihm die Früchte seiner Werke einzu erndten verhinderten. Allerhöchstdieselben bewilligen der Wittwe Mozart zur Aufführung dessen letzter Komposition, La Clemenza di Tito, das grosse Opernhaus, so wie Dero eigenes Orchester... (Wieder hat Constanze keine Bedenken, den Titus irreführend als Mozarts letzte Komposition herauszustellen!)

Bei so viel Wertschätzung von höchster Stelle mag es Constanze gar nicht so unwillkommen gewesen sein, in Berlin allein auftreten zu müssen. Sie brauchte nicht zu teilen, die Ehre nicht und nicht die klingende Münze, die bei der Großzügigkeit des Preußenkönigs reichlich in Aussicht stand. Davon abgesehen, war Aloisia durch ihr Gastspiel in Hamburg versorgt und bei den nächsten Konzerten wirkte sie ohnehin wieder mit.

Was Constanze für Berlin nicht opportun erschien, nämlich die Erwähnung des Requiem als Mozarts letztem Werk, holt sie um so nachdrücklicher in Leipzig nach. Dort wird als ein Ereignis ganz besonderer Art die Aufführung des Requiem in deutscher Sprache – die Übersetzung hatte der Thomaskantor Johann Adam Hiller besorgt – angekündigt. Es ist vom »großen Requiem« die Rede, vom »fleißigsten und meisterhaftesten Werk« und unzweideutig von der »letzten Arbeit« Mozarts.

Im Programmheft wird ihre Identität allerdings ein wenig verschleiert: Hier wird von einer »Missa pro defunctis (Opus posthumum Mozarti)« gesprochen, so, als handle es sich um irgendeine nachgelassene Totenmesse Mozarts. Kein Wort von einer unvollendet hinterlassenen Arbeit des Meisters, von der Ergänzung durch einen anderen und davon, daß die Aufführung nach einer Kopie eingerichtet wurde. Und schon gar keiner ahnte, daß irgendwo auf einem Schloß in Niederösterreich das »Original« schlummerte...

Es entsprach dies der Absicht Constanzes, die »geheimnisvolle Verborgenheit« der Messe auch in der Praxis aufrechtzuerhalten, und Leipzig schien ihr nicht der Ort zu sein, an dem die Gefahr einer Enthüllung drohte. Da sah es in Prag, der Endstation ihrer Konzertreise, schon anders aus. Den Pragern galt als mündliche Überlieferung, was einer von ihnen, Professor Niemetschek, später in seiner Mozart-Biographie zu Papier brachte: Constanze habe nach der Ablieferung des Requiem

nicht das mindeste, weder von der Seelenmesse, noch von dem Besteller gehört.

So gesehen, konnte Constanze den Pragern ihre Aufwartung schlecht mit dem Requiem machen, und sie beschränkte sich auf ein anderes, nicht weniger spektakuläres Unternehmen. Diesmal sollte der kleine Wolfgang als der legitime Nachfolger seines berühmten Vaters präsentiert werden. Constanze hatte aus den Erfahrungen gelernt. Nach dem ersten mißlungenen Versuch, einen Mozart-Sohn auf der Bühne des Prager Nationaltheaters vorzustellen, geht sie geschickter zu Werk. Mit schmeichlerischen Worten, geradezu ein Paradebeispiel an Diplomatie, gewinnt sie auch jene Prager, die seinerzeit von einer »schädlichen Wirkung auf die Bildung junger Menschen« gesprochen hatten.
Die Attraktion bildet Punkt 5 des ungewöhnlich aufwendigen Konzertprogramms. Dort heißt es:

... wird auf gnädiges Verlangen der kleine eben 6jährige Wolfgang, der jüngere hinterlassene Sohn Mozarts, um dem verehrungswürdigen Publikum Prags, für die hierorts seinem Vater so vielfältig bewiesene Zuneigung, einen kleinen Beweis seines ehrfurchtsvollen Dankes zu geben und zu zeigen, daß er Eifer zu fühlen anfängt, dem großen Beispiel seines Vaters nachzustreben, die Arie aus der Zauberflöte: ›der Vogelfänger bin ich‹ bei der Begleitung des Pianoforte singen. Man bittet um Nachsicht gegen die ersten Aeusserungen seines zarten Talents.

Und dann hat der kleine Wolfgang vor einem sichtlich gerührten Publikum sein »Debüt« gegeben, auf einem Tisch stehend, damit ihn alle sehen konnten. Ein Chronist beschreibt die Szene so:

Die Prager, die den großen Mozart bis zur Schwärmerei verehrten, wurden durch das Lallen des Kindes von wehmütigem

Entzücken ergriffen und der Kleine brachte damals eine Wirkung auf seine Zuhörerschaft hervor, wie es ihm in der Folge vielleicht nie mehr gelungen. War diese Produktion wohl nur eine Schaustellung, so zeigte sie doch immerhin die Begabung des Kindes, die sich in einem richtigen musikalischen Gehör und einem guten Gedächtnis offenbarte.[33]

Daneben verschaffte sich Constanze in Prag noch einen ganz persönlichen Triumph: Genau eine Woche nach dem Auftritt des jüngsten Mozart-Sohnes wird im sogenannten Weinbergamt eine Hypothek von 3500 Gulden auf die Villa Bertramka des Ehepaares Duschek eingetragen – zu sechs Prozent Zinsen zugunsten Constanzes! Deren finanzielle Situation war demnach zu diesem Zeitpunkt, sechs Jahre nach Mozarts Tod, bereits soweit abgesichert, daß sie ein Darlehen dieser beträchtlichen Höhe gewähren konnte.
Die Villa Bertramka! Mit ihr, einem herrlichen Besitz inmitten der Weinberge vor den Toren Prags, verbanden sich die schönsten Erinnerungen Mozarts, wenn auch weniger die Constanzes, wie wir sehen werden.
Das Haus der Duscheks, er ein Musiker von Rang und hochgeschätzter Lehrer, sie eine über die Grenzen des Landes hinaus gefeierte Sängerin, stand Mozart jederzeit offen. Hier konnte er abschalten, sich vergnügen, aber auch ernsthaft arbeiten, angeregt durch die Abgeschiedenheit der Villa, die seinem empfänglichen Gemüt als verwunschenes Schloß erscheinen mußte – und auch angeregt in persona durch die Hausherrin!
Josepha Duschek, 23 Jahre jünger als ihr Mann und kein Ausbund an Tugendhaftigkeit, war über Jahre hinweg die enge Freundin und Geliebte Mozarts gewesen, der sich, wie so oft bei seinen Sängerinnen, vom ersten Augenblick an in sie verliebt hatte. Josepha war das für ihn, was Constanze nie war: seine Muse. Die Arien, die er für sie schrieb, zählen zu seinen besten und kamen oft im lockeren Umgang miteinander zustande.
Sohn Karl weiß davon in einem Brief an den Nachbesitzer der Villa Bertramka zu berichten. Josepha Duschek habe Mozart in dem nahen, auf einer Anhöhe gelegenen Pavillon

hinterlistig eingeschlossen, ihm anbedeutend, daß Er so lange nicht in Freiheit gesetzt werde, bis Er nicht die ihr versprochene Arie auf die Worte ›bella mia fiamma addio!‹ geliefert haben würde; welches er sodann that, aber um sich... zu rächen, absichtlich verschiedene schwierig zu intonierende Übergänge anbrachte und seiner despotischen Freundin drohte die Arie allsogleich zu vernichten, wofern es ihr nicht gelingen sollte dieselbe a prima vista fehlerfrei vorzutragen.[34]

Constanze wird dieses muntere Treiben mit gemischten Gefühlen verfolgt haben; um wirklich eifersüchtig zu sein, war sie zuviele Liebschaften Mozarts gewöhnt. Immerhin, die Hypothek auf die Villa der Duscheks konnte sie als einen späten Triumph empfinden, als eine Entschädigung für erlittene Demütigungen: Mozarts frühere Geliebte war nunmehr ihre Schuldnerin! Damit hieß es auch Abschied nehmen von Mozarts Lieblingsaufenthalt. Zwei Jahre später stirbt Franz Duschek, und Josepha, sie scheint das Darlehen zurückbezahlt zu haben, verkauft die Villa Bertramka und zieht nach Wien. –

Von der Konzertreise zurück, führt Constanze ein merkwürdig unstetes Leben, abzulesen an dem häufigen Wohnungswechsel. Schon 1795 war sie von der Rauhensteingasse, wo sie mit Mozart gelebt hatte, in die »Krugerstraße beym blauen Säbel« umgezogen und von dort in das »Judengässel« übergesiedelt. Auch dort hält sie sich nicht lange auf und gibt als nächste Adresse »Franziskanerplatz Nr. 967« an. Wieder nur für kurze Zeit, dann bezieht sie als vorläufig letztes Quartier die Wohnung »auf dem Michaelerplatz Nr. 5 im dritten Stock«, und das alles innerhalb weniger Jahre. Die Häufigkeit des Umziehens ist so ungewöhnlich, daß man sich fragen muß, ob sie etwa mit dem neuen Mann in Constanzes Leben zusammenhängt.

Er heißt Georg Nikolaus Nissen, ist Legationssekretär der dänischen Gesandtschaft und ein Jahr älter als Constanze. 1793 wurde er von Regensburg nach Wien versetzt und teilte spätestens seit 1797 die Wohnung mit Constanze. Ob als Untermieter – arme Constanze, die zur Aufbesserung ihrer Finanzen untervermieten mußte! – oder als Lebensgefährte,

Späte Genugtuung: Constanze gewährte der Sängerin Josepha Duschek (1753 – unbekannt), der Freundin ihres Mannes, eine Hypothek auf deren Villa »Betramka« (unten).

bleibt den Vermutungen überlassen. Der »Hof- und Staatsschematismus« nennt jedenfalls als Nissens Anschrift das »Judengässel Nr. 535, 2. Stock«, eine Adresse, die auch Constanze angibt. Es könnte also sein, daß sie bei Nissen gewohnt hat, und nicht umgekehrt.
Wie auch immer, beide sind um Diskretion bemüht. Constanze versucht, die gemeinsame Wohnung nach Möglichkeit zu verheimlichen. So betont sie dem Verlag Breitkopf & Härtel gegenüber: »Sie brauchen auf meinen brifen keine Adressen zu machen, da Mozarts Name bekannt genug ist« oder ein andermal: »Auf der Post kennt man meine Adresse. Sie können sie also in der Aufschrift sparen.« Auch Nissen wahrte sein Inkognito, selbst dann noch, als er längst die Korrespondenz Constanzes führte und die Mozart-Witwe nur noch unterschrieb.
Fürchteten beide, Ärger mit den Hausbesitzern zu bekommen? Bei der Sittenstrenge, die in den bürgerlichen Kreisen auch in der Ära nach Maria Theresia herrschte, wäre es denkbar. Ein beiläufiger Aspekt in einer nicht unproblematischen Situation: Nissen, im diplomatischen Dienst tätig, konnte sich ein Zusammenleben ohne Trauschein nicht leisten, noch weniger Constanze, die wie kaum eine andere Frau im Blickpunkt der Öffentlichkeit stand und sich bewußt war, daß jeder Mann an ihrer Seite an Mozart gemessen würde.
Von daher ist auch die Frage leicht zu beantworten, warum Constanze und Nissen vorerst nicht geheiratet haben, was erst rund ein Dutzend Jahre später (1809) der Fall sein wird: Constanze konnte wahrhaftig kein Interesse daran haben, den zugkräftigen Namen Mozart gegen den gewiß ehrenwerten, aber nichtssagenden Namen ihres neuen Lebensgefährten einzutauschen. Die ungezählten Mozart-Freunde, Besuche aus dem In- und Ausland, hätten den Weg nach Wien sicher nicht gemacht, um einer »Frau Nissen« ihre Reverenz zu erweisen.
Auch im Umgang mit den Verlegern war es allemal besser, im Namen des Komponisten aufzutreten und sich seiner als Markenzeichen zu bedienen. Wozu also eine Heirat? Die »große Liebe« scheint es bei Constanze ohnedies nicht

gewesen zu sein, eher eine »Vernunftsehe«, wie so vieles in ihrem Leben aus dieser Ecke kam. Und diese Vernunft wird ihr gesagt haben, daß sie Nissen bei der umfangreichen Schreibarbeit – sie sollte dann in Sachen Requiem tatsächlich auf sie zukommen – sehr wohl gebrauchen konnte, war sie doch im Schriftlichen der deutschen Sprache nicht sehr bewandert. Er, der gewissenhafte, zuverlässige, ja pedantische Nissen, war genau der richtige Mann, ihr Leben in Ordnung zu halten. Gewiß keine leichte Aufgabe für ihn angesichts des Durcheinanders der Mozartschen Hinterlassenschaft und der Absicht Constanzes, ihre trickreichen Aktivitäten weiterzubetreiben.

Ansonsten hatte Nissen im Hintergrund zu bleiben und ihr die Regie zu überlassen. Constanze gedachte sie in zweierlei Hinsicht zu führen: Einmal, um Mozarts Hinterlassenschaft gewinnbringend zu veräußern, zum anderen, um die bis dahin vielversprechende Karriere des kleinen Wolfgang auszubauen; er sollte ja in die Fußstapfen des Vaters treten, wie groß sie auch sein mochten, um ihre Altersversorgung sicherzustellen.

Denn für Constanze stand fest, daß Kinder ihren Eltern, in diesem Fall speziell der Mutter gegenüber, gottgegebene Pflichten hätten, und sie hielt damit nicht hinter dem Berg. Ihre Eintragung in das Tagebuch des 10jährigen Wolfgang klingt wie eine Drohung:

Ein Kind das seine Eltern kränkt,
Das wider sie auf Böses denkt,
Das nicht der Eltern Segen sucht
Wird öffentlich von Gott verflucht
Erschrecklich wird sein Ende seyn
Es rennt in Schmach und Qual hinein.

Das ist kaum die Sprache einer liebevollen Mutter, und man kann sich ausmalen, welche Spuren diese Verse bei einem zartbesaiteten Kind wie Wolfgang hinterlassen haben. Wie gut, daß wenigstens die anderen Tagebucheintragungen freundlicher Natur waren und von herzlicher Anteilnahme zeugten! Wie überhaupt die Öffentlichkeit den Werdegang

des jüngsten Mozart-Sohnes mit Wohlwollen verfolgte und mit Anerkennung und Aufmunterung nicht sparte.
Vielleicht war anfangs auch ein wenig Mitleid dabei, angesichts des blassen, kränkelnden Jungen, der sich, getrieben vom Ehrgeiz der Mutter, abmühte, seinem Vater nachzueifern, ohne dessen »göttlichen Funken« geerbt zu haben. Letzten Endes nützt es nichts, daß Constanze die Vornamen »Franz Xaver« bedenkenlos in »Amadeus« verwandelt und Wolfgang später mit »W. A. Mozart, Sohn« unterschreibt (die reine Spekulation, vom Ruhm des Vaters zu profitieren). Und es hilft auch nichts, daß Constanze ihrem Jüngsten Lehrer mit klingendem Namen verschafft: Johann Nepomuk Hummel, einen Schüler seines Vaters, fürs Klavierspiel, im Gesang den berühmten Salieri und in der Komposition Georg Albrechtsberger, Mozarts Nachfolger an St. Stephan und der Lehrer Beethovens.
Zweifellos anerkennenswert, diese Bemühungen um eine ordentliche Ausbildung Wolfgangs, wenn man sich von dem Verdacht freimachen könnte, das alles wäre letztlich doch nur im Geschäftsinteresse Constanzes geschehen. Um es vorwegzunehmen: Am Ende muß sogar Karl herhalten, der als Zehnjähriger abgeschobene Karl, um von Mailand aus auf seinen jüngeren Bruder einzuwirken. Constanzes Brief an ihn kommt einer Kapitulationserklärung gleich:

Dein Bruder gehet jetzt zu Salieri und Hummel,

schreibt sie Karl in ihrem eigenwilligen Schriftdeutsch,

beide haben viel liebe und freundschaft für ihn, ich fürcht nur, daß er sie nicht so benütz wie er soll, den es ist nicht imer gut wen man zu Viele Hülfe hat, weil man sich zu viel darauf verlast, und wen man keine mehr hat, so kan man sich nicht fort helfen, und wirklich ist dies meine Klage, Er der von allen ecken her hülfe hat, thut bei nahe gar nichts wen man ihn nicht zwingt, nun hat er die 3 großen meister Salieri, Albrechtsberger und Hummel, konnte ich dir nur einen von diesen Maner geben wie glücklich wäre ich den diese findest du in ganz italien nicht. Thue mit einmahl den gefallen und frage in einem Brief da du weist daß wowi (Kosename Wolfgangs) *noch ietz die 3 großen Meister hat, ob er den auch fleißig ist und nutzen von ihnen suchen wird zu zihen, welches nur dadurch geschehen kan wen er fleißig componirt und frage ihn wie viele stücke er das jahr durch componirt, und ob er auch brav sich im instrumentiren übt, sage ihm was du alles thuen würdest, wen du so glücklich wärst ihr schüler zu seyn...*[35]

Viel genützt hat der Brief, sollte Karl ihn denn geschrieben haben, offensichtlich nicht. Wolfgang wird über ein Mittelmaß nicht hinauskommen. Constanze aber erkennt mit dem ihr eigenen geschäftlichen Spürsinn frühzeitig, daß sie von seiner Seite nicht viel zu erwarten hat; daß es mit der »Altersversorgung« durch ihren Jüngsten wohl nichts werden würde. Und ihr scheint die Zeit reif zu sein, ihre Interessen nunmehr in eine andere Richtung zu lenken, auf den Verkauf der von Mozart hinterlassenen Musikalien. Am besten sollte es eine Gesamtausgabe sein, selbst auf die Gefahr hin, daß dabei unweigerlich auch das Requiem zur Sprache kommen würde...

5
Ein Gegenspieler von Format: Gottfried Christoph Härtel

Setzte Constanze mit ihrer Requiem-Kopie unter Druck: Gottfried Christoph Härtel (1763–1827).

Schon bei ihrem ersten Aufenthalt in Leipzig während der Konzertreise hatte Constanze Verbindung mit Breitkopf & Härtel aufgenommen. Die Situation schien günstiger denn je zu sein, mit dem renommierten Musikverlag ins Geschäft zu kommen: Ein Jahr zuvor hatte der allgewaltige Chef des Hauses, Johann Gottlob Immanuel Breitkopf, den Vater Mozart trotz wiederholter Versuche nicht dazu hatte bewegen können, auch nur ein Werk seines Sohnes zu drucken, das Zeitliche gesegnet. Sein Erbe hatte der Zweitälteste, Christoph Gottlob, angetreten.
Vorausgegangen war eine kleine Familientragödie im Hause Breitkopf: Bernhard Theodor, der Erstgeborene und von der Begabung und Geschäftstüchtigkeit her eigentlich der gegebene Nachfolger, hatte Schulden gemacht und Deutschland bei Nacht und Nebel verlassen müssen. Damit war die Reihe an seinen jüngeren Bruder gekommen, der zwar alle Vorzüge eines liebenswerten Menschen, doch nicht die eines erfolgreichen Geschäftsmannes besaß.
Mit ihm glaubte Constanze, leichtes Spiel zu haben. Was sie nicht wissen konnte: Der jüngere Breitkopf, von der Last des väterlichen Erbes schier erdrückt, hatte bereits ein Jahr nach dem Tod des Vaters einen Gesellschaftsvertrag mit seinem Freund Härtel geschlossen und ihm, dem weitaus tüchtigeren Kaufmann, weitere zwölf Monate später die alleinige Geschäftsführung überlassen.
In dem 32jährigen Gottfried Christoph Härtel aber hatte es Constanze plötzlich mit einem ebenbürtigen, wenn nicht gar überlegenen Gegenspieler zu tun, einem äußerst dynamischen, in seinen Praktiken keineswegs zimperlichen Mann, der, anders als der umgängliche Breitkopf, den Verlag mit starker Hand führte, und nicht nur das: der von Beginn seiner verlegerischen Tätigkeit an alles gesammelt hatte, was er an Kompositionen Mozarts bekommen konnte. Er plante eine Gesamtausgabe – ohne Beteiligung Constanzes!
Möglicherweise haben ihn Zweifel an den Geschäftsmetho-

den der Mozart-Witwe zu diesem Alleingang veranlaßt, vielleicht auch das Bemühen, die Kosten möglichst niedrig zu halten und sich mit Kopien und Nachdrucken zu begnügen. Er hätte jedenfalls die Planung der hauseigenen Gesamtausgabe in aller Stille weiterbetrieben, wäre ihm nicht ein kleiner Braunschweiger Verleger namens Johann Peter Spehr in die Quere gekommen.

Spehr hatte für die Ostermesse 1798 eine »vollständige Sammlung und Ausgabe Mozartscher Werke« angekündigt und dadurch Härtel in Zugzwang gebracht. Ihm blieb nun keine Zeit mehr zum Sammeln und zum Planen. Zwar erschienen in Braunschweig nur sechs Lieferungen, aber das Alarmzeichen war nicht zu überhören: Offensichtlich waren genügend Abschriften und »Nachstiche« im Umlauf, um auch kleinere Verlage zu einer »Gesamtausgabe« zu ermutigen.

Härtel handelt mit der gebotenen Eile. In »Öffentlichen Blättern« kündigt er seinerseits im Namen von Breitkopf & Härtel »eine correcte und vollständige Sammlung der ächten Compositionen« Mozarts an. Nach wie vor im Alleingang, das heißt, er nahm erst dann Kontakt mit Constanze auf, nachdem er durch die Ankündigung vollendete Tatsachen geschaffen hatte.

In seinem Schreiben vom 15. Mai an die »sehr verehrte Freundin« räumt er ein, daß es Constanze »gewiß befremdet, vielleicht selbst einigermaßen unzufrieden gemacht« haben müsse, wenn sein Verlag sich »nicht schon vor Bekanntmachung dieses Unternehmens« an sie gewandt habe. Constanze aber würde wohl den Verlag »ganz entschuldigen«, wenn er »die hierbey eingetretenen Umstände darstellen« würde.

Da sei einmal der Vorstoß Spehrs gewesen, der Breitkopf & Härtel gezwungen hätte, »sogleich alle Bedenklichkeiten beyseite zu setzen«, um nicht »unsern längst gefaßten Plan ganz aufzugeben«. Und dann die allgemeine Marktsituation! Constanze persönlich habe sich doch oft genug darüber beklagt, daß »die meisten Verleger Mozartscher Compositionen ... dieselben nicht von ihm gegen ein angemessenes Honorar, sondern meist durch die dritte Hand erhalten, und mithin

kein eigentlich und ausschließliches Eigenthum an diesen von ihm verlegten Compositionen« hätten.
Härtel wollte sich zweifellos das allgemeine Durcheinander zunutze machen – mit unüberhörbarem schlechten Gewissen. Constanze antwortet postwendend, wie üblich, von Nissen formuliert und von ihr unterzeichnet. Ihre erste Antwort scheint verlorengegangen zu sein oder Härtel hat sie – bewußt, um Zeit zu gewinnen? – nicht zur Kenntnis genommen. So sieht sich Constanze gezwungen, fünf Monate später eine Abschrift ihres Briefes nachzuliefern; ein Brief, der deutlich macht, wie sehr sie sich ihrer Schlüsselstellung bewußt ist, und der eine kaum verhüllte Drohung enthält.
Sichtlich gekränkt stellt Constanze fest:

»Sie haben in Ihrem … Schreiben richtig bemerkt, daß es mich sehr müsse befremdet haben, in einer öffentlichen Annonce ein Unternehmen zu lesen, das ohne meine Mitwirkung kühn zu unternehmen und schwer auszuführen ist. Wie viele Manuscripte besitze ich noch, wovon Niemand eine Abschrift (auf was immer für eine Art) zu besitzen sich schmeicheln darf? Wer würde mir, als der Witwe Mozarts, nicht vollen Glauben beymessen, wenn ich in einem öffentlichen blatt ankündigen würde, daß durch Niemand als durch mich oder mit meinem Zuthun eine vollständige herausgabe aller Werke Mozarts ausführbar sey? Wer würde sich wohl anderswohin, als an mich wenden, wenn ich allenfals (welche Idee ich auch noch nicht aufgebe) alle noch nicht bekannten Werke Mozarts, die Niemand als ich in originali besitze, herausgebe? Wie entbehrlich wäre alsdann nicht eine neue Auflage der übrigen schon bekannten werke? …

Doch dann lenkt Constanze ein. Wenn Breitkopf & Härtel von den »schäzen« ihres »unvergeßlichen Gemahls« Gebrauch machen wolle, so erwarte sie seine »Anträge«, verbunden mit Sicherheiten, die ihrem »billigen Mistrauen und dem Werthe dieser Werke ensprechend« sein müßten. Sie würde einen Themenkatalog mit bekannten und noch nicht bekannten Werken »mit aller Genauigkeit verfertigen lassen«, erklärt Constanze, der allerdings zu ihrer »eigenen Richtschnur bis

Constanzes Handschrift in einem Brief an Christoph Gottlieb Breitkopf vom 12. Januar 1796, um die Geschäftsverbindungen zu vertiefen.

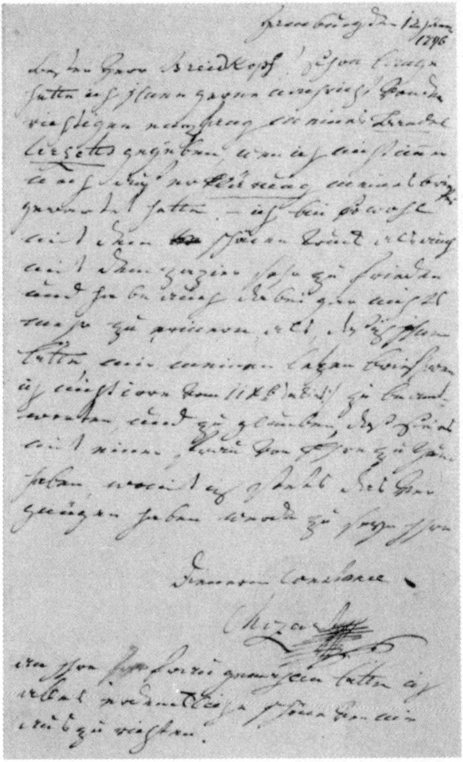

Ihr letzter Wohnsitz in Wien, am Michaelerplatz Haus Nr. 5. Rechts das Nationaltheater, in dem die Uraufführung von »Figaros Hochzeit« stattfand.

zur vollständigen herausgabe aller Werke« in ihren Händen verbleiben würde.
Eine recht kühne Sprache für eine Frau, die nur zu genau wußte, daß sie selbst nicht über die nötigen Vorkenntnisse verfügte, um ein solches Verzeichnis zu erstellen. Von ihrem Lebensgefährten Nissen konnte sie keine Hilfe erwarten. So brauchbar er für die Erledigung der Korrespondenz und für die Buchführung war, in der Musik hatte er nur Laienhaftes zu bieten. Mit wem sonst aber hätte sich die Mozart-Witwe an ein solch gigantisches Unternehmen wagen können, wie es die Ordnung und Auflistung des gesamten Mozartschen Nachlasses darstellte – das Ganze eine Dokumentation ersten Ranges?
Angeboten hätten sich ein weiteres Mal Eybler und Süßmayr, die Schüler Mozarts. Dem einen, Eybler, bescheinigte eine Autorität wie Albrechtsberger, er sei »nach Mozart in der Musik jetzt das größte Genie, welches Wien besitze«, der andere, Süßmayr, hatte immerhin das »Requiem« vollendet und kannte das von Mozart hinterlassene Notenmaterial großenteils aus erster Hand.
Doch anders als beim Requiem nimmt Constanze diesmal weder die Hilfe des einen noch des anderen in Anspruch – oder Eybler und Süßmayr haben sie ihr verweigert, was wahrscheinlicher ist. Denn Constanze hatte sich, wir haben es bereits angedeutet, dem Kreis der ehemaligen Mozart-Freunde völlig entfremdet.
Den letzten Anstoß dazu dürfte die Tatsache gegeben haben, daß sie, bereits sechs Jahre nach dem Tod des Gatten – möglicherweise schon früher – mit einem Mann zusammenlebte, gleichwohl ob als Untermieter oder Lebensgefährte, jedenfalls ohne Trauschein. Das mußte bei den Freunden von einst Befremden, ja Empörung auslösen, gemischt mit der Trauer darüber, wie abträglich eine solche Handlungsweise dem Andenken des verehrten Toten sein würde.
Laut geworden ist dieser Vorwurf freilich kaum, wenn überhaupt, dann so zurückhaltend, wie vom schwedischen Diplomaten Fredrik S. Silverstolpe formuliert. Er spricht nach einem Besuch bei Constanze und Nissen im »Judengässel« von »diesen beiden Personen, die sich erst lange nach meiner

Rückkehr vereinten, aber jetzt schon dasselbe Haus bewohnen...«[36]

Im Ergebnis aber bleibt es bei der Distanz Constanzes zu den Menschen, auf die es angekommen wäre: Selbst der brave Benedikt Schak, ein Freund der letzten Stunde – er hat unmittelbar nach Mozarts Tod seine wertvolle Taschenuhr verpfändet, um Constanzes Notlage zu lindern – lehnt die Bitte der Witwe ab, ihr einige Andekdoten aus dem Leben des Verstorbenen mitzuteilen; über Mozart sei bereits alles bekannt, läßt er Constanze kurz und bündig wissen. Dabei wäre es gerade an ihm gewesen, sich erkenntlich zu zeigen, nachdem Mozart ihm bei seinen, Schaks, Opern mit der einen oder anderen Arie »ausgeholfen« hatte.

Es ist nicht allein das Privatleben Constanzes, das um diese Zeit – wir schreiben das Jahr 1798 – für Zündstoff sorgt, einmal mehr sind es auch ihre geschäftlichen Aktivitäten. Erneut im Sommer dieses Jahres, als sich der Komponist Anton Eberl, eben jener, der Constanze zeitweise auf ihrer ersten Konzertreise begleitet hatte, vom fernen St. Petersburg aus zu Wort meldet.

Am 15. Juli läßt er im *Hamburger unpartheiischen Correspondenten* eine Anzeige einrücken, in der er »die neuen Herausgeber aller Mozart'ischen Werke« warnt, drei seiner Kompositionen, die unter Mozarts Namen veröffentlicht wurden, in das Gesamtverzeichnis aufzunehmen. Sechs Wochen später wiederholt er diesen Aufruf im Leipziger *Allgemeinen Litterarischen Anzeiger*, diesmal von der Redaktion mit einem heftigen Anriff auf Constanze versehen.

In einer Fußnote zu der Eberlschen Erklärung heißt es:

Wir heben diese Nachricht, welche das ganze musikalische Publikum interessiert, ... besonders in der Hoffnung aus, daß Mehrere dadurch veranlaßt werden möchten, diesen Diebstählen nachzuspüren, um so mehr, da... Mozart's Witwe so wenig Achtung für die Asche ihres Mannes besitzt, daß sie nicht allein zu allen solchen widerrechtlichen Handlungen die Hand willig darbietet, sondern auch selbst in Leipzig einem berühmten Komponisten ähnliche Anträge zu machen sich nicht schämte. Die Red.[37]

Unverblümter ist Constanze niemals in aller Öffentlichkeit des Betrugs bezichtigt worden! Und doch ist man geneigt, sie in diesem besonderen Fall in Schutz zu nehmen. Denn eines der Eberlschen Werke ist noch zu Lebzeiten Mozarts unter dessen Namen im Druck erschienen; Mozart muß also davon gewußt haben, nicht überraschend angesichts seiner engen persönlichen Beziehung zu Eberl. Das heißt, er muß einverstanden gewesen sein; bei seiner Großzügigkeit und den lockeren Sitten damals in Sachen geistiges Eigentum nichts Ungewöhnliches!

Eindeutig betrügerische Absichten aber werden Constanze mit dem Satz vorgeworfen, sie habe einem »berühmten Komponisten in Leipzig ähnliche Anträge« gemacht. Dabei hat es sich vermutlich um August Eberhart Müller gehandelt, den späteren Thomaskantor, der bei Constanzes zweitem Konzert in Leipzig mitgewirkt hatte. Ihn soll sie demnach aufgefordert haben, eigene Werke zur Verfügung zu stellen, die sie dann als Mozarts Arbeiten ausgeben wollte.

Wer es auch immer war, es muß ihn gegeben haben, diesen Komponisten, der gegebenenfalls die Hand zum Schwur gehoben hätte, um die Behauptung der Zeitung durch seinen Eid zu bekräftigen. Wie sonst hätte es die Redaktion wagen können, die Mozart-Witwe derart ans Licht der Öffentlichkeit zu zerren!

Bezeichnend, daß Constanze keine Richtigstellung erzwingt – es kommt einem Schuldgeständnis gleich. Sie beklagt sich lediglich in einem Brief an Professor Niemetschek über die Unterstellung, ohne auf Einzelheiten einzugehen.[38] Unangenehm für sie und ihre weiteren Vorhaben: Mehr denn je mußte sie von nun an mit dem Argwohn der Leipziger rechnen, des Verlages Breitkopf & Härtel, dessen Mißtrauen durch die Warnung Eberls und den geharnischten Kommentar aufs äußerste geschärft war.

Constanze ergreift – Angriff ist die beste Verteidigung! – ihrerseits die Initiative. Auch wenn sie sich in der Rolle der »Einzelkämpferin« sichtlich wohlfühlt, in einer Weise, die immer wieder unfreiwilligen Respekt abnötigt – unter den gegebenen Umständen bedarf sie fremder Hilfe. Von den ehemaligen Weggefährten ihres Mannes demonstrativ gemieden, fällt ihre Wahl auf einen Mann, der entgegen seinen Behauptungen zu Lebzeiten Mozarts nur wenige Berührungspunkte mit ihm hatte, und den Constanze dennoch, ohne ihn vorerst beim Namen zu nennen, als »competenten Rathgeber und Kenner« präsentiert: Abbé Maximilian Stadler.

Wer ist dieser Maximilian Stadler, der eine solch merkwürdige Erscheinung in der Requiem-Geschichte darstellt; der, obwohl nicht unmittelbar an der Entstehung des Requiem beteiligt und von Constanze nur einseitig ins Bild gesetzt, als Kronzeuge für die »Echtheit des Requiem« auftreten wird; der schließlich über drei Jahrzehnte hinweg der Einzige ist, außer Nissen natürlich, den Constanze ins Vertrauen zieht. Doch, wir werden es noch sehen: Auch er bleibt nur eine Marionette im Spiel Constanzes, die sie nach ihrem Gutdünken bewegt.

Eine schillernde Figur ist Stadler allemal, ein Mann der Widersprüche, dem man gute Absichten bescheinigen muß, um dann wieder Zweifel an seiner Redlichkeit anzumelden. Im Alter allgemein verehrt, hat er dieses bewegte Leben hinter sich:

Stadler wird 1748 als Sohn eines Bäckermeisters im niederösterreichischen Melk geboren. Er ist demnach acht Jahre älter als Mozart, und strebt von klein auf ein geistliches Amt an. Mit 24 wird er zum Priester geweiht und sorgt in den Klöstern, die er absolviert, für ein reges Musikleben – die übliche Laufbahn eines begabten Klosterschülers mit musikalischen Ambitionen.

Unüblich dagegen das Auf und Ab seiner Laufbahn: Die höheren Weihen eines Klostervorstehers und Theologieprofessors wechseln mit den vergleichsweise niederen eines kirchlichen Verwaltungsangestellten und des Seelsorgers einer kleinen Gemeinde – Höhen und Tiefen eines nicht immer bequemen Dieners seiner Kirche und seines Kaisers, stets um die Wahrung eigener Interessen besorgt.

Denn das Bild eines Opportunisten kommt hinzu. Stadler liefert es bei seinem zweijährigen »Gastspiel« zwischen 1789 und 1791 im Kloster Kremsmünster. Als das Stift, wie so manches andere Kloster, unter der Regierung Josef II. um

seinen Bestand fürchten muß, erklärt das neugegründete Bistum in Linz den amtierenden Abt schlichtweg für geisteskrank und setzt an seiner Stelle Stadler als »Abbé commendataire« ein. Dessen erste Amtshandlung: Er belohnt die »Verräter« im Dienste der Feinde Kremsmünsters, den Apotheker und den Hofkellner; der eine bekommt das »Doktorhaus«, der andere die Stiftsapotheke als Eigentum.[39]
Kein Wunder, daß sich Stadler bei allen Verdiensten um das klösterliche Musikleben unbeliebt machte, zumal er sich nach Abschluß seiner kommissarischen Tätigkeit eine jährliche Rente von 1000 Gulden sicherte, von der sich das Stift allerdings später befreien konnte.
Für Stadler war dies erst einmal das Ende seiner Karriere. Nach mehreren vergeblichen Versuchen, wenigstens mit einem Pfarramt betraut zu werden (angeblich hat ihn der Kaiser dazu ermuntert), übersiedelt er 1796 von Linz, seiner letzten Station, nach Wien. Um zu privatisieren, wie er es in seinen beiden Selbstbiographien nennt.[40]
Was Stadler »privatisieren« nennt, ist in Wahrheit nichts anderes als ein Sich-durchs-Leben-schlagen mit Gelegenheitsarbeiten. Soweit er seine Zeit nicht mit Studien in der kaiserlichen Hofbibliothek verbringt, versucht er sich weiter in der Komposition oder arrangiert Werke bekannter Komponisten für den Hausgebrauch, so etwa Opern von Mozart, Gluck und Cherubini als Streichsextette für einen Bankier namens Natorp. Oder er versorgt das Trauerspiel »Coriolan« des vaterländischen Dichters Heinrich von Collin mit einer Zwischenaktmusik, wobei er ohne Bedenken auf Mozarts *Idomeneo* zurückgreift. Alles in allem, kein befriedigendes Dasein für den inzwischen fast 50jährigen.
Da wird ihm die Bitte Constanzes, ihr und Nissen, bei der Aufarbeitung des Mozartschen Nachlasses behilflich zu sein (vielleicht hat Stadler sich auch selbst angeboten), wie ein Geschenk des Himmels erschienen sein. Welch eine Aufgabe für ihn, den über die engeren Grenzen seiner Heimat hinaus kaum beachteten Musiker und Komponisten, sich bei der Mozart-Witwe unentbehrlich zu machen, welch einmalige Gelegenheit, als Nachlaßverwalter des Mozartschen Erbes in die Geschichte einzugehen!

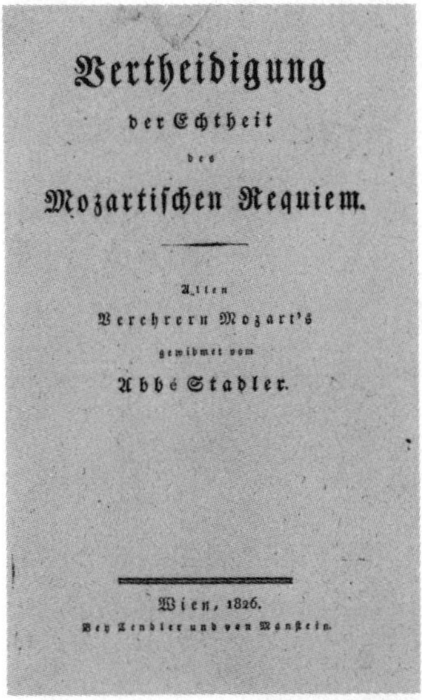

Vertheidigung
der Echtheit
des
Mozartischen Requiem.

Allen
Verehrern Mozart's
gewidmet vom
Abbé Stadler.

Wien, 1826.
Bey Tendler und von Manstein.

Abbé Maximilian Stadler (1748–1833), der Vertraute Constanzes, verwickelte sich später bei der »Vertheidigung« in Widersprüche.

Stadler ist vorsichtig genug, die Abwicklung nicht allein und nicht bei sich zu Hause vorzunehmen, wie Constanze es ihm angeboten hat. »Sie wollte mir selbe (Mozarts Manuskripte) in meine Wohnung schicken«, schreibt er später bei seiner »Vertheidigung der Echtheit des Mozartischen Requiem«. Nicht frei von Mißtrauen, läßt er Vorsicht walten: »Ich verbath es mir«, fährt er fort,

und versprach, so oft die Zeit es mir erlauben würde, sie zu besuchen, und, in Gegenwart des neben ihr wohnenden Herrn von Nyssen, den ganzen musikalischen Nachlaß des Verewigten durchzusehen, zu ordnen und einen Catalog darüber zu verfertigen.

Dies sei, versichert Stadler, in kurzer Zeit geschehen. Er habe Nissen »alles angegeben« und dieser habe den »Catalog sehr bald zu Stande gebracht«. Bei Härtel in Leipzig ist ein solches Gesamtverzeichnis der ersten Stunde allerdings nie eingetroffen, er mußte sich mit Teilverzeichnissen und vagen Vertröstungen Constanzes begnügen.

Ohnedies stellte das Auflisten der Werke nur die eine, die buchhalterische Seite des Unternehmens dar. Als weitaus ergiebiger für Stadler erweist sich ein anderes Betätigungsfeld: die hinterlassenen Bruchstücke, angefangene und aus irgendwelchen Gründen nicht fortgeführte Kompositionen Mozarts, die zahlreich unter dem Wust von Handschriften und Kopien herumlagen. Zum Teil nur wenige Takte, aber es lohnte sich, sie zu ergänzen. Nicht nur, um damit auf den Spuren des Meisters zu wandeln und an seinem Ruhm teilzuhaben, es war auch manches darunter, das zu vollenden »einen geschickten Meister wenig Mühe kosten würde« (Stadler) und auch finanziell einiges einbringen würde.

So legt Stadler denn auch von Anfang an ein ungewöhnliches Interesse für diese Fragmente Mozarts an den Tag. Auf nahezu 100 beziffert sie Nissen, eine Fundgrube, die auch den schwedischen Diplomaten Silverstolpe – wir haben ihn anläßlich seiner milden Kritik an Constanzes Zusammenleben mit Nissen kennengelernt – ins Schwärmen geraten läßt:

In dieser Schatzkammer (ach, ich nenne es mit Grausen), dort wurde eine unzählige Menge reiner Enwürfe verwahrt, die nie vom größten Genie der Kunst benützt wurden. Darunter entdeckte ich auch mehrere, für die Symphonien bestimmt waren. Sie waren zusammengeheftet in 40 bis 50 Blättern – (So unordentlich, wie Constanze es behauptete, war Mozart anscheinend doch nicht ...)
Und dann vermittelt Silverstolpe einen aufschlußreichen Einblick in Mozarts Arbeitsweise:

Die erste Seite gab die Instrumente an: darauf folgte eine Menge von Taktstrichen, aber die Takte waren leer, bis eine Modulation, oft recht entfernt vom Hauptton, gleichsam ein in allen Stimmen bekanntgegebener Lichtpunkt wurde ... Manchmal scheint einem besonderen Instrument ein Solo zugeteilt worden zu sein. Zuweilen wurde eine harmonische Imitation angegeben, und zwar durch eine einzige Note in jeder der nachahmenden Stimmen. Aber neun Zehntel des Ganzen zeigten nur leere Stellen. Welch bedrückender Anblick! All dieses blieb Geheimnis im Gehirn des Verfassers, der Welt durch einen frühen Tod entrissen,[41] schließt Silverstolpe.

Nun, in einigen Fällen sorgt Stadler dafür, daß dem nicht so ist. Er geht nicht kleinlich zu Werke. Einmal ist es ein Sonatensatz, bei dem er 28 von Mozart stammende Takte durch immerhin 45 eigene ergänzt und dabei die ursprünglich für Violine und Klavier gedachte Sonate in ein Adagio für Klavier allein umwandelt, dann ein Menuett Mozarts, dem er aus eigener Feder ein Trio hinzufügt (das Ganze erscheint im Druck als »Menuetto avec Trio le Piano-Forte par W. A. Mozart, et M. Stadler«). Bei einer Mozartschen Fuge wiederum erweitert Stadler die 37 Takte von der Hand des Meisters um 85 eigene oder er steuert zu einem ›Kyrie‹ die Schlußtakte »neben einigen Noten in den Ausfüllstimmen bei. Bei einem anderen ›Kyrie‹ bemüht er sich sogar textlich und empfiehlt auf einem Ergänzungsblatt, man möge doch »statt des Kyrie andere Worte, sollten es auch deutsche sein«, unterlegen.
Bei der Vielzahl der Ergänzungen, die er seit Sommer 1798

praktiziert, fällt auf: Stadler versteckt sich zuweilen hinter der Anonymität, so, als habe er etwas zu verbergen. Selbst bei dem von ihm angelegten Verzeichnis der Mozartschen Bruchstücke spricht er wiederholt davon, sie seien »von einem Liebhaber vollendet worden«, ohne sich als dieser »Liebhaber« zu erkennen zu geben. Bescheidenheit oder bewußtes Herunterspielen der eigenen Anteile auf Wunsch Constanzes, vom gemeimsamen Geschäftsinteresse diktiert? Schließlich hatte Constanze dieses Verfahren schon einmal beim Requiem gehandhabt, als sie Süßmayrs Beteiligung am liebsten totgeschwiegen hätte.

Wie sah es überhaupt mit dem Requiem aus? Mußte Stadler nicht Teile davon unter Mozarts Hinterlassenschaft gefunden haben – oder was sonst hatte Süßmayr nach Gebrauch mit den Originalen des Meisters gemacht? Einige Manuskriptseiten, und zwar die Blätter 11 bis 32 der ›Dies irae‹-Sequenz einschließlich ›Confutatis‹, tauchen später im Besitz von Stadler auf, nahezu drei Jahrzehnte später! Genauer gesagt: Stadler will sie von einem Freund, der ungenannt bleiben wollte, zur Einsichtnahme und Verwahrung erhalten haben – darüber wird noch zu berichten sein.

Von den anschließenden Blättern 33 bis 45, also dem ›Lacrimosa‹, ›Domine Jesu‹ und ›Hostias‹ wissen wir, ebenfalls durch Stadler, daß Constanze sie dem Hofkapellmeister Eybler geschenkt hat. Warum ausgerechnet jene Teile des Requiem, an denen sich Eybler erst gar nicht versucht hat – zwei Takte im ›Lacrimosa‹ ausgenommen –, bleibt das Geheimnis Constanzes und des Beschenkten.

Stadler stellt jedenfalls in einem Brief an den Offenbacher Verleger André mißbilligend fest:

Hätte diese Frau (Constanze) *dem H. Eybler das Lacrymosa und Domine mit dem Hostias nicht so frühzeitig zum Geschenk gemacht, so hätten Sie sich leicht selbst durch diese Urschrift überzeugen können, daß nicht Süßmeyer, sondern Moz. selbst das Hostias verfaßt habe . . .*[42]

Das also waren die Teile des Requiem in Mozarts Originalhandschrift, die Graf Walsegg nicht übergeben wurden.

Bleibt noch zu klären, wo Süßmayrs Konzepte für die Instrumentierung der Sequenz und des Offertoriums, sowie für den »ganz neu verfertigten« Schlußteil geblieben sind. Zumindest das ›Sanctus‹ scheint er Constanze zurückgegeben zu haben, denn sie schreibt Breitkopf & Härtel:

...Auch muß ich Ihnen sagen, daß Süßmayr, der offenbar mir nur Mozarts Arbeiten geben wollte und nur diese mir zu geben sich einigermaßen schuldig glauben konnte, mir auch das Sanctus gegeben hat.

Sollte sie unter dem ›Sanctus‹ nicht den gesamten Schlußteil verstanden haben, dann stellt sich die Frage nach dem Verbleib von ›Benedictus‹ und ›Agnus Dei‹. Gingen deren Konzepte verloren, wurden sie vernichtet? Wertvoll waren sie für Constanze ohnehin nicht, sollte sie denn die Manuskripte von Süßmayr insgesamt zurückerhalten haben. Eher waren es verräterische Zeugnisse von fremder Hand, die besser verborgen blieben.

Constanze verfügte demnach von einem bestimmten Zeitpunkt an über keine Originale Mozarts mehr. Und so verteilten sich am Tage X die Handschriften des Meisters zum Requiem auf diese Besitzer:

1. ›Requiem‹ und ›Kyrie‹, die Blätter 1 bis 10, verwahrte Graf Walsegg, zusammen mit der Süßmayr-Partitur zum vollständigen Requiem vereinigt.
2. Die Sequenz einschließlich ›Confutatis‹, Blatt 11 bis 32, hatte irgendwann Abbé Stadler in die Hände bekommen
3. Hofkapellmeister Eybler hütete die Blätter 33 bis 45, bestehend aus den Anfangstakten des ›Lacrimosa‹ und dem Offertorium, wie seinen Augapfel.

Soviel zum Verbleib der Mozart-Handschriften. Das heißt, Constanze besaß zwar zeitweilig noch dieses oder jenes Bruchstück des Requiem, die Mozart/Süßmayrsche »Gemeinschaftsarbeit« aber, die vollständige Partitur, besaß sie nur als Kopie. Und wann immer auch in Zukunft um das Requiem gestritten und gefeilscht wurde, stets handelte es sich um die von Süßmayr angefertigte Kopie oder wiederum um Abschriften derselbe.

Dennoch versuchte Constanze, alle Welt glauben zu machen, sie sei noch im Besitz des Originals. So den bedauernswerten Professor Niemetschek, den Freund der Familie und ersten Mozart-Biographen, dem sie die Falschmeldung unterschiebt:

Die Wittwe besitzt die Partitur desselben (des Requiem) *und verwahrt sie wie eine Reliquie.*

Niemetschek hat sie, im guten Glauben und dazumal von der Aufrichtigkeit Constanzes noch immer überzeugt, dann auch veröffentlicht, sie aber in der zweiten Auflage seiner Biographie wohlweislich weggelassen.
Mit Breitkopf & Härtel wagt Constanze einen ähnlichen Versuch. Sie leitet die Korrespondenz in Sachen Requiem mit der kühnen Behauptung ein:

Was das Requiem betrift, so habe ich freylich das berühmte, was er kurz vor seinem Tod geschrieben hat...

– was sich eigentlich nur auf das Original beziehen konnte. Constanze bluffte, und glaubte wohl, sich, mit Stadler und Nissen an der Seite, behaupten zu können...

6
Constanzes verwegene Züge, eine scheinbar verlorene Partie zu retten

INTELLIGENZ - BLATT
zur Allgemeinen Musikalischen Zeitung.

September. N°. XIX. 1799.

Pränumeration auf
Mozart's Requiem
und übrige gröſsere Werke in Partitur.

Der fünfte Heft unserer Ausgabe der *Mozartschen Werke*, welcher eine Sammlung von 30, gröſstentheils noch unbekannten, kleineren Gesangstücken enthält, ist nun fertig und wird an die Pränumeranten versandt. Der sechste und alle folgenden in dieser Nummer fortlaufenden Hefte werden in ununterbrochner Reihe Mozart's noch übrige Klavier- und kleinere Gesangs-Sachen, und darunter manches noch unbekannte und vortrefliche liefern.

Um jedoch auch einen andern groſsen Theil der Kenner und Liebhaber *Mozartscher* Musik, welche seine gröſseren Werke in Partitur zu besitzen wünschen, früher zu befriedigen, werden wir nun auch mit dieser zweyten Hauptabtheilung der *Mozartschen* Werke, seinen vollstimmigen Kompositionen, den Anfang machen, und sie in einer besondern Reihe von Numern liefern, ohne dadurch die Ordnung und den Fortgang der Klavier-Sachen zu stören.

Die Einrichtung bleibt dieselbe wie bey den bisher gelieferten Klavier-Kompositionen: gleiche Stärke und Format der Hefte, gleicher Umschlag und gleicher Preis, der Heft einen Laubthaler oder 1½ Rthl. Sächs. Pränumeration, wobey wir auch die nämliche Vergütung für die Sammler (das 5te Exemplar frey) anbieten. Nach geschlossener Pränumeration kostet jeder Heft 3 Rthl. Um jeden Abnehmer so viel möglich zu befriedigen werden wir die Opern und Kirchen-Kompositionen immer wechselnd auf einander folgen lassen.

Den Anfang werden wir mit

Mozart's Requiem,

seiner lezten und vollendetesten Musik machen, und dasselbe nach dem uns von *Mozart's Wittwe* hierzu mitgetheilten Manuscripte abgedrukt, in 2 Heften liefern, so daſs die ganze Partitur dieses Meisterwerkes, von welchem bis jezt nur wenige und noch überdies fast durchgängig unvollständige und sehr fehlerhafte Abschriften ins Publikum gekommen und theuer bezahlt worden sind, im Pränumerations-Preise nicht über 3 Thaler Sächs. oder 1 Ducaten zu stehn kommt. Dem lateinischen Original-Texte wird eine gute deutsche Uebersetzung unterlegt werden, um diese Musik auch für protestantische Kirchen brauchbar zu machen. Sobald jedoch der Druck, welchen wir bereits angefangen haben, geendigt und damit die Pränumeration geschlossen ist, können wir kein Exemplar unter 6 Rthlr. verlassen. Wir bitten daher diejenigen, welche der Pränumeration beyzutreten wünschen, sich nicht damit zu verspäten.

Auf das Requiem wird die Partitur einer der beliebtesten *Mozartschen* Opern folgen. Da *Mozart's* Wittwe uns die Original-Partituren von Mozart hierzu mittheilen wird, so können wir die gröſste Vollständigkeit und Korrektheit versprechen. Die meisten dieser Partituren werden nicht über 4 Hefte ausmachen und daher im Prän. Preise nicht über 6 Rthlr. zu stehen kommen. Den Texten werden wir immer eine gute Uebersetzung beyfügen, um sie für Deutsche und Ausländer gleich brauchbar zu machen.

Daſs die einzelnen Hefte, aus welchen jedes Werk bestehen wird, nicht getrennt werden können und daſs wir mithin bey jeder Partitur nur Pränumeration auf das ganze Werk, nicht aber auf einen einzelnen Heft annehmen können, haben wir nicht nöthig erst zu erinnern.

Uebrigens sind diejenigen, welche bisher auf *Mozart's* Klavier-Kompositionen pränumerirten, keineswegs gehalten, auch an den Partituren der gröſseren Werke Theil zu nehmen, so wie diejenigen, welche auf die Partituren abonniren, auch nicht für die Klavier-Sachen verbindlich gemacht werden.

Leipzig im September 1799.

Breitkopf und Härtel.

Kurze Gegenantwort auf die, in No. XVII. des Intelligenz-Blattes enthaltene, Antwort des Hrn. G. F. Heyers in Gieſsen.

Zu 1) Nach Herrn Heyers Versicherung soll, auſser dem Bezirke der dasigen Gegend, von Portmanns leichtem Lehrbuche der Harmonie u. f. auch *nicht ein einziges Exemplar* in das gröſsere Publikum gekommen seyn. Gleichwohl besaſs nicht nur der Unterzeichnete bereits 1790 ein Exemplar davon; sondern laut des vorgedruckten Abonnentenverzeichnisses sind unter andern auch nach Bautzen, Bonn, Düsseldorf, Elberfeld, Erlangen, Göttingen, Mörsburg am Bodensee, Mannheim, München, Nürnberg, Wesel u. a. m. über funfzig Exemplare gekommen. Liegen denn wirklich alle diese Orte in dem Bezirke der dasigen Gegend? Der Einsender ge-

Ankündigung des Requiem als Mozarts »vollendetestes« Werk in der »Allgemeinen Musikalischen Zeitung«.

Erstaunlich spät, nämlich erst acht Jahre nach dem Tod Mozarts, kommt Härtel in seinem Briefwechsel mit Constanze zum ersten Mal – am 11. März 1799 – auf das Requiem zu sprechen. War es ein zu heißes Eisen für ihn? Härtel hatte sich rechtzeitig zwei Kopien der legendären Totenmesse gesichert und sich nun an Constanze gewandt, verunsichert, ob er seinen Kopien vertrauen konnte.
Constanze hat Oberwasser. »Es ist ungefähr von dem Thema, welches Sie anmerken«, schreibt sie zurück[43] und meint damit das Notenbeispiel, das ihr Härtel zum Vergleich übersandt hat – um einschränkend fortzufahren: »... aber nicht ganz dasselbe Thema«. Ein Dreh Constanzes, nichts weiter, um die eigene Kopie aufzuwerten. Später wird sich herausstellen, daß beide Abschriften in Wahrheit übereinstimmen.
Dann rückt sie mit der Vorsicht, die ihr geboten zu sein scheint, mit Einzelheiten über die Entstehung des Requiem heraus:

Wie weit es von ihm selbst (Mozart) *ist – es ist so nahe bis ans Ende – werde ich Ihnen sagen, wenn Sie es von mir erhalten. Folgende bewandniß hat es damit. Als er seinen Tod vorhersahe, sprach er mit dH: Süßmeyer, izigem K. K. Kapellmeister, bat ihn, wenn er wirklich stürbe ohne es zu endigen, die erste Fuge, wie ohnehin gebräuchlich ist, im lezten Stük zu repetiren, und sagte ihm ferner, wie er das Ende ausführen sollte, wovon aber die hauptsache hie und da in Stimmen schon ausgeführt war. Und dieses ist denn durch H. S. wirklich geschehen...*

In diesem Brief Constanzes vom 27. März 1799 fällt erstmals der Name Süßmayr, auch wenn sie ansonsten bemüht ist, die »geheimnißvolle Verborgenheit« der Messe aufrechtzuerhalten; so hat sie auch wenig zur Aufklärung beigetragen. Härtel aber ist nicht der Mann, sich mit diesen spärlichen Nachrichten abspeisen zu lassen und Constanzes Verzögerungstaktik hinzunehmen. Schließlich verfügt er über eigene Kopien und ist entschlossen, davon Gebrauch zu machen. Constanze, die fürchten muß, auf ihrer Kopie sitzen zu bleiben, wählt einmal mehr den Angriff als beste Verteidigung. Sie gibt sich empört, räumt aber immerhin die Existenz eines anonymen Auftraggebers ein, und das ganz gezielt: »... Izt habe ich einen sehr unangenehmen Gegenstand mit Ihnen abzumachen«, schreibt sie in einem ihrer nächsten Briefe an Härtel.

Unterm 11 März fragten Sie mich verschiednes wegen des großen Requiems, ohne sich zu äussern, ob Sie es hätten oder haben wollten (welches leztere ich doch, besonders nach unseren bisherigen Verhandlungen, glauben mußte). Ich antwortete Ihnen ... und reservirte mir noch eine Nachricht Ihnen zu geben; wenn Sie es von mir erhielten. In Ihrem spätern Schreiben schweigen Sie gänzlich. Und nun melden Sie mir, daß Sie Sich 2. Exemplare verschaft haben, und wollen mir 20 fl. (Gulden)! für die Mittheilung geben. Ich selbst habe es nie herausgegeben, aus Achtung für den Mann, der es bestellte und der die Nichtherausgabe zur Bedingung machte.

Nachdem sie auf diese Weise geschickt mögliche Eigentumsvorbehalte des Bestellers ins Spiel gebracht hat, wird sie deutlich:

Kein Mann in der Welt hat dazu (zur Herausgabe) *ein Recht als der erwähnte und allenfals ich, wenn ers erlaubte.*

Und sie erklärt mit Nachdruck:

Es wäre ja wohl recht, daß kein Fremder, und niemand als ich, den Hauptvortheil davon zöge. Und ausserdem warum haben Sie nicht gleich versucht, mir diese Arbeit abzukaufen, wie von allen verabredet war, die ich hatte. Ich verlange für die Cession des Eigenthumsrechts und die Mittheilung 50. ducaten, und mache es mit dem erwähnten Mann ab.

Welch raffinierter Schachzug und welch dreistes Angebot

zugleich! Da verlangt Constanze von Härtel 50 Dukaten – mehr als das Zehnfache dessen, was dieser zu zahlen bereit ist – für das Abtreten eines Eigentumsrechtes, das ihr gar nicht zusteht, und verspricht, sich mit einem Auftraggeber zu arrangieren, den sie angeblich gar nicht kennt...
Härtel fühlt sich sicherer, als es Constanze recht sein kann. Er scheint über die Hintergründe der Enstehung des Requiem und Constanzes illegale Geschäfte mit den Kopien im Bilde gewesen zu sein und der Mozart-Witwe entsprechende Vorhaltungen gemacht zu haben. Constanze gibt jedenfalls überraschend schnell klein bei, als sich Härtel entschlossen zeigt, die Requiem-Partitur mit oder ohne die Kopie Constanzes herauszugeben. Als sie ihre Felle davonschwimmen sieht, antwortet sie mit ungewohnt sanften Tönen:

Auf das Requiem hatte ich immer gerechnet, daß Sie es von mir nehmen würden, besonders nachdem Sie Sich vorläufig darnach bey mir erkundigten. Sey es nun wie es wolle, Sie haben durch das Gegentheil unsre Verabredung nicht gehalten. Ich hätte es verkaufen und mir noch einen ansehnlichen Vortheil machen können, nachdem ich den Anonym öffentlich um die Erlaubniß gebeten hätte (wir werden später auf dieses Vorhaben noch zurückkommen)... *Sie geben mir indeß zu verstehen, daß ich gegen den Anonymen gesündigt habe: das ist aber wirklich nicht so. Ich bedung mir bey der Ablieferung die Freyheit aus, Copien an Fürsten zu geben, die sie natürlicher weise nicht herausgeben würden.*

Und dann macht sie Härtel ein geradezu sensationell niedriges Angebot:

Ich erkläre mich Ihnen meine Copie für 25 Gulden und (zehn) 10. Freyexemplarrien zu leihen, und sende sie Ihnen, sobald Sie mir dieses bewilligen.[44]

Und es folgt der inhaltsschwere Satz:

Mein Recht mag also auf dieses werk wegfallen...

Er bedeutet nicht mehr und nicht weniger, als daß Constanze ihre Kopie, aus der sie so viel Kapital schlagen wollte, frühzeitig abgeschrieben hat – für ganze 25 Gulden und 10 Freiexemplare, eine wahrhaft dürftige Zwischenbilanz ihrer so lautstark begonnenen und von hoher Warte aus geführten Auseinandersetzung mit Härtel!
Ein entscheidender Fehler: Constanze hatte damit dem Leipziger Verleger, der das Angebot natürlich annahm, alle Trümpfe überlassen. Von nun an konnte sich Härtel jederzeit darauf berufen, durch die ihm von der Witwe gegen Entgelt (leihweise) überlassene Kopie zur Herausgabe des Requiem legitimiert gewesen zu sein; ein wenn schon nicht rechtlicher, dann doch zumindest moralischer und psychologisch wirksamer Anspruch ...
Constanze, nun mit dem Requiem scheinbar ganz am Ende, versucht sich auf sicheren Boden zu retten und sich wenigstens am übrigen Mozart-Nachlaß schadlos zu halten. Mit einer letzten verzweifelten Drohgebärde weist sie Härtel darauf hin:

Auf alle andre Compositionen, die nicht gestochen sind, und die mein Mann und ich nicht verkauft haben, hat Niemand ein Eigenthumsrecht als ich: diese kan Niemand ohne meine bewilligung mit Recht herausgeben. Dieser Saz ist unläugbar.

Dann fährt sie erst einmal in Urlaub. Lebensgefährte Nissen spricht von einer »einige Wochen anhaltenden Abwesenheit der Mozart auf dem Lande« und tritt seinerseits in Erscheinung. Er übernimmt die weiteren Verhandlungen und beeilt sich, Constanzes Requiem-Kopie auf den Weg zu bringen. Das geschieht am 8. Juli 1799. Anschließend »schreitet er zur Rechnung«, indem er, ganz sparsamer Hausvater, auch die Portokosten in Höhe von 1 Gulden und 19 Kreuzer auf besagte Rechnung setzt.
Im übrigen wahrt Nissen nach wie vor sein Inkognito und unterzeichnet mit »der bevollmächtigte«, obschon Härtel längst wußte, mit wem er es zu tun hatte. Und er hatte auch schon versucht, Nissen in sein Lager zu ziehen, vergeblich.

Ich für meine Person bin sehr erkenntlich für das Schmeichelhafte, was Sie in Betref meiner zu äussern beliebt haben, und behalte mir vor, Ihnen ein ander Mal darauf zu antworten,

reagiert Nissen gelassen.
Vom Urlaub zurück, setzt Constanze die Korrespondenz mit Härtel über Wochen und Monate hinweg fort, so, als habe es nie ein Requiem gegeben. Dann aber bekommt sie es, aufgeschreckt durch ein alarmierendes Gerücht,[45] mit der Angst zu tun und warnt Härtel:

Was das Requiem betrift, so muß ich bitten nicht zu publiciren, daß Sie eine Copie von mir bekommen hätten…

Zu spät! Der Gang der Dinge war nicht mehr aufzuhalten. Bereits zwei Wochen vor Constanzes Einspruch hatte Härtel in seiner Hauszeitung, der Leipziger *Allgemeinen Musikalischen Zeitung*, September 1799, die Herausgabe des Requiem mit folgendem Wortlaut angekündigt und zur Vorbestellung aufgefordert:

Den Anfang (nach »Klavier- und kleineren Gesangssachen« auch »größere Werke in Partitur« zu liefern) werden wir mit

Mozart's Requiem,

seiner lezten und vollendetesten Musik machen, und dasselbe nach dem von uns Mozart's Wittwe hierzu mitgetheilten Manuscripte abgedrukt, in 2 Heften liefern, so daß die ganze Partitur dieses Meisterwerkes, von welchem bis jetzt nur wenige und noch überdies fast durchgängig unvollständige und sehr fehlerhafte Abschriften ins Publikum gekommen und theuer bezahlt worden sind, im Pränumerationspreise nicht über 3 Thaler Sächs. oder 1 Ducaten zu stehn kommt. Dem lateinischen Original-Texte wird eine gute deutsche Uebersetzung unterlegt werden, um diese Musik auch für protestantische Kirchen brauchbar zu machen. Sobald jedoch der Druck, welchen wir bereits angefangen haben, geendigt, und damit die Pränumeration geschlossen ist, können wir kein Exemplar unter 6 Rthlr. verlassen…

Kein Wort von Franz Xaver Süßmayr (1766–1803)! Titelvignette und Titelblatt des Requiem auf der Erstausgabe, erschienen bei Breitkopf & Härtel im Jahr 1800.

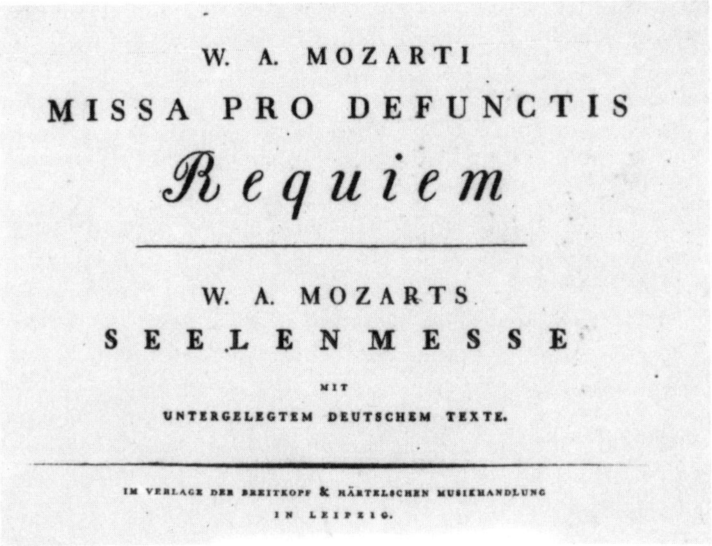

W. A. MOZARTI

MISSA PRO DEFUNCTIS

Requiem

W. A. MOZARTS

SEELENMESSE

MIT

UNTERGELEGTEM DEUTSCHEM TEXTE.

IM VERLAGE DER BREITKOPF & HÄRTELSCHEN MUSIKHANDLUNG

IN LEIPZIG.

Damit sah sich Constanze nun völlig in die Enge gedrängt. Es war gewiß kein seriöses Geschäftsgebaren Härtels, von der Existenz eines Auftraggebers und dessen Eigentumsrechten am Requiem gewußt und dennoch den Druck vorbereitet und schließlich auch verwirklicht zu haben. Aber – hatte Constanze tatsächlich ernsthaft geglaubt, ein solch ausgefuchster Geschäftsmann wie Härtel würde sich mit dem Vergleich der Kopien zufriedengeben und auf den werbewirksamen Namen der Mozart-Witwe verzichten? Wenn ja, dann zeigte sie sich in diesem Fall von einer ungewohnt naiven Seite.
Davon abgesehen, ist in der Ankündigung Härtels kein Wort von Süßmayr und seiner Ergänzung des Requiem enthalten, im Gegenteil, es wird von Mozarts »vollendetester Musik« gesprochen. Und zweifellos stellt auch die Formulierung von einem »uns von Mozart's Wittwe mitgetheilten Manuscripte« bei aller Eleganz der Umschreibung eine bewußte Irreführung dar: Die Öffentlichkeit würde ein solches Manuskript – Constanze wird noch darauf zurückkommen – allemal für das Original halten.
Die Schlacht schien verloren und jede andere hätte die Waffen gestreckt. Nicht so Constanze. Auf den Vorwurf, unerlaubt Kopien in den Handel gebracht zu haben, war sie vorbereitet. Ihn glaubte sie damit entkräften zu können, daß es nun einmal üblich wäre, von Kompositionen Kopien anzufertigen (mit dem Urheberrecht war es, wie gesagt, nicht weit her). Und auch für das Verleihen ihrer Kopie hatte sie sich ein schlüssiges Verteidigungskonzept ausgedacht:

Als Sie anfingen mir davon zu schreiben (gemeint ist Härtel und sein Plan, das Requiem herauszugeben) *war es meine Absicht den anonymen Besteller, gegen den ich Pflichten hatte, in den Zeitungen zu ersuchen, daß er, in Anbetracht so vieler Jahre, mir erlauben mögte, es zum Gebrauch des Publicirens zu verkaufen… und ich hätte es Ihnen nicht eher verkauft, da Sie mir aber versicherten, daß Sie schon 2 Exemplare hätten, so benuzte ich Ihr Anerbieten für die Mittheilung meiner Copie, um lieber den bewußten unbeträchtlichen Vortheil als gar keinen zu haben.*

Kurz, der »Anonym« könne ihr daraus keinen Vorwurf machen, da Härtel das Werk auch ohne sie herausgebracht hätte.
Sollte ihr der Besteller trotzdem aus dem »mitgetheilten Manuscripte« einen Strick drehen wollen, behält sich Constanze einen weiteren Schritt vor:

Wenn Sie mich nicht wegen aller Forderungen des edlen Anonyms, den ich stets nach meiner Schuldigkeit respectirt habe... gänzlich beruhigen können,

macht sie Härtel am 18. Oktober 1799 deutlich,

so bin ich meiner Ehre wegen und aus Pflichte gegen den Anonymus gezwungen eine Gegenerklärung in allen Zeitungen, wo es nöthig ist, einrükken zu lassen.

Sie sei überzeugt, daß dies ihm unangenehm sein würde, und sie würde es auch nicht tun, bevor sie Härtels Antwort erhalten hätte. Er solle sie ihr nur bald geben. Auf alle Fälle sei es »schnurgerade wieder die wahrheit«, daß sie ihm die Originalpartitur überlassen habe,

bey welchem leztern Ausdruk des Publicum und der Anonymus verstehen wird, daß ich Ihnen das Werk verkauft und dem Anonymus, der es noch (!) *nicht erlaubt hat, also nicht Wort gehalten habe. Dieses müssen* wenigstens Sie *durch eine andre Anzeige in allen Zeitungen, worin die falsche befindlich ist, berichtigen.*

Die Betonung liegt, im Text versteckt, auf dem Wörtchen »noch«, ganz so, als wäre es nur eine Frage der Zeit gewesen, die Zustimmung des »Anonymus« zum Verkauf der Totenmesse zu erhalten. Und Constanze hält auch einen raffinierten Trick bereit, die scheinbar verlorene Partie noch aus dem Feuer zu reißen. Wie der Zauberer das Kaninchen aus dem Zylinder, so zieht sie einen Entwurf aus der Schublade, mit dem sie angeblich das Einverständnis des Bestellers erreichen wollte. Die »Suchanzeige« hätte lauten sollen:

Da der edle Anonymus, welcher dem sel. Mozart wenige Monate vor seinem Tode, den Auftrag gab, ein Requiem zu componieren, solches nach Verlauf von mehr als 7. Jahren noch nicht hat öffentlich bekannt werden lassen, so sieht die Witwe dieses Verfahren mit Dankbarkeit für einen Beweis an, daß Derselbe ihr noch einen etwanigen Vortheil von der herausgabe gönnen wolle. Indeß hält sie es zu mehrerer Sicherheit für sich und als eine Folge der Empfindungen, die Derselbe ihr eingeflößt hat, für ihre Pflicht, den edlen Mann in den Wiener, in den Hamburgschen und in den Frankfurter Zeitungen aufzufordern, ihr Seine Gesinnungen innerhalb 3. Monaten gefälligst zu erkennen zu geben, nach welcher Zeit sie es wagen wird, das Requiem in den sämtlichen werken ihres Verstorbenen *herauszugeben.*

Damit hatte Constanze ihr Meisterstück geliefert! Die Anzeige ist zwar nie erschienen – Constanze wird sie wohl auch mehr als Druckmittel angesehen haben –, aber sie hat, allein mit der Androhung der Veröffentlichung, die berühmten zwei Fliegen mit einer Klappe geschlagen: Härtel, indem sie ihm vorhalten konnte, ›sehen Sie, ich hätte mir unschwer die Erlaubnis des Auftraggebers zum Verkauf meiner Kopie verschaffen können‹ – dieser Verdienst sei ihr also entgangen, nachdem Härtel ihr durch die Herausgabe des Requiem nach seinen eigenen Kopien zuvorkommen wollte.
Und die andere Seite, den Besteller Graf Walsegg, hatte sie nicht minder mattgesetzt. Für den Fall, daß er sich womöglich melden würde, konnte Constanze den Entwurf jederzeit vorlegen, um zu dokumentieren, das Requiem ohnehin nur im Rahmen einer Gesamtausgabe der Mozartschen Werke veröffentlichen zu wollen. Im übrigen glaubte sie leichtes Spiel zu haben: Der Graf würde sich kaum in der Öffentlichkeit als der Besteller des Requiem zu erkennen geben, würde doch damit der ganze Schwindel von der eigenen Komposition auffliegen.
Und – wie hätte er sich dagegen wehren können, daß das Requiem, wenn es denn Mozarts Arbeit war, in das Gesamtverzeichnis des Meisters aufgenommen wurde? Das aber hätte bedeutet, daß sein teuer erkauftes »Original« für ihn

völlig wertlos geworden wäre, ganz zu schweigen von dem Anspruch, die Totenmesse selbst komponiert zu haben.
Wie gesagt, ein meisterhaft ausgeklügelter Plan, dieser nie veröffentlichte Anzeigenentwurf, den Constanze da plötzlich »aus ihrem Pult« holt; ein Ausweichmanöver, mit dem sie ihren Widersachern geschickt den Wind aus den Segeln nimmt. Nun ist es an ihr, auf eine Art Wiedergutmachung zu drängen. Hatte Härtel sie nicht mit seiner Ankündigung in arge Verlegenheit gebracht? Jetzt sollte er dafür bezahlen, und sie wollte ihn mit seinen eigenen Waffen schlagen. Mit sicherer Hand zielt sie auf die Schwachstelle in Härtels Argumentation:

Da Sie schon ganz gewiß, denn das sagen Ihre briefe ausdrüklich, nach Ihren Copien würden gedrukt haben, wenn Sie auch meine nicht gehabt hätten, und Sie mir die meinige doch offenbar nicht anders als wie eine simple, wiewohl gute Copie vergütet haben, so waren Sie nicht befugt zu publiciren, daß Sie es nach meinem Manuscript (worunter das Publicum Originalmanuscript versteht) herausgäben, und mich dadurch mit dem Anonymus zu compromittiren; andern Theils scheint es mir, daß Sie in dem Betracht, daß Sie einzig meine Copie benuzen, mir eine größere Vergütung schuldig wären, um so viel mehr, da die andern Copien, die Sie ohne mein Zuthun benuzt hätten, wahrscheinlich in die Zahl der so sehr fehlerhaften gehören, wieder die Sie in Ihrem Avertissement reden...«

Härtel sollte sich das eine Warnung sein lassen, und nichts von anderen nehmen, was er von ihr bekommen könnte. In ihrem Selbstbewußtsein neu gestärkt, läßt sich Constanze auch durch die Drohung Härtels nicht einschüchtern, er werde eine von ihr inszenierte Kampagne gegebenenfalls mit einer Gegenanzeige beantworten. In ihrer Erwiderung gibt Constanze einen wesentlichen, wenn nicht gar den entscheidenden Teil ihrer Lebensphilosophie preis:

Ich sehe nicht ein, wie ich Ihre Anzeige auf meine etwanige Anzeige nach Ihren Aeusserungen zu fürchten hätte. Ich würde die Wahrheit drukken lassen, und Sie auch: eine wahrheit kann neben einer andern wahrheit wohl bestehen …

reagiert sie gelassen.
Doch das alles sind nur noch Scheingefechte. In Wirklichkeit haben sich beide, Constanze wie Härtel, längst entschieden, ihr Glück auch anderweitig zu versuchen: Constanze bei dem Offenbacher Verleger André, und Härtel bei der Schwester Mozarts, dem »Nannerl«. Mit ihr kommt, vorübergehend, eine Frau ins Bild, deren freundliches, stets hilfsbereites Wesen äußerst wohltuend von der kühlen Geschäftsmäßigkeit absticht, mit der Constanze die Drähte zieht.

7
Zwischenspiel mit »Nannerl«

Ein Lichtblick am Rande des Geschehens:
Das »Nannerl«, Mozarts Schwester (1751–1829).

Das »Nannerl, Mozarts ältere Schwester Maria Anna«. Weit lagen die Zeiten zurück, da Wolfgang und sie die Attraktion der europäischen Fürstenhöfe und Konzertsäle waren, da sie als Wunderkinder den Namen Mozart zu einem Begriff in der musikalischen Welt machten. Seit Maria Anna, 33jährig, den um 15 Jahre älteren Johann Baptist Freiherrn von Berchtold zu Sonnenburg geheiratet hatte, lebte sie in der ihr gemäßen Welt, einer häuslichen, bürgerlichen Umgebung. Neidlos hatte sie dem ihr in seiner Genialität weit überlegenen Bruder das Feld überlasssen.

Bis zu ihrer Verheiratung hatte sie sich im Elternhaus nützlich gemacht, musizierend nurmehr als Klavierlehrerin tätig. Doch selbst damit ist es vorbei, als sie Berchtold, den Pfleger im salzburgischen St. Gilgen, ehelicht. Zweimal verwitwet, bringt er fünf Kinder mit in die Ehe, die »Nannerl« um drei eigene vermehrt. Das bedeutet von nun an ein mit hausfraulichen Pflichten und Kindererziehung reichlich ausgefülltes Leben, ein völliges Aufgehen in der Familie, der sich auch Vater Leopold bald aufs engste anschloß.

Er hatte zeitlebens nicht verwinden können, daß Wolfgang die »Weberische« geheiratet hatte. Für ihn war der geliebte Sohn, ungeachtet aller gegenteiligen Beteuerungen Wolfgangs, arglistig zur Ehe gezwungen worden, und Constanze war, so Leopolds Sicht, von Anfang an darauf aus gewesen, einen Keil zwischen den in seiner Verliebtheit leicht lenkbaren Wolfgang und seine Familie zu treiben.

Auch »Nannerl« mußte es so sehen. Wie sonst hätte Wolfgang, mit dem sie sich vor dessen Heirat prächtig verstanden hatte, sowohl ihrer Hochzeit und der Taufe ihres Erstgeborenen fernbleiben können, wie auch, was besonders schmerzlich war, dem Begräbnis des Vaters? Doch wohl nur durch den schlechten Einfluß Constanzes!

Im Grunde waren die Weichen seit der Heirat Wolfgangs ein für allemal gestellt. Für das Auseinanderleben hatte allein schon dieser Umstand gesorgt: »Nannerl« hatte ihren Erstling nicht zu Hause in St. Gilgen, sondern im Haus des Vaters in Salzburg zur Welt gebracht, und sie hatte ihn (neben Alois Pantaleon) zu Ehren des Großvaters auch Leopoldus taufen lassen; damit war von vornherein eine enge Bindung gegeben: Für den Großvater war der »Leopoldl« der Sonnenschein seines Lebensabends, der nur noch zwei Jahre währen sollte. Der Kleine wohnte bei ihm, vom Großvater mit der zärtlichsten Fürsorge umgeben.

Leopold mochte in seinem Enkel so etwas wie die Wiedergeburt des »Wolferl« gesehen haben, seines Sohnes, der sich undankbarerweise, so empfand es der Vater, auf die Seite Constanzes geschlagen hatte. Insgeheim hatte er wohl auch für den kleinen Leopold eine ähnliche Karriere im Auge, wie die Wolfgangs (die Enttäuschung blieb ihm erspart, erleben zu müssen, daß sich der »Leopoldl« später als völlig unmusikalisch erwies).

Wolfgang und Constanze hatten da keine Chancen mehr. Als sie eine Reise ins Ausland planen und ihre Kinder, den zweijährigen Karl und den erst wenige Wochen alten Johann, beim Großvater unterbringen wollen, erteilt dieser ihnen eine Abfuhr. Die Tonart des Briefes, mit dem der Vater das »Nannerl« in St. Gilgen informiert, macht deutlich, wie weit mittlerweile die Entfremdung zwischen Vater und Sohn – sechs Monate vor dem Tod Leopolds – gediehen war:

Heut habe ich einen Brief deines Bruders beantworten müssen der mir viel Schreibens gekostet hat, folglich kann dir sehr wenig schreiben... Daß ich einen sehr nachdrücklichen Brief schreiben musste, kannst dir leicht vorstellen, da er mir keinen geringeren Vortrag macht, als seine 2 Kinder in meine Versorgung zu nehmen, da er im halben fasching eine Reise durch Teutschland nach Engelland machen möchte etc: ... Der gute ehrliche Siloetenmacher H: Miller hatte deinem Bruder den Leopoldl gelobt, folglich hat er erfahren, daß das Kind bey mir ist, welches ihm niemals geschrieben hatte: also kam ihm oder vielleicht seiner Frau der gute Einfahl. das wäre freilich nicht übl, – Sie könnten ruhig reisen, – könnten sterben, – – könnten in Engelland bleiben, – – da könnte ich ihnen mit den Kindern nachlauffen etc: oder der Bezahlung für die Kinder... Basta!

meine Entschuldigung ist kräftig und Lehrreich, wenn ers benüzen will.

Und doch ist das Band zwischen Vater und Sohn nie ganz zerrissen, vor allem durch die Bemühungen Wolfgangs. Wie spärlich dessen Lebenszeichen auch waren, sie kamen zweifellos von Herzen und enthüllten zuweilen Wolfgangs geheimste Gedanken. So in dem einzigen Brief, in dem er sich über die »letzten Dinge« äußert. In einem bei seinen Briefen ungewöhnlichen Ernst schreibt er dem Vater, der nur noch wenige Wochen zu leben hatte:

Da der Tod/genau zu nemmen/der wahre Endzweck unseres Lebens ist, so habe ich mich seit ein Paar Jahren mit diesem wahren, besten freunde des Menschen so bekannt gemacht, daß sein Bild nicht allein nichts schreckendes mehr für mich hat, sondern recht viel beruhigendes und tröstendes! und ich danke meinem gott, daß er mir das glück gegönnt hat mir die gelegenheit... zu verschaffen, ihn als den schlüssel zu unserer wahren Glückseligkeit kennen zu lernen...

ein Bekenntnis, von dem aus unschwer die Brücke zum Requiem zu schlagen ist...
Als zuletzt keine Nachrichten mehr aus Salzburg kommen, ist Wolfgang tiefbestürzt und besorgt. Er bittet den Vater, ihm nichts zu verschweigen:

Ich hoffe und wünsche daß sie sich während ich dieses schreibe besser befinden; sollten sie aber wieder alles vermuthen nicht besser seyn, so bitte ich sie bey... (die Punkte sind von Mozart selbst) *mir es nicht zu verhehlen, sondern mir die reine Wahrheit zu schreiben oder schreiben zu lassen, damit ich so geschwind als es menschenmöglich ist in ihren Armen seyn kann; ich beschwöre sie bey allem was – uns heilig ist...*

Nach dem Tod des Vaters fühlt er sich dem »Nannerl« nach wie vor verbunden. Sie würde »gewiß bey jeder Gelegenheit« in ihm »einen guten, liebenden und schützenden Bruder finden«, tröstet er sie, doch kommt dann ein ganz anderer

Mozart zum Vorschein, ein Mozart, der meint, bei der Verteilung des väterlichen Erbes unbedingt seine Ansprüche geltend machen zu müssen:

Wenn du noch unversorgt wärest, so brauchte ich dieses Alles (eben den Streit um das Erbe) *nicht. Ich würde, was ich schon tausendmal gedacht und gesagt habe, Dir alles mit wahrem Vergnügen überlassen; da es Dir aber nun, so zu sagen, unnütz ist, mir aber im Gegentheil es zu eigenem Vortheil ist, so halte ich es für (meine) Pflicht, auf mein Weib und Kind zu denken.*

Das ist nicht der Mozart, den wir kennen, der bei aller Liebe zum Geld, zum Verdienen wie zum Ausgeben, doch immer das Menschliche vorangestellt hat, nicht von ungefähr den Idealen der Freimaurer verbunden, bei denen er seine geistige Heimat gefunden hatte. Vielleicht steckte er wieder einmal in schier auswegloser Geldverlegenheit – oder Constanze hatte ihm bei seinem Brief an die Schwester die Feder geführt. Anders ist die geschäftsmäßige Art, die Erbangelegenheit möglichst schnell über die Bühne zu bringen, sein liebloses Beharren auf dem eigenen Vorteil, nicht zu erklären. Klingt es doch fast wie Hohn, wenn Wolfgang leichthin erklärt, die Schwester sei ja ausreichend versorgt, angesichts der stattlichen Kinderschar, die sie aufzuziehen hatte, und der sparsamen Lebensführung, zu der sie gezwungen war.
Und dann, deuteten nicht auch die Einzelheiten des Vergleichs, die bis ins kleinste ausgearbeiteten Bedingungen, auf die Handschrift Constanzes hin? Nicht nur, daß sich Wolfgang, vertreten durch den Salzburger Hofrat Gilowsky, mit 1000 Gulden abfinden ließ (die Summe ging umgehend per Wechsel an Gläubiger Puchberg), der Betrag mußte auch ausdrücklich in »Wiener Geld« bezahlt werden, nicht in »Reichsgeld«, der in Salzburg üblichen, aber weniger zahlungskräftigen Währung. Sogar die 10 Prozent »Abfahrtsgeld« für die außer Landes gehende Summe hatte die Schwester zu übernehmen, ebenso »alle erlauffenden gerichtlichen und anderen Unkösten«. Solche Kleinkrämerei entsprach nicht Mozarts Art, eher der Constanzes, nur allzu identisch mit ihren späteren Geschäftspraktiken.

Die Versteigerung des bescheidenen väterlichen Erbes nahm dann auch geradezu peinliche Formen an. Zwar wies der Auktionskatalog nicht weniger als 579 Nummern auf, die auf genau 999 Gulden und 42 Kreuzer geschätzt wurden. Abnehmer jedoch fanden nur 314 Stück Hofkleider, Jagdgeräte, Musikinstrumente, Mobiliar usw. für ganze 150 Gulden und 56 Kreuzer – ein schlechtes Geschäft für »Nannerl«, nachdem Wolfgang mit 1000 Gulden ausgezahlt worden war.[46]
Ein anderer Vorfall hat das Seine dazu beigetragen, daß nach dem Tod Wolfgangs – er folgte dem Vater vier Jahre später – die Beziehungen zwischen »Nannerl« und Constanze auf dem Nullpunkt angelangt waren. Ausgelöst hatte die totale Verstimmung ein Beitrag, den »Nannerl« zu einem Nachruf auf den verstorbenen Bruder beigesteuert hatte. Darin hieß es abschließend:

Er (Mozart) *heyrathete ein für ihn gar nicht passendes Mädchen gegen den Willen seines Vaters, und daher die grosse häusliche Unordnung bey und nach seinem Tod.*

Diese unfreundlichen Worte hatte sie durch einen Freund des Hauses dem Professor Schlichtegroll in Gotha übermitteln lassen. Zwar tauchte in dessen »Nekrolog auf das Jahr 1791« diese, »bereinigte« Version auf:

In Wien verheirathete er sich mit Constanza Weber, und fand in ihr eine gute Mutter von zwey[47] *mit ihr erzeugten Kindern, und eine würdige Gattinn, die ihn noch von manchen Thorheiten und Ausschweifungen abzuhalten versuchte ...*

Doch das Problem war ein Nachdruck, der 1794 in Graz erschien und merkwürdigerweise die ursprüngliche Fassung, also die wenig schmeichelhafte Erwähnung Constanzes, enthielt. Was Constanze zu einer ebenso unnützen, wie ärgerlichen Geldausgabe veranlaßte: Sie kaufte die gesamte Auflage von 600 Stück auf! Offensichtlich war sie bereits zu diesem Zeitpunkt finanziell so gut gestellt, daß sie sich eine derartige Ausgabe leisten konnte ...
Das alles war Vergangenheit, zurück zur Gegenwart. Dem

Verleger Härtel mochte das mehr als getrübte Verhältnis zwischen »Nannerl« und der Mozart-Witwe nur recht sein. So konnte er hoffen, in »Nannerl« eine Verbündete zu gewinnen, mit deren Hilfe die Vormachtstellung Constanzes beim Vermarkten der Mozart-Musikalien zu erschüttern war.
»Nannerl« muß ihn enttäuschen. Sie lebe »von der Welt ganz abgesondert«, antwortet sie auf Härtels ersten Kontaktversuch, der reichlich spät, erst Mitte 1799, erfolgt, und sie habe alle Manuskripte Wolfgangs, die noch in Händen des Vaters waren, nach dessen Tod ihrem »Brudern nach Wienn übersendet«. Sie bedauere es im nachhinein, »nicht einige von seinen jüngeren Compositionen zurück behalten« zu haben, wären sie bei ihr doch »gut aufgehoben worden«, denn sie zweifle nicht, »daß viele seiner jüngern Werke verlohren gegangen seyn.«

Augenzeugen hätten ihr versichert, so »Nannerl« weiter in ihrem Brief vom 4. August 1799 an Breitkopf & Härtel,

daß seine Sparten (Mozarts Manuskripte) *bey ihme immer nur unter dem Clavier herum lagen, und die Copisten davon nehmen konnten, was sie nur wollten, und ich konnte auch dieses umso leichter glauben, da mir wohl bekannt war, daß mein Bruder seine ältern Werke* (gemeint sind die Jugendwerke) *immer weniger leiden konnte, wie stärker er in seiner Composition wuchs, ich zweifle also nicht daran, daß viele seiner jüngern Werke werden verlohren gegangen seyn.*

Ansonsten kann »Nannerl« lediglich mit Schilderungen aus den gemeinsam verbrachten Jahren dienen und mit bisher Unbekanntem aus dem Leben des Bruders aufwarten. Sie tut es bereitwillig und liebevoll bis ins Detail gehend, selbst betrübt darüber, nicht viel Brauchbares für eine Gesamtausgabe liefern zu können. Schon gar nicht für das Requiem, bei dessen Entstehung ja völlige »Funkstille« zwischen den Geschwistern geherrscht hatte (und »Nannerl« war gewiß die letzte, die Constanze später in das Geheimnis der Totenmesse eingeweiht hätte).
Sie besitze nur »in abschrifft einige Lieder mit Begleitung der

harmoniale, und eine französische Aria«, ist die kärgliche Ausbeute, von Härtel nach früheren Kompositionen Wolfgangs befragt. Und überhaupt erinnere sie sich von den Kompositionen vor 1784 nur an »sehr viele Italienische Arien wovon die Sparten...seine Frau haben muß«. Damit war Härtel wieder bei Constanze angelangt, jener Stelle, die er eigentlich hatte umgehen wollen...

Constanze hat dem Liebäugeln Härtels mit der Mozart-Schwester, wie gesagt, nicht tatenlos zugesehen. Als im Spätherbst dieses Jahres (1799) der junge Johann André – er hatte, 24jährig, gerade die Nachfolge seines Vaters als Musikverleger in Offenbach angetreten – nach Wien kommt, um mit Constanze über eine Gesamtausgabe der Mozartschen Werke zu verhandeln, trifft er sie gesprächsbereit an. Constanze zögert nicht lange und schließt eine Art Vorvertrag mit André. Zu Unrecht beklagte sich Härtel später bei »Nannerl« darüber, daß Constanze nicht ihm das Gesamtwerk überlassen habe, wo er doch bereits das »sechste Heft«, sprich: die sechste Lieferung auf den Markt gebracht habe. »Nannerl« pflichtet ihm bei und rügt die »sehr unedle Art« Constanzes, die »ihr gegebenes Versprechen gebrochen und ihrem Mann damit keine Ehre gemacht« habe.

Doch diesmal geschieht Constanze Unrecht. Die Schuld lag eindeutig bei Härtel, der zu hoch gepokert hatte, in der irrigen Annahme, Constanze würde ihrerseits wieder einmal bluffen. Was er nicht wissen konnte: Constanze hatte sich von André eine Zweimonatsfrist ausbedungen, während der sie jederzeit vom Vertrag zurücktreten konnte. Und sie hat während dieser Zeit nichts unversucht gelassen, Härtel zur Übernahme aller Werke Mozarts im Paket zu bewegen, mit dem Ziel einer repräsentativen Gesamtausgabe, in der irgendwann und irgendwie auch das Requiem vertreten sein würde.

Constanze – natürlich nicht frei von der Spekulation, bei Härtel günstiger verkaufen zu können – beschwört ihn geradezu, von der bisherigen Methode, der serienweise Herausgabe abzusehen, und überschwemmt ihn mit einer Flut von Briefen. Sie setzt, damit ja keine Zeit verlorengeht, bereits einen Tag nach dem Vertrag mit André ein.

Der Offenbacher Verleger Johann Anton André (1775–1842) gab seinem Konkurrenten Härtel in der Auseinandersetzung um die Mozartsche Hinterlassenschaft das Nachsehen. Unten die Titelseite des Neudruckes mit der Kennzeichnung der Anteile Mozarts und Süßmayrs.

W. A. MOZARTI
Missa pro defunctis
REQUIEM.

W. A. Mozart's
REQUIEM,
Partitur.
Neue nach Mozart's und Süßmayrs Handschriften berichtigte Ausgabe.
Nebst einem Vorbericht
von
Anton André.

OFFENBACH a/M, bey JOH. ANDRÉ.

Wien, den 9. November 1799.
Nach meiner Achtung für Sie biete ich hiemit Ihnen vorzugsweise meinen ganzen Vorrath (an Mozart-Musikalien) *für leztere Summe* (Constanze hatte 1000 Dukaten verlangt) *an, wovon die hälfte gleich bey Ueberlieferung und der Rest halbjährig in zwey darauffolgenden Terminen zu bezahlen wäre,: ich will sogar 100.ducaten fallen lassen, wenn Sie Sich die Werke zum Neuen Jahr überliefern lassen, und ich alsdann die ganze Summe erhalte... Ich wünschte sehr, daß dieses Geschäft zwischen uns gemacht würde, weil ich Ihnen... die Sie zuerst die mir so angenehme Idee gehabt haben, meinem Mann durch eine würdige Ausgabe seiner Werke ein Monument zu sezen, am liebsten einen Vortheil gönnen muß und wirklich gönne...*

Aus ihrem nächsten Brief spricht die Enttäuschung darüber, daß Härtel zum einen lange geschwiegen, zum anderen aber die Hauptsache, Constanzes Angebot, unerwähnt gelassen habe:

Wien, den 11. November 1799.
Ihr lezter Brief (vom 26. Oktober) *ist mir ein neuer Beweis, daß Sie nicht Zeit und Lust haben, die Correspondenz mit mir zu unterhalten: Sie antworten mir darin abermal nach Ihrer Willkühr auf eine Kleinigkeit, und auf die Hauptfrage... auch nicht ein Wort...*

Härtel scheint ihr unverblümt anheimgestellt zu haben, das ganze Paket doch an einen anderen Partner zu veräußern, denn Constanze antwortet:

Wien, den 27. November 1799.
Ich werde nun, weil Sie mich dazu zwingen, meinen sämtlichen Vorrath von Musicalien an Jemand Andern auf ein Mal mit Vortheil zu verkaufen, um auf ein Mal aus meiner Ungewißheit zu kommen. Wahrscheinlich wird dieses in 14 Tagen geschehen können, fals Sie nicht, wie ich hoffe, in meinen gemachten Vorschlag noch eingehen...

Schließlich geht sie in ihrer Selbstverleugung so weit, einen »allerletzten« Versuch zu wagen; er kommt einem Kniefall gleich:

Wien, den 14. Dezember 1799.
Da ich heute sehr gemächlich eine Antwort auf meinen Brif vom 27. Nov. hätte haben können, aber nicht erhalten habe, so sehe ich dieses für ein unzweideutiges Zeugniß an, daß Sie in der Verwerfung meiner Vorschläge beharren. Indessen melde ich Ihnen heute zum lezten Male, allerdings zum Ueberfluß, woraus Sie meinen unausgesezten Wunsch, mit Ihnen in Connexion zu bleiben, aufs unwiedersprechlichste nochmals ersehen können, daß ich, unfehlbar am Ende dieses Jahres, meinen ganzen musicalischen Vorrath der Werke meines Mannes verkaufe...

Da Härtel weiterhin schweigt – er glaubte wohl, bei der Schaukelpolitik Constanzes den längeren Atem zu haben –, bleibt Constanze gar keine andere Wahl, als vertragsgemäß André den Zuschlag zu erteilen. So wechseln Anfang 1800 »15. Päkken versiegelte Mozartische Musicalien« gegen 2550 Gulden den Besitzer. Von Härtel hatte sich Constanze 4050 Gulden erhofft...
Damit war eine groteske Situation eingetreten: Da Constanze sämtliche Rechte an den noch in ihrem Besitz befindlichen Mozart-Handschriften, einschließlich der etwa 40 an Härtel ausgeliehenen, an André abgetreten hatte, aber auch Härtel eine ganze Anzahl von »Serien« Mozartscher Werke herausgegeben hatte, lagen nunmehr zwei Ausgaben vor – eine »offizielle«, von Constanze abgesegnete, durch André und eine sozusagen inoffizielle durch Härtel. Und was die Konfusion noch steigerte: Beide Verleger kauften auch weiterhin alle Mozart-Musikalien auf, deren sie habhaft werden konnten, und lieferten sich in Zeitungsanzeigen heftige Wortgefechte, in denen einer dem anderen vorwarf, die schlechtere, weil unzuverlässigere Ausgabe zu vertreiben.
Constanze, vertraglich verpflichtet, sich auf die Seite ihres Partners André zu schlagen, war dennoch bemüht, es mit Härtel nicht ganz zu verderben. Glücklich geworden ist sie mit dem Verkauf an André ohnehin nicht. Sie hatte sich nicht nur mit dem Verlust von 1500 Gulden abzufinden, dem Minus gegenüber einem möglichen Verkauf an Härtel, sondern mußte sich auch mit der schleppenden Zahlungsweise Andrés auseinandersetzen. Bereits vier Wochen nach Inkraft-

treten des Vertrages sah sie sich gezwungen, einen Rechtsstreit mit André anzustrengen, um zu ihrem Geld zu kommen. Obendrein trat das ein, was Constanze befürchtet hatte und warum sie, von den finanziellen Vorteilen abgesehen, gerne Härtel den Vorzug gegeben hätte: Die Qualität der Offenbacher Ausgabe ließ in einem Maße zu wünschen übrig, das Kenner zu dem Urteil veranlaßte, die Unsauberkeit und Unkorrektheit des André'schen Stiches sei »überall sattsam bekannt«.[48]
Härtel hätte gewiß gerne triumphiert angesichts dieser Sachlage, doch befand auch er sich in keiner beneidenswerten Situation. Bei der Gesamtausgabe ausgebootet, blieb ihm nur noch das Requiem, und selbst hierbei stand er auf unsicheren Füßen. Wie weit konnte er der Kopie, wie weit den eigenen Abschriften trauen? Und was die Ungewißheit noch steigerte: Welchen Anteil hatte Süßmayr an dem Ganzen, stammte vielleicht doch mehr von ihm, als Constanze ihn, Härtel, glauben machen wollte?
Da traf es sich gut, daß sich Constanze wieder einmal als Weichenstellerin betätigte. Des Geplänkels überdrüssig, ob denn nun ihre oder Härtels Kopie die bessere sei (wer wolle davon ihre »Aechtheit« ableiten? fragt sie Härtel), erteilt sie letztendlich einem Dritten das Wort: Süßmayr.
Ganz so als würde sie einem spontanen Einfall folgen, schreibt sie Härtel:

Ich eile, welches mir izt erst einfällt, daß ich Ihnen sage, daß Sie vielleicht nicht übel thäten, Sich mit dem hiesigen Kapellmeister Süßmayr darüber (über die Frage der echten Kopie) *in briefwechsel zu sezen, da er ohne Zweifel die am meisten authentische Copie hat.*

Süßmayr! Damit fällt, zum ersten Mal nach langer Zeit, der Name jenes Mannes, der im wechselhaften Geschehen um das Requiem bislang ein so merkwürdiges Schattendasein führte, obgleich er als Schlüsselfigur eigentlich in den Mittelpunkt der Szene gehörte. Nun preist Constanze ihn plötzlich als letzte Instanz an ...

8
Franz Xaver Süßmayr, der unerwünschte Kronzeuge

Das Stift Kremsmünster nach einer Zeichnung von Pater Petrus Mayrhofer.

Constanzes Rat, sich an Süßmayr zu wenden, bringt Härtel in Verlegenheit. Demnach besäßen weder er noch Constanze die »am meisten authentische Copie«; Süßmayr hätte sie, und damit wäre noch eine weitere, wichtige Kopie im Spiel. Sie einzubeziehen, hieße, die eigene Glaubwürdigkeit in Frage zu stellen. Hatte er nicht in seiner Ankündigung der Herausgabe des Requiem von Mozarts »vollendetester Musik« gesprochen? Kein Wort jedenfalls von irgendwelchen Ergänzungen von fremder Hand. Sie aber wären unweigerlich Thema Nr. 1, würde er Kontakt mit Süßmayr aufnehmen. Verständlich, daß Härtel sich Zeit läßt und sich erst zwei Monte später, gegen Ende Januar 1800, an Süßmayr wendet; wohl in der Erkenntnis, daß eine repräsentative Ausgabe der Totenmesse – schließlich gedachte er sie dem Kurfürsten von Sachsen zu widmen – ohne die »Rückendeckung« Süßmayrs doch zu gewagt war.

Süßmayr antwortet postwendend. Es hat den Anschein, als habe er förmlich darauf gebrannt, sich zu einem Geschehen zu äußern, über das er aus erster Hand berichten konnte und zu dem er bisher noch kein einziges Mal Stellung genommen hatte. Die Gründe lassen sich nur vermuten: Anfangs mag es ihm wie den anderen Mitwissern darum gegangen sein, Constanze zu »schonen«. Und erst im Laufe der Jahre, als das Requiem von der Öffentlichkeit wie selbstverständlich allein Mozart zugeschrieben wurde, wird ihm bewußt geworden sein, an welch gigantischem Schwindel er sich durch sein Schweigen mitschuldig machte. Seine Antwort an Breitkopf & Härtel klingt dann auch wie erleichtert:

Meine Herren!

Ihre gütige Zuschrift vom 24^{t} Jenner hat mir das größte Vergnügen gemacht, da ich aus derselben erfahren habe, daß Ihnen an der Achtung des deutschen Publicums zu viel gelegen ist, als daß Sie dasselbe durch Werke irre führen sollten, die nicht ganz auf die Rechnung meines verstorbenen Freundes gehören. Ich habe

den Lehren dieses grossen Mannes zu viel zu danken, als daß ich stillschweigend erlauben könnte, daß ein Werk, dessen größter Theil meine Arbeit ist, für das seinige ausgegeben wird, weil ich fest überzeugt bin, daß meine Arbeit dieses grossen Namens unwürdig ist. Mozarts Composition ist so einzig, und ich getraue mir zu behaupten, für den größten Theil der lebenden Tonsetzer so unreichbar, daß jeder Nachahmer besonders mit untergeschobener Arbeit noch schlimmer wegkommen würde, als jener Rabe, der sich mit Pfauen-Federn schmückte.
Daß die Endigung des Requiem-s, welches unseren Brief-Wechsel veranlaßte, mir anvertraut wurde, kamm auf folgende Weise. Die Wittwe Mozart konnte wohl voraussehen, daß die hinterlassenen Werke ihres Mannes würden gesucht werden; der Tod überraschte ihn, während er an diesem Requiem arbeitete. Die Endigung dieses Werkes wurde also mehreren Meistern übertragen; einige davon konnten wegen gehäuften Geschäften sich dieser Arbeit nicht unterziehen, andere aber wollten ihr Talent nicht mit dem Talente Mozarts compromittiren. Endlich kam dieses Geschäft an mich, weil man wußte, daß ich noch bey Lebzeiten Mozarts die schon in Musik gesezten Stücke öfters mit ihm durchgespielt, und gesungen, daß er sich mit mir über die Ausarbeitung dieses Werkes sehr oft besprochen, und mir den Gang und die Gründe seiner Instrumentirung mitgetheilt hatte. Ich kann nur wünschen, daß es mir geglückt haben möge, wenigstens so gearbeitet zu haben, daß Kenner noch hin und wieder einige Spuren seiner unvergeßlichen Lehren darin finden können.
Zu dem Requiem samt Kyrie – Dies irae – Domine Jesu Christe – hat Mozart die 4 Singstimmen, und den Grund-Baß samt der Bezifferung ganz vollendet; zu der Instrumentirung aber nur hin und wieder das Motivum angezeigt. Im Dies irae war sein lezter Vers – qua resurget ex favilla – und seine Arbeit war die nemliche, wie in den ersten Stücken. Von dem Verse an – Judicandus homo reus etc: hab ich das Dies irae ganz geendigt. Das Sanctus – Benedictus – und Agnus Dei – ist ganz neu von mir verfertigt; nur hab ich mir erlaubt, um dem Werk mehr Einförmigkeit zu geben, die Fuge des Kyrie, bei dem Verse – cum Sanctis etc. zu wiederhohlen.
Es soll mir herzlich lieb seyn, wenn ich Ihnen durch diese

Mittheilung einen kleinen Dienst habe leisten können. Ich würde mich auch mit Vergnügen Ihrer anderen Comißion ›das Verzeichnis der größten lebenden Tonsetzern und ihrer Werke betreffend‹ entledigen, wenn mich nicht meine täglichen Theater Geschäfte, und die damit verbundenen Arbeiten daran verhinderten.
Es ist schmeichelhaft für mich, daß Sie zu wissen wünschen, welche von meinen Arbeiten öffentlich bekannt geworden sind.
»Moses, oder Der Auszug aus Egypten. Ein dramatisches Oratorium in 2 Aufzügen, L'incanto superato, und il Muselmano in Napoli. Zwei italiänische Opern in zwey Aufzügen.
»Der Spiegel von Arkadien, oder Die neuen Arkadier, eine deutsche Oper in 2 Aufzügen
»Die edle Rache. Oper in 2 Aufzügen
»Der Vetter in Gefahr, eine Cantate.
»Die freywilligen, ein GelegenheitsStück in einem Aufzuge
»Der Wildfang. Oper in 2 Aufzügen.
»Der Marktschreier. Oper in einem Aufzuge.
»Die 3 Sultaninnen, oder Soliman der zweyte, Oper in 2 Aufzügen.
Hier haben Sie das ganze Verzeichnis; schenken Sie dem Verfasser Ihr ferneres gütiges Andenken, und seyen Sie seiner ganzen Hochachtung versichert.
Wien den 8 Febr: 1800

Ihr ergebenster Diener
Franz Xaver Süßmayr m. p.
k:k:Hof-theatral Kapellmeister

Zum ersten Teil des Briefes, zum Requiem: Der Ton des Briefes nimmt für Süßmayr ein, läßt ihn sympathisch und – aufrichtig erscheinen. Süßmayr hätte sehr wohl die Möglichkeit gehabt, beiden, Constanze und Härtel, gefällig zu sein. So Constanze, die bisher beharrlich daran festgehalten hatte, daß Mozart das Requiem »nahe bis ans Ende« komponiert habe, er sei gestorben, »als es bald fertig war« usw. Sollte er, Süßmayr, die Witwe seines Meisters und Freundes etwa Lügen strafen?
Härtel wiederum wollte ihm, wie aus dem zweiten Teil des

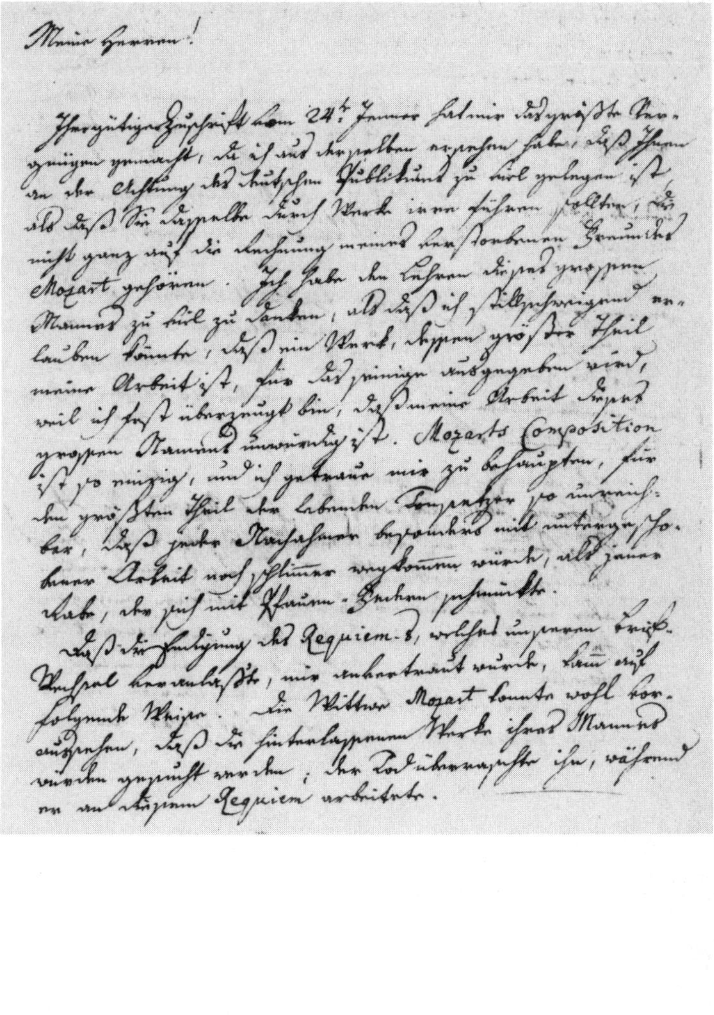

Meine Herren!

Ihr gütiges Schreiben vom 24t. Jenner hat mir das größte Vergnügen gemacht, da ich aus demselben ersehen habe, daß Ihnen an der Achtung des deutschen Publikums zu viel gelegen ist, als daß Sie dasselbe durch Werke irre führen sollten, die nicht ganz auf die Rechnung meines verstorbenen Freundes Mozart gehören. Ich habe den Lehren dieses großen Mannes zu viel zu danken, als daß ich stillschweigend ertragen könnte, daß ein Werk, dessen größter Theil meine Arbeit ist, für das seinige ausgegeben wird, weil ich fest überzeugt bin, daß meine Arbeit dieses großen Mannes unwürdig ist. Mozarts Composition ist so einzig, und ich getraue mir zu behaupten, für den größten Theil der lebenden Tonsetzer so unerreichbar, daß jeder Nachahmer besonders mit untergeschobener Arbeit noch schlimmer wegkommen würde, als jener Rabe, der sich mit Pfauen-Federn schmückte.

Daß die Endigung des Requiem-s, welches unseren Briefwechsel veranlaßte, mir anvertraut wurde, kam auf folgende Weise. Die Wittwe Mozart konnte wohl vorsehen, daß die hinterlassenen Werke ihres Mannes würden gesucht werden; der Tod überraschte ihn, während er an diesem Requiem arbeitete.

Süßmayrs berühmter Brief an Breitkopf & Härtel vom 8. Februar 1800, in dem er Auskunft über seine Arbeit am Requiem gibt.

Briefes hervorgeht, offenbar goldene Brücken bauen, indem er sich geflissentlich nach »öffentlich bekannt gewordenen Arbeiten« Süßmayrs erkundigte (was doch nur bedeuten konnte, daß er die eine oder andere im Druck herauszugeben gedachte). Dazu hatte er, ganz konkret, mit dem Angebot gelockt, Süßmayr könnte für ihn ein »Verzeichnis der größten lebenden Tonsetzer und ihrer Werke« erstellen. Er hatte also einiges unternommen, um Süßmayr in sein Lager zu ziehen.
Für Süßmayr wäre es fraglos der bequemere Weg gewesen, sich beiden Parteien anzudienen. Er brauchte nur seinen Anteil am Requiem auf ein Minimum zu beschränken. Daß er es nicht getan hat, spricht für seine Redlichkeit und seinen Eifer, ja Übereifer, die Dinge beim Namen zu nennen, ungeachtet aller Konsequenzen.
An seinen Motiven, sich (erstmals) öffentlich zu äußern, läßt er keinen Zweifel. Gleich im ersten Absatz seines Briefes hatte er betont:

Ich habe den Lehren dieses großen Mannes zu viel zu danken, als daß ich stillschweigend erlauben könnte, daß ein Werk, dessen größter Theil meine Arbeit ist, für das seinige ausgegeben wird

– was sich eindeutig gegen Constanze und Härtel richtet.
Und weiter: Er sei fest überzeugt, daß seine Arbeit »dieses großen Mannes unwürdig« sei, er könne sich nur wünschen, es möge ihm

geglückt haben, wenigstens so gearbeitet zu haben, daß Kenner noch hin und wieder einige Spuren seiner unvergeßlichen Lehren darin finden können.

Das ist nicht die Sprache eines Mannes, der sich mit fremden Federn schmücken möchte, hier spricht vielmehr jemand, der sich seiner Unzulänglichkeit bewußt ist, keineswegs damit kokettiert, sondern von einer geradezu panischen Angst erfüllt ist, man könnte seine Fehler, die Fehler eines damals 25jährigen, seinem verehrten Meister anlasten.
Ganz offensichtlich will sich Süßmayr von den Täuschungs-

manövern anderer distanzieren, will, wenige Jahre vor seinem frühen Tod, sein Gewissen erleichtern – in einer Vorahnung dessen, was in naher Zukunft tatsächlich an Anfeindungen über seine Person hereinbrechen wird.
Was er zur Sache zu sagen hat, zu seiner Ergänzung des Requiem, überzeugt nicht immer. Vieles erweist sich als richtig, erfährt später durch Constanze oder Stadler und durch das Wiederauftauchen der Mozartschen Originale seine Bestätigung. So stimmt es, daß die ›Dies irae‹-Sequenz und das Offertorium in den Singstimmen samt Instrumentenbaß vom Meister selbst stammen. (Daß Mozarts Arbeit am ›Lacrimosa‹ nicht beim »Qua resurget ex favilla« endete, sondern die beiden Takte des »Judicandus homo reus« noch miteinschloß, ist ein unwesentlicher Irrtum.) Und es ist auch richtig, daß die Instrumentierung dieser Teile durch Mozart nur mehr oder weniger angedeutet wurde.
Gleiches gilt für die Schlußteile. ›Sanctus‹, ›Benedictus‹ und ›Agnus Dei‹ waren tatsächlich nicht vorhanden. Ob sie allerdings, wie Süßmayr behauptet, »ganz neu« von ihm verfertigt wurden, läßt Zweifel laut werden: Unüberhörbar »Mozartisches«, auch in diesen Sätzen, scheint ihn zu widerlegen. Doch kann sich das »ganz neu« auch darauf beziehen, daß für die genannten Sätze eben nichts Zusammenhängendes von Mozart vorgelegen hat, von daher also etwas völlig Neues geschrieben werden mußte. Damit wäre das »ganz neu« auf das rein Technische beschränkt, inhaltlich aber könnte Mozart – gedanklich oder mittels Notizen – durchaus federführend gewesen sein.
In der Frage der Einleitungssätze entfernt sich Süßmayr scheinbar am weitesten von der Wahrheit. Mozart habe, so Süßmayr,

zu dem Requiem samt Kyrie... die 4 Singstimmen und den Grund-Baß samt Bezifferung ganz vollendet; zu der Instrumentirung aber nur hin und wieder das Motivum angezeigt.

Wie das, hatte Mozart nicht gerade die einleitenden Sätze fast vollständig ausgeschrieben? Bis vor kurzem noch eine eindeutige Sache, seit man aber entdeckt hat, daß das Original

auch fremde Schriftzüge enthält, kann selbst hier eine »Gemeinschaftsarbeit« nicht länger ausgeschlossen werden, was Süßmayr auch in diesem Punkt entlastet.
Zudem liegt gerade zum ›Kyrie‹ ein einigermaßen rätselhafter Fund vor: Die ungarische Nationalbibliothek verwahrt unter ihren zahlreichen Schätzen an Süßmayr-Manuskripten auch eine Skizze von 80 Takten zum Requiem![49] Die Skizze umfaßt das gesamte ›Kyrie‹ und scheint als Klavierauszug gedacht gewesen zu sein (wobei einige Abweichungen von der Mozartschen Urschrift stutzig machen). Die Frage stellt sich allemal: Welchem Zweck diente der Klavierauszug und wann hat Süßmayr ihn angefertigt? Eine Nebensächlichkeit vielleicht, aber es bleibt immerhin noch genügend Raum für Spekulationen, für recht abenteuerliche Vorstellungen von einer Beteiligung Süßmayrs am Requiem außerhalb des bereits Bekannten – doch was ist schon an der Geschichte dieser Totenmesse nicht abenteuerlich ...
Es wird sowieso nie mit letzter Klarheit zu ergründen sein, was, über die Vorlage Mozarts hinaus, an Ideen des einen oder anderen in die endgültige Fassung des Requiem geflossen ist. Süßmayr hatte praktisch alle Möglichkeiten, sich in die Gedankenwelt Mozarts einzuleben, auch wenn der Meister sein vermeintliches Unverständnis als das der »Ochsen am Berg« verspottete. Wie schrieb Süßmayr noch in seinem Brief an Härtel?

Man wußte, daß ich noch bei Lebzeiten Mozarts die schon in Musik gesetzten Stücke öfters mit ihm durchgespielt und gesungen, daß er sich mit mir über die Ausarbeitung dieses Werkes (des Requiem) *sehr oft besprochen und mir den Gang und die Gründe seiner Instrumentirung mitgetheilt hatte.*

So etwas schafft zweifellos eine Art Seelenverwandtschaft, wenngleich auf verschiedenen Ebenen, und läßt die Grenze zwischen Lehrer und Schüler letztlich fließen. Dennoch – war ihm die Bewältigung eines Riesenwerkes wie des zu ergänzenden Requiem überhaupt zuzutrauen?
Süßmayr, wir haben es gehört, war nicht irgendwer. Er brauchte zum Zeitpunkt seines Briefes an Härtel sein Licht

keineswegs unter den Schäffel zu stellen. Schildern wir seinen Lebenslauf, er wird für sich selbst sprechen:
Franz Xaver Süßmayr wird 1766 – genauere Daten sind nicht bekannt – im oberösterreichischen Schwanenstadt geboren. Er ist somit zehn Jahre jünger als Mozart und vier Jahre jünger als Constanze. Sein Vater, Franz Carl Sießmayer, ist Mesner und Lehrer am Ort; seine Mutter stirbt, noch nicht 30jährig, an Tuberkulose, als der Junge sechs Jahre alt ist. Er wird von der älteren Schwester betreut und verläßt das Vaterhaus mit 13 Jahren, um Sängerknabe im Benediktinerstift Kremsmünster zu werden, im Urteil der Zeitgenossen eine »Hochburg des Glaubens, der Kunst und der Wissenschaft«.
Von nun an bestimmen drei Schauplätze seinen Tageslauf: Gymnasium, Kirche und Theater. Im Gymnasium ist er Klassenbester. In der Kirche findet er in den zahlreichen, musikalisch glanzvoll ausgestatteten Gottesdiensten Verwendung als Sänger, Geiger und Organist. Im Stiftstheater schließlich, das um diese Zeit seine letzte Blüte erlebt, wirkt er nach dem Stimmbruch als Geiger bei Aufführungen von Opern und Singspielen mit – ein reiches Betätigungsfeld für einen lernbegierigen Schüler und ein aufstrebendes musikalisches Talent.
Als Glücksfall sondergleichen erlebt der junge Süßmayr den Pater Georg Pasterwitz im Lehrerkollegium, einen Wissenschaftler von Rang, Leiter der Stiftsmusik und dazu ein weltoffener, vielseitiger Komponist, der über 300 Werke für Kirche und Bühne geschrieben hat. Zu seiner Zeit war es ein geflügeltes Wort: »Wer eine schöne Musik hören will, geh' nach Kremsmünster.«
Wiederholte Reisen in den Süden hatten Pasterwitz mit dem »italienischen Geschmack« vertraut gemacht, den er an seinen Lieblingsschüler Süßmayr – dieser nennt sich zeitweilig Dolcevilla – weitergibt. Ihm wird er später auch in Wien zur Seite stehen und ihm den Weg zu Mozart ebnen; eine Freundschaft, die bis zum Tod andauern wird (beide sterben im selben Jahr).
Im Stifstheater lernt Süßmayr Opern von Gluck und Salieri kennen und fühlt sich durch sie zur Komposition kleiner Schauspielmusiken inspiriert. Bald wird immer häufiger

»etwas von Süßmayr« aufgeführt, darunter seine erste Oper *Die Liebe für den König*, die dem noch nicht 20jährigen frühes Lob einbringt.

Nach der Oper Fiera di Venezia (von Salieri) *wird dieses das schönste Theaterstück sein, das jemals bei uns gespielet ist worden,*

urteilt ein begeisterter Besucher der Aufführung. Und schon zwölf Monate später steht Süßmayrs nächste Oper auf dem Programm: *Nicht mehr als sechs Schüsseln.* Es ist seine letzte Schöpfung für das Stiftstheater, und sie geht in einer aufwendigen Inszenierung über die Bühne. Auch dazu ein zeitgenössischer Kommentar:

Die Musik komponierte unser Student Süßmayr alla fiera di Venezia herrlich; zuletzt war ein Ballett von beinahe 30 Studenten wohl eine halbe Stunde lang, wo ein Akademiker, ein Museaner und endlich die Tanzmeister, Vater und Sohn, sich in vier Soli stattlich auszeichneten und mit allgemeinen Händeklatschen sich Ehre machten. Die Komödie dauerte von 3–7 Uhr.[50]

Das rein männliche Ballett (natürlich bedingt durch die Gegebenheiten eines Klosters) entbehrt aus heutiger Sicht nicht der Komik, Süßmayrs Musik jedoch scheint »eingeschlagen« zu haben. Es betraf also keinen Neuling, wenn Süßmayr später von seinem Lehrmeister Mozart mit der Ausarbeitung einiger Partien seiner Oper *La Clemenza di Tito* betraut wurde.

In der Kirchenmusik konnte er im Kloster Kremsmünster ohnehin reiche Erfahrungen sammeln.[51] Hier wurde er ernsthaft gefordert, und er kann mit einem stattlichen Pensum aufwarten: Zwei Messen und zwei deutsche Requiem gehören dazu, sieben Offertorien, ein Magnificat, ein Graduale, Psalmen und Kirchenlieder; von einer fünfsätzigen Vesper ist bekannt, daß sie ihm acht Silbergulden vom Prior des Stifts einbringt.

Die beiden »deutschen Requiem« lassen aufhorchen; was

hatte es damit auf sich? Die Antwort hat einen aktuellen Bezug: Der Salzburger Erzbischof Hieronymus, eben jener, mit dem Mozart seine Probleme hatte, förderte den deutschsprachigen Kirchengesang, und die aufklärerisch gesinnten Kremsmünster Patres waren ihm darin willig gefolgt. Süßmayr soll dann auch einer der ersten gewesen sein, der ein »deutsches Requiem« komponierte. Im übrigen ist daran nur interessant, daß er sich schon frühzeitig auf einem Gebiet betätigte, auf dem er sich später als Mozarts »verlängerter Arm« bewähren mußte.

Alles in allem: Was Süßmayr als junger Mann innerhalb von fünf Jahren in Kremsmünster komponiert hat, Kirchenwerke, Singspiele, Schauspielmusiken usw., imponiert und zeugt von einem ungewöhnlichen Fleiß. Mit ihm stellt er sein Talent auf eine solide Basis. Es verschafft ihm das Rüstzeug für seinen Wechsel nach Wien und wird ihm nützlich sein bei dem gewagten Unternehmen, die schützenden Klostermauern zu verlassen, um sein Glück in der Residenzstadt zu versuchen, wo sich im Glanz der Großmeister Salieri und Mozart eine Unzahl von Sternen zweiten Ranges tummelt.

Doch das Feld ist vorbereitet. Süßmayr findet als Anlaufstelle seinen alten Lehrer Pasterwitz vor, als er 1788 in Wien eintrifft. Pasterwitz hatte inzwischen die Stelle eines Beauftragten des Klosters bei Hof übernommen und unterhielt als angesehene Persönlichkeit gute Beziehungen, auch zu Salieri und Mozart. So war es nur eine Frage der Zeit, bis er eine Lehrstelle für seinen Schützling gefunden hatte, zuerst bei Salieri und dann bei Mozart, oder bei beiden gleichzeitig.

Zum ersten Mal taucht Süßmayrs Name in einem Brief Mozarts vom 7. Juni 1791 auf.

Gestern speißte ich mit Süßmaiern bey der ungarischen Krone zu Mittag.

heißt es darin. Er teilt es Constanze mit, die, kurz vor der Geburt ihres sechsten Kindes, wieder einmal zur Kur in Baden weilt. Der vertrauliche Ton dieser Information läßt darauf schließen, daß die nähere Bekanntschaft zwischen Mozart und Süßmayr schon einige Zeit andauerte. Man wird sie auf Anfang des Jahres zurückdatieren können, kaum früher. Denn im vorangegangenen Jahr war Mozart »krank und voll Kummer und sorge« gewesen, hatte erfolglose Reisen hinter sich, von denen er verzweifelte Briefe nach Hause schickte (»Wenn die Leute in mein herz sehen könnten – es ist alles kalt für mich – eiskalt«)[52]. Es fehlte an Geld und Aufträgen, um einen Kopisten wie Süßmayr ausreichend beschäftigen zu können.

Das änderte sich schlagartig mit dem Beginn des neuen Jahres, das zum Glücksjahr für Mozart wurde, so paradox es sich anhört, nachdem es mit dem Tod des Meisters endete. Die Wende hatte sich bereits im letzten Dezember abgezeichnet: Vom finanziellen Ertrag seiner Reise bitter enttäuscht zurückgekehrt, findet Mozart in Wien den Brief des Impresario O'Reilly vor, der ihm den »Platz eines Komponisten in England« anbietet, für 300 Pfund Sterling, falls Mozart bis Ende Juni kommenden Jahres in England bleiben und »mindestens zwei ernste oder komische Opern nach Wahl der Direktion« schreiben würde.

Von einer Antwort Mozarts ist nichts bekannt, ermutigend war das attraktive Angebot aus England allemal, ein Lichtblick nach trüben Tagen, dem weitere günstige Gelegenheiten folgen sollten. Es ging wieder aufwärts mit Kompositionen und Konzerten. Für die Bälle in den Redoutensälen der Wiener Hofburg schreibt Mozart von Januar bis März serienweise Deutsche Tänze, Menuette, Kontretänze und Ländler, das Projekt der *Zauberflöte* nimmt greifbare Formen an und es zeichnet sich der Auftrag für die Krönungsoper *La Clemenza di Tito* ab. Ein volles Programm erwartete Mozart, und er machte sich mit neuerwachter Lebensfreude und Schaffenskraft an die Arbeit, die nun auch die Hilfe Süßmayrs erforderte.

Mozart kann es sich sogar erlauben, den jungen Mann nach Baden zu beordern, um Constanze bei der Kur Gesellschaft zu leisten und die Kopierarbeiten von dort aus erledigen zu lassen. Kaum ein Brief – und Mozart schreibt viele an Constanze, mehr denn je verliebt in die eigene Frau, gutgelaunt, ja übermütig –, in dem er Süßmayr nicht mit derben Scherzworten und Albernheiten bedenkt. So

Mitte Juni 1791:
Grüße mir deinen Hofnarren;

am 24. oder 25. Juni:
Dem Snai (Mozarts Spitzname für Süßmayr) *einen Arsch voll Complimente...*

Ende Juni/Anfang Juli:
Grüße mir den Snai – ich laß ihn fragen wie's ihm geht? – wie einen Ochsen halt, er soll fleißig schreiben, damit ich meine Sachen bekomme...

am 2. Juli:
Ich bitte dich sage dem Süßmayr dem Dalketen buben, er soll mir vom ersten Ackt (der »Zauberflöte«), *von der Introduktion bis zum Finale, meine Spart* (Partitur) *schicken, damit ich instrumentiren kann...*

Dann spottet er:
Eben waren ein paar Engeländer da, die nicht Wienn verlassen wollten, ohne mich kennen zu lernen – aber es ist nicht wahr – Sie haben den Süssmayer den Großen Mann kennen lernen wollen, und sind nur zu mir gekommen um zu fragen wo er wohnt, weil sie gehört haben daß ich das glück habe etwas bey ihm zu gelten. – ich habe gesagt sie sollen zur Ungarischen krone gehen; und dort warten bis er von baaden zurück kömmt! – Snai! – Sie wollen ihn Engagiren als lichter Putzer...

Und er schließt:
Dem lacci bacci (Süßmayr) *tausend Ohrfeigen...*

am 5. Juli:
Süssmayer soll mir doch N:°4 und 5 von meiner schrift (der »Zauberflöte«) *schicken... und soll mich im Arsch lecken...*

ebenfalls am 5. Juli:
Was macht denn mein zweyter Narr (Süßmayr)*?... als ich gestern Abends zur Krone kam, so fand ich den englischen Lord ganz ermattet da liegen, weil er noch immer auf den Snai wartet*

(siehe Brief vom 2. Juli) – *Heute, als ich zum Wetzlar*[53] *gieng, sah ich ein paar Ochsen an einen Wagen angespannt, und als sie zu ziehen anfiengen, machten es die Ochsen mit dem Kopf accurat so, wie unser närrischer NN – Snai –!*

am 7. Juli:
Gieb dem N. N. (Süßmayr) *eine Ohrfeige, und sag du hättest eine fliege tod schlagen müssen, die ich gesehen hätte!...*

am 9. Juli:
Dem N. N. richte von mir folgendes aus:

= = = = = = = = = = = = = = =
= = = = = = = = = = = = = = =
= = = = = = = = = = = = = = =
= = = = = = = = = = = = = = =

Was sagt er dazu? gefällts ihm? nicht sehr glaub' ich, es sind harte Ausdrücke! und schwer zu begreifen. –

am 12. Juli:
Einem Brief an Anton Stoll, Lehrer und Chorleiter in Baden, fügt er mit verstellter Handschrift ein zweites, absichtlich verworrenes Schreiben bei:

Bester Herr v Schroll! Setzen Sie uns nicht an sonst sitzen wir in dreck meine herzlich zärtliche Handschrift giebt Zeuge ab, der Wahrheit, was Sie H:r v Mozart ersuchte, folglich – die Meß und das graduale v Mich Haydn oder keine Nachricht von seiner opera... Ich bin Ihr ächter freund franz Süssmayer Scheisdreck, Scheishäusel den 12 Juli

am 7. Oktober:
Dem... (von Nissen gestrichen: ›Süßmayr in‹) *meinen Namen ein paar tüchtige Ohrfeigen, auch lasse ich die...* (gestrichen: ›Sophie‹, Constanzes Schwester) *bitten, ihm ein paar zu geben – lasst ihm nur um göttes willen keinen Mangel leiden! – ich möchte um alles in der Welt heut oder morgen von ihm den vorwurf nicht haben als hättet ihr ihn nicht gehörig bedienet und verpfleget – – gebt ihm lieber mehr schläge als zu wenig –*

gut wär es, wenn ihr ihm einen krebsen an die Nase zwiktet, ein Aug ausschlüget, oder sonst eine sichtbare Wunde verursachtet, damit der kerl nicht einmal das, was er von euch empfangen, abläugnen kann…

Eine wahre Orgie von verbalen »Späßen« Mozarts, die da innerhalb weniger Monate auf den armen Süßmayr herunterprasselt! Gutmütig, wie er von Natur aus war, spielt er die Rolle des Hofnarren, wird er das Opfer eines seltsamen Mozartschen Charakterzuges, der den Meister zuweilen bizarr und unberechenbar erscheinen läßt: seine oft bis zum Krankhaften gesteigerte Spottlust – unter der nicht nur Süßmayr zu leiden hatte –, banal und eines Genies scheinbar unwürdig. Wenn es denn »Mozart, das unbekannte Wesen« gegeben hat, so hat sein Schwager Joseph Lange kluge Worte der Erklärung dafür gefunden:

Nie war Mozart weniger in seinen Gesprächen und Handlungen als ein großer Mann zu erkennen, als wenn er gerade mit einem wichtigen Werk beschäftigt war. Dann sprach er nicht nur verwirrt durcheinander, sondern machte mitunter Späße einer Art, die man an ihm nicht gewohnt war, ja er vernachlässigte sich sogar absichtlich in seinem Betragen. Dabei schien er doch über nichts zu brüten und zu denken. Entweder verbarg er vorsätzlich aus nicht zu enthüllenden Ursachen seine innere Anstrengung unter äußerer Frivolität, oder er gefiel sich darin, die göttlichen Ideen seiner Musik mit den Einfällen platter Alltäglichkeit in scharfen Kontrast zu bringen und durch eine Art von Selbstironie sich zu ergötzen.[54]

Was zu beweisen ist: Als Mozart sich endlich ausschließlich auf das Requiem konzentrieren kann (*Zauberflöte* und *Tito* liegen hinter ihm), da spricht er in seinen Briefen davon, man solle Süßmayr mittels eines Krebses in die Nase zwicken, ihm ein Auge ausschlagen oder eine andere »sichtbare Wunde« zufügen; Scherze, von denen man gemeinhin zu sagen pflegt, daß hier der Spaß aufhört. Mozart äußerte sie zu einem Zeitpunkt, da man seine Gedanken eigentlich beim Requiem vermuten durfte – aber, wie sagte doch sein Schwager Lange:

Immer, wenn Mozart mit einem wichtigen Werk beschäftigt war...
Süßmayrs Respekt vor dem verehrten Meister und seiner schwärmerischen Bewunderung für ihn hat das alles keinen Abbruch getan, wie sollte es auch. Er war ein dankbarer Schüler, und er wird es in der Rückschau als besondere Gnade empfunden haben, die letzten Monate im Leben Mozarts mit ihm gemeinsam erlebt zu haben. Vielleicht hat er letztlich daraus die Verpflichtung abgeleitet, das Requiem zu vollenden, gleichsam als ein letzter Freundschaftsdienst dem Verstorbenen gegenüber. Wenn schon nicht die ganze Totenmesse, dann sollte wenigstens das von Mozart genial Vorgedachte der Nachwelt überliefert werden!
Süßmayr hatte seine Pflicht getan, das Requiem ergänzt und abgeliefert, und dadurch Constanze, wie es seiner hilfsbereiten Art entsprach, aus der Verlegenheit geholfen. Das Kapitel Requiem war damit für ihn erst einmal abgeschlossen. Mit den Manipulationen Constanzes, dem offensichtlich unlauteren Verkauf der Kopien, wollte er nichts zu tun haben. Und wenn sich in den kommenden Jahren immer wieder die Frage stellt, warum sich Constanze denn nicht in Sachen Requiem seiner Hilfe versicherte, so ergibt, einmal mehr, auch die umgekehrte Version einen Sinn: Es wird wohl Süßmayr gewesen sein, der kein Interesse daran hatte, in die Machenschaften Constanzes verwickelt zu werden. Davon abgesehen: Hatte nicht Constanze seine Arbeit ausdrücklich als beiläufig und geringfügig hingestellt und ihn somit, unfreiwillig, jeder Verantwortung enthoben?

Süßmayr geht nach dem Tod Mozarts und der Fertigstellung des Requiems seinen eigenen Weg, einen erfolgreichen Weg, begleitet und beflügelt vom Ruhm, der Vorzugsschüler des Meisters gewesen zu sein und, ihm auch menschlich nahestehend, am weitesten in seine musikalische Welt vorgedrungen zu sein. Der erste, der darin seine Chance sieht und ein Geschäft wittert, ist der gewitzte Schikaneder. Mozarts *Zauberflöte* hatte ihm einen beträchtlichen Gewinn gebracht, warum sollte ein Werk des »Nachfolgers« nicht ähnliche Summen einspielen? Die Neugier eines erwartungsvollen

Publikums, was wohl der Schüler eines Mozart zuwegebringen würde, schien den geschäftlichen Erfolg zu garantieren. Sei es nun, daß die Erwartungen zu hoch gespannt waren, oder sei es, daß der »Schnellschuß« (die Aufführung fand bereits am 4. Mai 1792, also fünf Monte nach Mozarts Tod, statt) auf Kosten der Inspiration ging, Süßmayrs erste Oper der Nach-Mozart-Ära *Moses oder Der Auszug aus Ägypten* fiel durch. Da nützte es nichts, daß Schikaneder – er hatte, wie bei der *Zauberflöte*, den Text besorgt und die Oper in seinem Freihaustheater auf der Wieden inszeniert – Süßmayr als »Zögling der beiden Kapellmeister Herrn Salieri und weiland Herrn Mozart« herausstellte; ein bleibender Erfolg war der Oper erst dann beschieden, als Süßmayr sie als Kantate für den Konzertsaal umarbeitete.
Was Süßmayr vorerst in Wien noch nicht vergönnt war, wird ihm in der Mozart-Stadt Prag zuteil. Sie will nach dem Meister nun auch den Schüler ehren. Von der Universität erhält er den Auftrag, ein Lied für die Geburtstagsfeier des Kaisers zu komponieren, zu dem Professor Niemetschek den Text verfaßt hat. In Hochstimmung feiert der Rektor bei der Uraufführung den jungen Mann, der so eindrucksvoll die Erinnerung an den geliebten Mozart lebendig werden läßt. Er schenkt Süßmayr eine goldene Uhr und schließt seine Laudatio mit den Worten:

Gebrauchen Sie auch fernerhin Ihr großes Talent jederzeit zur Ehre Gottes und zur Verherrlichung des glorreichen Namens unseres großen, und von seinem Volk so geliebten Franzens (des Kaisers), *und wenn Sie einmal das Glück haben sollten, Ihren großen Meister, den unsterblichen Mozart, zu erreichen – und was läßt sich mit Ihrem Fleiß und Ihrer Fähigkeit nicht erreichen? –, so vergessen Sie nicht, daß die Böhmen vorzüglich es waren, die Ihr Talent zu schätzen gewußt haben ...*[55]

Schon hier deutet sich an, was sich noch im selben Jahr (1794) in Wien fortsetzen wird: der Vergleich mit Mozart, der, immer wieder beschworen, den Stern Süßmayrs im gleichen Maße zu verdunkeln drohte, wie er ihn strahlend hatte aufgehen lassen.

Auch seinen größten Triumph überhaupt erlebt Süßmayr unter diesem Vorzeichen. Wieder war es Schikaneder, der nicht lockergelassen und einen zweiten Versuch mit Süßmayr gewagt hatte, notgedrungen, um seine schwindenden Einnahmen aufzubessern. Diesmal hält er sich – nur keine Experimente! – bewußt an Mozarts *Zauberflöte*. Mit einem ähnlich prächtigen Spektakel will er das Wiener Publikum wieder in die Vorstadt locken. Süßmayr scheint ihm der richtige Mann dafür zu sein. Hatte er nicht Note für Note der *Zauberflöte* kopiert und bei der Uraufführung die Seiten umgeblättert, als der Meister vom Flügel aus dirigierte?
Die Neuauflage trägt den Titel *Der Spiegel von Arkadien*, und mit ihm gelingt Schikaneder und Süßmayr tatsächlich der große Wurf. Am 24. November 1794 tummeln sich nach bewährtem Rezept die buntscheckigen Typen des Wiener Singspiels auf der Bühne des Freihaustheaters: ein böser Zauberer, der mit verführerischen Tönen Fremde anlockt, um sie zu Sklaven zu machen, auch das Liebespaar Balamo und Philanie – unverkennbar der Tamino und die Pamina der *Zauberflöte* –, und die Götter werden bemüht, um dem Guten zum Sieg zu verhelfen. Jupiter und Juno steigen per Adler beziehungsweise Pfau vom Olymp herab und befreien die Liebenden aus dem Bann des Zauberers, der seine gerechte Strafe empfängt.
Die Partie des Vipernfängers Metallio – sein Ebenbild ist der Papageno aus der *Zauberflöte* – hat Süßmayr mit seinen gefälligsten Melodien ausgestattet. Sie werden regelrecht zu Gassenhauern, wie der Erfolg der Oper insgesamt alle Erwartungen übertrifft. Der Kritiker der Wiener Zeitung äußert sich begeistert zur Partitur Süßmayrs:

Diesem würdigen Nachahmer Mozarts gelang seine Arbeit nicht minder glücklich; ich glaube, der verewigte Mozart selbst würde an Stelle des Herrn Süßmayr keine passendere Musik geschrieben haben …

Ein großes Lob, aber da fällt es eben – nicht überraschend bei der gewollten Kopie der *Zauberflöte* – das fatale Wort vom »Nachahmer«. Ein »würdiger Nachahmer« zwar, doch kein

Nachfolger Mozarts! Dieser feine Unterschied bleibt bestehen, ein Schatten, der bis zum frühzeitigen Ende Süßmayrs sein ständiger Begleiter sein wird.
Noch täuscht der äußere Glanz des Erfolges darüber hinweg. *Der Spiegel von Arkadien* erweist sich als ein wahrer »Dauerbrenner«. Über zehn Jahre lang wird er nahezu in Folge aufgeführt, davon nicht weniger als 98mal (!) im Freihaustheater. Um wieder die *Wiener Zeitung* zu zitieren:

›Arkadiens Spiegel‹ ist gegenwärtig die Bewunderung des ganzen Publikums. Immer sind auf acht Tagen die Logen schon bestellt und alles fährt und läuft dem Wiedner Theter zu...[56]

Und als Schikaneder sein Haus schließen muß, setzt sich der Triumphzug des Werkes im neueröffneten Theater an der Wien fort.
Süßmayr hatte den Durchbruch geschafft. In Prag, Paris, auf vielen deutschen und italienischen Bühnen folgen Aufführungen des *Spiegel*; gleich fünf Verleger geben Klavierauszüge heraus, und Bearbeitungen für Hausmusik sorgen für steigende Popularität Süßmayrs. Mit der bisherigen unsicheren Existenz, dem Kopieren und den gelegentlichen Aushilfen als Geiger und Cembalist, ist es vorerst vorbei, zumal Süßmayr noch im selben Jahr (1794) zum Kapellmeister der deutschen Oper am Nationaltheater ernannt wird, dank der Protektion Salieris und natürlich auch dank des überwältigenden Erfolges seines *Spiegel von Arkadien*.
In seiner neuen Position, nun an zentraler Stelle im Wiener Opernbetrieb, widmet sich Süßmayr ganz »seinem« Theater, das heißt, er komponiert fast nur noch für die Bühne. Bestenfalls sind es komische Opern oder Singspiele. (*Die edle Rache*, *Der Wildfang* oder *Die drey Sultaninnen*), mit denen er dem Publikumsgeschmack entgegenkommt, zumeist aber sind seine Produkte eine Etage tiefer angesiedelt und tragen Titel wie *Der Marktschreyer* oder *Das Hausgesinde* oder sie greifen das beliebte Thema der Trinkfreudigkeit auf, mit *Meister Schnaps oder Er führt ihm's Mädchen selber zu.*
Süßmayr also ein Vielschreiber, dem es an künstlerischem Ernst fehlte? Nun, eher ein Kind seiner Zeit, in der das

fleißige Komponieren zum Handwerkszeug, ja zur Pflicht gehörte, wie auch die Selbstverständlichkeit, zu komponieren, was gewünscht wurde. Süßmayr profitierte dabei von seiner ausgesprochenen Naturbegabung, seiner Anpassungsfähigkeit, mit der er sich nicht nur erstaunlich gut in die musikalische Welt eines Mozart einzufühlen verstand, sie kam ihm auch zustatten, um in eigener Sache die Gunst der Stunde zu nutzen.
Da blieben dann Gefälligkeitsarbeiten nicht aus: Für die sechs Enkel eines Freiherrn von Lang, die ihrem Großvater ein Ständchen bringen wollen, schreibt Süßmayr die Kantate *Das Namensfest*. Oder er komponiert, wie vor ihm Mozart, Menuette und Deutsche Tänze für die Redoute der *Gesellschaft der bildenden Künste*. (Sie werden übrigens am selben Tag, dem 22. November 1795, im großen Saal der Hofburg aufgeführt, an dem Beethovens erste Orchesterwerke für Wien, ebenfalls Menuette und Deutsche Tänze, im *kleinen* Redoutensaal am Josephsplatz erklingen ...)
Schließlich schwimmt Süßmayr auf der patriotischen Welle mit, die das Land überflutet, und macht sich dadurch bei den kaiserlichen Majestäten beliebt. Sie wohnen einer Aufführung von Süßmayrs vaterländischem Rührstück *Die Freywilligen* bei – der Kaiser hatte der explosiven Lage wegen einen Aufruf erlassen – und spenden huldvoll Beifall. Und Süßmayr bedarf dieser Allerhöchsten Rückendeckung auch mehr denn je: Die Hofdirektion war gar nicht gut auf ihn zu sprechen, seit er ihr eine italienische Sängerin aus Linz empfohlen hatte, die sich dann als Fehleinkauf herausstellte; was Süßmayr einen gewaltigen Rüffel seitens der Direktion einbrachte.
Um so mehr schätzte man ihn anderenorts als »einen der beliebtesten und würdigsten dramatischen Komponisten«[57]. Und gewiß spricht es auch für seine Wertschätzung, daß andere Künstler auf seine Werke zurückgriffen. Beethoven beispielsweise, der für seine Klavier-Variationen F-Dur das Terzett aus Süßmayrs *Soliman der Zweyte* wählte, oder Paganini, der Geigenvirtuose, der sich für seine *Hexenkünste* eines Themas aus der Ballettmusik zum *Spiegel von Arkadien* bediente.
Zwischendurch fand Süßmayr immer noch Zeit, allein oder

In Kremsmünster und in Wien der väterliche Freund Süßmayrs: Pater Georg Pasterwitz (1730–1803). Wie Mozart und Beethoven, so komponierte auch Süßmayr Tänze für die Bälle im Redoutensaal der Hofburg (unten).

mit Freunden die Stätte seiner Jugend, Kremsmünster, aufzusuchen. Die Verbindung dorthin hat er nie abreißen lassen, in Wien nicht, wo ihn sein väterlicher Freund Pasterwitz unter die Fittiche nahm, und erst recht nicht, als Pasterwitz wieder nach Kremsmünster zurückgekehrt war und das Musikleben im Kloster erneut zum Erblühen brachte.
Zur großen Freude Süßmayrs erklingt 1796 zum ersten Mal Mozarts Requiem innerhalb der Klostermauern. Man feiert den Gründungstag des Stiftes, und der Chronist berichtet sichtlich stolz, in Süßmayr, dem Vollender der Totenmesse, einen Zögling des Klosters vorstellen zu können:

Ich vergaß anzumerken, was eigentlich zur Geschichte unserer Akademie gehört, daß nämlich Mozart diese große Totenmesse nicht vollenden konnte, sondern daß er in Vorahnung seines Todes sagte, er schreibe diese Messe für sich selbst (eine Information, die der Chronist nur von Süßmayr erhalten haben konnte). *Als er nun bis zum Sanctus gekommen war, wurde er vom Pfeil des Todes getroffen und die Beendigung des Werkes mußte er einem anderen überlassen, wem? eben dem ehemaligen Kremsmünster Studenten Franz Sießmayr, der die Aufgabe so glücklich löste, daß man meinen könnte, ein und derselbe hätte das Werk begonnen und zu Ende geführt.*[58]

Ein Lob von hohem Wert, zählte doch das Publikum nicht nur zu den Verehrern Mozarts, es war fachkundig und kritisch dazu. Als ein traditionsbewußter Klosterbruder die wiederholte Aufführung des Mozartschen Requiem beklagte und in humorvoller Weise daran erinnerte, daß am Stiftstag doch eigentlich die Werke eines anderen Salzburger Komponisten, des Johann Ernst Eberlin, üblich gewesen wären, erhält er tags darauf die ebenfalls gereimte Antwort des Chordirigenten:

Was Eberlin vor 40 Jahren war,
Das ist izt Mozart bei der Musikschar,
Die Zeiten ändern sich, wie Hitz und Frost beim Fieber:
Gern hört' man Eberlin, doch izt den Mozart lieber.

Auch zum benachbarten Kloster Lambach gab es Querverbindungen. Mozarts Musik stand hier ebenso hoch im Kurs, und das nicht nur, weil der Meister das gast- und musikfreundliche Stift mehrmals besucht hatte. Mozart war sich auch nicht zu schade, Süßmayr behilflich zu sein, als dieser sich um eine Aufführung seines Singspiels *Der rauschige Hans* am Lambacher Stiftstheater bemühte – er hat selbst Hand an die Süßmayrsche Partitur gelegt! Das wirft ein ganz neues Licht auf das Verhältnis Mozarts zu seinem Schüler: Demnach hat er in ihm nicht nur den Kopisten und »Hofnarren« gesehen – er hat auch bei dessen Kompositionen ausgeholfen. Genützt hat es in diesem Fall nichts, *der rauschige Hans* blieb unaufgeführt. Vielleicht war die Posse den Lambacher Klosterherren bei aller Aufgeschlossenheit volkstümlichen Stükken gegenüber doch zu »weltlich«; wahrscheinlicher ist, daß die klosterfeindlichen Strömungen der Zeit, sie hatten Musik und Theater in den Klöstern fast ganz zum Erliegen gebracht, einen Riegel vorgeschoben haben.
Mozarts Mithilfe am gewiß nicht hochklassigen Jugendwerk seines Schülers geht auch aus einem Schreiben hervor, das Süßmayr acht Jahre später beim Versuch, das Stück doch noch unterzubringen, an den Abt des Klosters Lambach richtet. Darin bittet er, ihm die Partitur des *rauschigen Hans* zurückzuschicken, zu der er »unter der Leitung des seeligen, unsterblichen Mozart die Musik gesetzt« habe. Er sähe eine Chance, das Stück in Wien aufzuführen, da er wüßte,

dass Ihre Majestät die Kaiserinn eine ausserordentliche Liebhaberinn von derley lustigen Personen sind, und ein grosses Vergnügen über solche Stücke in ländlicher Sprache äussern.

Doch auch diese Hoffnung zerschlägt sich. An sich kein großer Verlust, wäre es nicht ein bezeichnender Hinweis darauf, daß Süßmayrs Stern im Sinken begriffen war. Seine Karriere erfährt um die Jahrhundertwende einen jähen Bruch, der, nicht von ungefähr, zeitlich mit dem Brief zusammenfällt, den Süßmayr am Beginn des Jahres 1800 an Härtel geschrieben hatte; ein Brief, der, wir erinnern uns, vom ehrlichen, wenn auch zuweilen über das Ziel hinausschießenden

Bemühen Süßmayrs gekennzeichnet war, seinem Meister nur keinen Schaden zuzufügen, Mozart um Gottes willen nicht seine, Süßmayrs, Unzulänglichkeiten anzukreiden!
Und dann mußte Süßmayr erfahren, daß seine Ehrenrettung Mozarts gar nicht erwünscht, seine Mitarbeit am Requiem gar nicht gefragt war. Im Gegenteil, nach seinem Brief an Härtel sieht er sich plötzlich in die Rolle eines lästigen Mahners und Störenfriedes gedrängt, den man am liebsten nicht zur Kenntnis nehmen würde. Und die eigentlichen Schuldigen an den betrügerischen Manipulationen mit dem Requiem gehen auf Distanz zu Süßmayr und verständigen sich in einer Art verschworener Gemeinschaft über seinen Kopf hinweg.
– Graf Walsegg, der als Betrogener am lautesten und bewegtesten hätte Klage führen müssen, schweigt, unfreiwillig, um sich nicht selbst ins Unrecht zu setzen. Er stellt in diesem Jahr (1800) sein »Original« noch zweimal zur Verfügung, zum Vergleich mit Constanzes Kopie und dem Partitur-Erstdruck, und zieht sich anschließend für immer aus der Öffentlichkeit zurück. An der Person Süßmayrs ist er weniger denn je interessiert, um sich den Glauben zu erhalten, mit dem Requiem einen »echten Mozart« erworben zu haben.
– Verleger Härtel hat Süßmayrs Brief offiziell noch nicht zur Kenntnis genommen. Kein Anzeichen dafür, daß er Süßmayr irgendwie am Geschehen beteiligt hätte, kein Auftrag, ein »Verzeichnis der größten lebenden Tonsetzer und ihrer Werke« zu erstellen, keine Zusage, eines der Werke Süßmayrs im Druck herauszugeben. Zielstrebig betreibt er den Erstdruck des Requiem, der im Sommer erscheint, ohne den geringsten Hinweis auf Süßmayrs Ergänzungen zu enthalten.
– Constanze ist ohnehin die Gewinnerin: Ihre Kopie erweist sich nach dem von Abbé Stadler und Nissen vorgenommenen Vergleich als durchaus identisch mit dem »Original« (wie könnte es auch anders sein!) – von wenigen Flüchtigkeitsfehlern abgesehen. Aber gerade sie sind es, die Constanze nach einem Vergleich ihrer Kopie mit dem Härtelschen Erstdruck den letzten Trumpf in die Hand spielen: Die gleichen Fehler, wie sie in ihrer Kopie enthalten sind, tauchen auch in der Leipziger Partitur auf, ein Beweis dafür, daß Härtel sich entgegen seinen Beteuerungen, seine eigenen Abschriften

benutzt zu haben, sehr wohl der Kopie Constanzes bedient hat. Doch das alles fällt nicht mehr ins Gewicht, im Grunde haben sich Constanze und Härtel längst auf ein Stillhalteabkommen geeinigt – auf Kosten Süßmayrs.
Bitter für ihn, erleben zu müssen, daß »sein Requiem«, die von ihm ergänzte Totenmesse Mozarts, nun im Druck vorlag, überall im Lande für sechs Reichstaler erhältlich und über jeden Verdacht erhaben, es könnte neben Mozart noch ein anderer beteiligt gewesen sein. Für ihn, den letzten Schüler Mozarts, war es ein Erlebnis einmaliger Art gewesen, der Höhepunkt im Leben eines jungen Musikers schlechthin, das Riesenwerk seines Meisters vollendet zu haben. Nun wollte man ihn totschweigen ...
Süßmayr wird nur noch eine Frage bewegt haben: Wie würde sich Härtel bei der immer wieder hinausgeschobenen, aber nicht zu umgehenden Besprechung des Requiem in seiner *Allgemeinen Musikalischen Zeitung* aus der Affäre ziehen? Ein brisantes Thema und peinlich für den Rezensenten: Das Requiem war vom Verlag als »Mozarts vollendetestes Werk« angekündigt worden, wie sollte nun er, der Rezensent, einer erwartungsvollen Öffentlichkeit die Beteiligung Süßmayrs plausibel machen?
Über anderthalb Jahre vergehen, dann erst bequemt sich ein anonymer Autor[59] in Härtels Hauszeitung dazu, Süßmayrs Brief zu erwähnen und ihn auszugsweise zu zitieren. In seiner Besprechung des Requiem-Erstdruckes vom 1. Oktober 1801 – Süßmayrs Brief datierte vom 8. Februar 1800! – greift er dessen Wort von der Einzigartigkeit der Mozartschen Komposition auf, um darzulegen, wie deutlich dagegen alles andere, insbesondere mögliche Ergänzungen eines Mannes wie Süßmayr, abfallen würde (ohne Rücksicht darauf, daß er dadurch den Wert des Drucks erst recht herabsetzt) – ein Eiertanz, der sich so anhört:

Daß Mozarts Komposition zum Requiem einzig *und eine ähnliche nicht nur dem grösten Theile, sondern vielleicht allen jetzt lebenden Tonsetzern unerreichbar seyn möge, glaubt Rec. vollkommen. Dass auch nicht alles ganz genau so wie es da steht, aus M.s Feder geflossen seyn kann, beweist* unter anderem *die zum Theil sehr fehlerhafte Instrumentalbegleitung* (folgt eine Reihe von Beispielen)... *Dass die Vollendung dieses Werks dem Hrn Süssmayer, der bereits mit M.s Ideen bekannt war, öfters mit ihm darüber gesprochen hatte, und daher auch vielleicht manches Behaltene nur hinschreiben durfte, aufgetragen und von ihm ausgeführt wurde, war freylich noch immer besser, als wenn es in die Hände eines zwar guten aber vielleicht mit M. und dessen Ideen weniger bekannten Tonsetzers gefallen wäre...*

Und der Schreiber führt seine Methode von »Zuckerbrot und Peitsche« fort:

Dass ein großer Theil der Instrumentalbegleitung dem Hrn Süssmayer zugerechnet werden müsse, ist sehr wohl möglich; nur unterwerfen die bereits bekannten *Kunstprodukte des Herrn Süssmayer die Behauptung eines wesentlichern Antheils an* diesem *grossen Werke einer ziemlich strengen Kritik. Dem sey nun aber, wie ihm wolle, so ist man für jeden, auch noch so kleinen und unbedeutenden Antheil an der Vollendung und der dadurch möglichen Herausgabe dieses Meisterstücks dem Herrn Süssmayer grossen Dank schuldig...*

Das also war Härtels Antwort auf Süßmayrs gutgemeinten Brief! Nach Constanze, die Süßmayrs Mitwirkung am Requiem systematisch abgewertet hatte, um die Totenmesse als fast ausschließlich von Mozart stammend verkaufen zu können, treibt nun auch Härtel ein falsches Spiel. Er tut so, als müsse er Mozarts Werk vor den Ansprüchen eines Komponisten unzureichender Qualität in Schutz nehmen. Dabei hatte Süßmayr genau das im Sinn gehabt: Mozart sollte nicht für seine, Süßmayrs, Fehler verantwortlich gemacht werden! Gerade diesen Teil seines Briefes aber hatte der Rezensent perfiderweise weggelassen...
Das Doppelbödige des Artikels ist unschwer auszumachen: In Anbetracht der »bereits bekannten Kunstwerke des Herrn Süssmayer«, sprich: seiner bescheidenen Fähigkeiten als Komponist, könne er von Haus aus gar nicht viel für das Requiem getan haben, und überhaupt müsse man, davon

abgesehen, für jeden »noch so kleinen und unbedeutenden Antheil an der Vollendung« dankbar sein (womit sich Härtel an der Seite Constanzes wiederfindet, die Süßmayr von Anfang an bestenfalls als ein notwendiges Übel akzeptiert hatte).
Es muß der Schock gewesen sein, sich in aller Öffentlichkeit als unbedarfter Komponist angeprangert zu sehen, der zum Bruch in Süßmayrs Karriere geführt hat. Mehr noch vielleicht die tiefe menschliche Enttäuschung, daß ihm dies ausgerechnet durch Härtel widerfuhr, in derselben Zeitung, die noch im vergangenen Jahr gemeldet hatte, in Wien sei

eine neue große Oper ›Soliman der Zweyte oder Die drey Sultaninnen‹, von Herrn Süßmayr komponiert, mehreremals mit vielem Beyfall aufgeführt worden.

Damals war Härtel allerdings noch an Süßmayr als Verbündeten interessiert gewesen ...
Offensichtlich haben sich das lange Verschweigen seines Briefes und die Reaktion Härtels lähmend auf die Schaffenskraft Süßmayrs ausgewirkt. Nach dem *Soliman* gehen nur noch zwei Opern und ein Ballett von ihm über die Bühne des Kärntnertortheaters. Von großem Beifall für seine letzten Werke ist nichts bekannt, weder für das komische Singspiel *Gülnare oder Die persische Sklavin* noch für die heroische Oper *Phasma oder Die Erscheinung im Tempel der Verschwiegenheit*. Und auch an seinem Ballett *Die Zauberschwestern im Beneventer Wald* scheint das Aufregendste gewesen zu sein, daß sich die berühmte Tänzerin Vignano in einem fleischfarbenen Trikot zeigte, was einige Entrüstung auslöste.
Schon bei der nächsten Oper *List und Zufall* aber muß Süßmayr den Theaterdirektor Peter von Braun inständig bitten, das Werk anzunehmen. Auch wenn er selbst »nicht in dem gehörigen Gesundheits-Zustande« sei, die Oper einzustudieren, läßt er den Direktor wissen, so habe doch sein Freund, der Kapellmeister Weigl, »die Güte, die nöthigen Anstalten zu treffen, daß mit Schonung meiner Person ... die Oper in Szene gesetzt werden« könne.
Was wie eine vorübergehende Indisposition klingt, ist in

Wahrheit der Anfang vom Ende: Süßmayr ist lungenkrank. Die erbliche Belastung durch die Mutter, die in jungen Jahren an Lungenschwindsucht starb, hat ihn eingeholt, und die ansteckende Krankheit ihn in die eigenen vier Wände verbannt. Als »Actu Hausarrestant« ist er praktisch von der Außenwelt abgeschlossen, für einen geselligen, lebensfrohen Menschen wie Süßmayr das vorzeitige Todesurteil.

Dazu beigetragen hat ein zweites Erbübel, diesmal von Seiten des Vaters – der Alkohol! Die Sucht lag in der Familie. Dem Vater hält der Bürgermeister von Schwanenstadt immerhin zugute, er habe bei aller Trinkfreudigkeit seine Pflichten als Lehrer nicht verletzt. Nicht so Stiefbruder Joseph, dem eine durchwegs schlechte Zensur erteilt wird: »Der süsse Sohn trat in die Fußstapfen des Vaters, ... im Trinken, leider nicht im Schulfache«.

Bei Franz Xaver Süßmayr ist es der engere Freundeskreis, der, Gift für seine anfällige Gesundheit, zum Trinken einlädt. Michael Haydn zählt dazu, der jüngere Bruder Joseph Haydns, und Anton Stadler, der berühmte Klarinettist (nicht zu verwechseln mit Abbé Maximillian Stadler, dem Berater Constanzes). Beide waren sie trinkfeste Kumpane, Freunde Mozarts, wie Süßmayr und noch vor ihm, und so mögen in feuchtfröhlicher Runde mehr als einmal Erinnerungen an den genialen Verstorbenen wachgeworden sein: Stadler wird sich des Klarinetten-Konzertes erinnert haben, das Mozart noch im Todesjahr für ihn geschrieben hat, und Michael Haydn wird dankbar des Freundes gedacht haben, der ihm einmal aus peinlicher Verlegenheit geholfen hat, damals, als es ihm nach durchzechter Nacht unmöglich war, den Wunsch des Salzburger Erzbischofs nach einer Komposition zu erfüllen und Mozart den Auftrag an seiner Stelle erledigte.[60]

Gemeinsam haben die Freunde, wie gehört, des öfteren die Klöster Lambach und Kremsmünster besucht. In Lambach dirigierte Michael Haydn zum20jährigen Jubiläum des Abtes sein »Spanisches Amt« und Stadler begeisterte in Kremsmünster als Solist in dem besagten Klarinetten-Konzert Mozarts. Für Süßmayr muß es eine herrliche Zeit gewesen, sich im Kreis der Weggefährten Mozarts zu wissen, zu erleben, wie sie anstandslos ihre Verehrung für den Meister, in Freundschaft

umgemünzt, auf ihn, den Schüler, übertrugen. Eine gewiß anregende Gesellschaft, in der wohl so mancher Erfolg gefeiert und so manches seelische Tief bei einem Glas Wein überwunden wurde.
Doch es war ein fataler Teufelskreis, schier ausweglos für Süßmayr: Hier die trinkfesten Freunde, mit denen er, der Jüngere, unbedingt mithalten wollte, dort seine labile Gesundheit, aufs höchste gefährdet durch die ererbte Neigung zum Alkohol. Dennoch macht es sich jener zeitgenössische Chronist zu leicht, der sich ausschließlich darauf bezieht und lapidar feststellt:

Gegen Ende seines Lebens, wo Süßmayr nicht mehr den ordentlichen Wandel führte, und dem freudebringenden Bacchus öfter über Gebühr opferte, nahm auch der Werth seiner Produktionen ab.[61]

An der Qualität seiner Werke allein kann es kaum gelegen haben, sie werden weiterhin aufgeführt und verschwinden auch nach Süßmayrs Tod nicht vom Spielplan. So geht die Oper *List und Zufall* nach anfänglichem Zögern der Direktion durch die Vermittlung Salieris doch noch über die Bühne. *Der Spiegel von Arkadien* lockt als Erfolgsstück nach wie vor das Publikum an, und die Kantate *Moses oder Der Auszug aus Ägypten* – wir erinnern uns des Reinfalls als Oper – verzeichnet weitere Aufführungen in den Jahren 1800, 1810 und 1812; *Soliman der Zweyte* wird gar noch 1836 gegeben. Und was die Kirchenmusik anbelangt, so erscheint Süßmayrs Messe in C-Dur nach seinem Tod im Druck (wieder ist es Salieri zu verdanken) und erklingt noch ein halbes Jahrhundert später im Wiener Stephansdom, siebenmal zwischen 1864 und 1869 …
Die schleichende Krankheit und der Alkohol in ihrer verhängnisvollen Wechselwirkung waren die eine Seite. Sie haben Süßmayrs Gesundheit untergraben und zweifellos zu einem Nachlassen seines schöpferischen Wirkens geführt, allein schon, was den Umfang anbelangt. Auf einem anderen Blatt stehen die seelischen Belastungen, denen sich Süßmayr in seinen letzten Lebensjahren ausgesetzt sah; von ihnen weiß

man, daß sie gerade bei Lungenerkrankungen von schwerwiegender Bedeutung sind.
Und dann ausgerechnet dieser kränkende Artikel in Härtels *Allgemeiner Musikalischer Zeitung*, der mit der Person Süßmayrs geradezu ein »Feindbild« für die vielen Mozartfreunde errichtete. – Er war gewiß nicht dazu angetan, die letzten Lebensjahre des erst 35jährigen zu verschönern.
Ihm blieb als schwacher Trost nur die Anerkennung der Freunde und jener Zeitgenossen, die ihn auch nach der Jahrhundertwende noch als »einen der beliebtesten und würdigsten Komponisten« schätzten. Und auch daran sei erinnert: Die Kremsmünster Patres bescheinigten ihm, er habe die Aufgabe, das Requiem zu vollenden,

so glücklich gelöst, daß man meinen könnte, ein und derselbe habe das Werk begonnen und zu Ende geführt.

Aus Kremsmünster kommt dann auch einer der wenigen Lichtblicke in diesen trüben Tagen: Sein väterlicher Freund Pasterwitz schickt ihm ein Fäßchen Wein und Süßmayr bedankt sich artig mit der Kantate *Lob des Ofnerweins*.
Ein Blick noch in Süßmayrs Privatleben. Hier steht ihm seine ältere Schwester Maria Anna zu Seite, führt ihm den Haushalt, was die Frage nach Frau und Kind aufwirft. Süßmayr hat nie geheiratet, aus welchen Gründen auch immer. Nur einmal scheint er derlei Absichten gehegt zu haben, ein Jahr vor seinem Tod, wohl in einer Phase der Selbsttäuschung über seinen Zustand und eines letzten Aufflackerns seines Lebenswillens. Er deutete es in einem Brief an einen Freund in Linz an. Darin spricht er von einer Kontaktaufnahme mit André in Offenbach und enthüllt als ganz persönliches Geheimnis: »Meiner künftigen Gattin einer meinigen Landsmannin wird nicht – – vergessen!«
Wer die Auserwählte war, ist nicht bekannt[62], der Name tut auch nichts zur Sache. Aus der Heirat ist jedenfalls nichts geworden, und das war gut so. Süßmayr hatte den Brief, bereits ins Krankenzimmer verbannt, geschrieben, und jedweder Verbindung wäre sowieso nur ein kurzes Glück beschieden gewesen.

In Süßmayrs letztem Lebensjahr geht es dann Schlag auf Schlag: Zuerst, am 26. Januar 1803, stirbt sein verehrter Lehrer, Pater Georg Pasterwitz, in Kremsmünster an der »Brustwassersucht«. Er hatte schon einige Zeit zuvor seinen Posten als Dekan der Schule aufgegeben und sich ganz in die Klausur zurückgezogen, »so ruhig, so vergnügt, als sonst niemalen«, vermerkt die Klosterchronik.
Wenige Monate später, am 10. Mai 1803, nimmt Süßmayrs jüngere Schwester Therese in Graz das Schicksal ihres Bruders Franz vorweg und stirbt, ebenfalls von der Mutter erblich belastet, im Alter von 34 Jahren an der »Lungensucht«.
Der Verlust so nahestehender Menschen wird Süßmayrs Lebenswillen endgültig gebrochen haben. Er folgt ihnen, 37jährig, am 17. September 1803, in den Tod. Bis zuletzt hatte ihn seine ältere Schwester, besagte Maria Anna, versorgt, sogar ihr bescheidenes Vermögen geopfert, als die Mittel des Bruders zu Ende gingen. Denn auch ihm ist, wie seinem Vorbild Mozart, das Geld zwischen den Fingern zerronnen. Dabei hatte auch er reichlich Einnahmen zu verzeichnen, denkt man daran, daß er schon am Beginn seiner Laufbahn für eine Oper 225 Gulden ausbezahlt bekam und beträchtliche Honorare für weitere Opern, Ballette und Singspiele folgten, nicht zu vergessen seine zwar weniger einträgliche, dafür sichere Stellung als Kapellmeister am Nationaltheater. Am Schluß bleiben davon noch ganze sechs Gulden übrig, was den Vater veranlaßt, auf seinen Erbteil zu verzichten, um die dürftige Hinterlassenschaft und das an Tantiemen noch zu Erwartende seiner Tochter zukommen zu lassen. Er schreibt dem Schwanenstädter Gericht:

Ich bin überzeugt, dass mein Sohn Franz Süssmayr, k. k. Kapellmeister bei dem Hoftheater bei seinem Absterben in Wien ein sehr geringes, und sozusagen gar kein Vermögen hinterlassen habe, weil seine langwierige Krankheit ihn einen sehr grossen Aufwand verursacht hat; ich weiss sogar, dass er Schulden hinterlassen habe, und sohin eine Erbschaft nicht ausfallen könne, und dass meine bei ihm befindlich gewesene Tochter Maria Anna Süssmayr ihr ganzes Vermögen zu seiner Unterstützung und Aufrechterhaltung seines guten Namens verwen-

det habe. In dieser Rücksicht tue ich auf alles Erbrecht... Verzicht.

Am 19. September 1803, zwei Tage nach seinem Tod, wird Franz Xaver Süßmayr in einem Armengrab auf dem St. Marxer Friedhof beigesetzt, auf demselben Friedhof, auf dem auch sein großer Lehrmeister und Freund Mozart unter ähnlich traurigen Umständen seine letzte Ruhe fand.

Sein Tod wurde kaum bemerkt und nur in einer einzigen Zeitschrift mit einer *Zeile angezeigt,*

heißt es in einer *Geschichte des Jahres 1803* zum Ableben Süßmayrs, und der Autor fragt:

»Ob das auch ausser Österreich möglich gewesen wäre?«

Süßmayrs Musik habe

»doch so viel Gedachtes und an vielen Stellen Angenehmes..., mit einer oft sehr schönen Instrumentierung unterstützt, daß die Gleichgültigkeit seiner Zeitgenossen gegen ihn doch sonderbar auffallen muß, wenn man so Manches, was ihn doch nie erreichte, vergöttert sieht.« [63]

Und auch das spricht für das möglichst schnelle Vergessen einer unerwünschten Person, eines Mannes, dem man die Daseinsberechtigung in Sachen Requiem am liebsten abgesprochen hätte: Während es von Mozart ungezählte Porträts gibt, echte, weniger echte und gefälschte, ist von Süßmayr kein einziges überliefert... [64]

9
»Constanza Etats Raethin von Nissen« und die große Pause

Offene Worte nach über zehnjähriger »Verdunkelung«:
Constanze im Jahre 1802.

Constanze hat sich nur einmal über ihr persönliches Verhältnis zu Süßmayr geäußert, ausgelöst durch die ominöse Besprechung des Requiem in Härtels *Allgemeiner Musikalischer Zeitung*. Diese Besprechung war es dann auch, die die Mozart-Witwe veranlaßte, sich noch einmal geschäftlich mit der Totenmesse zu befassen.
Am 2. Juni 1802 schreibt sie an Härtel:

Aus der Rezension des Requiem ... sehe ich welche Zweifel noch über die Trennung des Antheils an demselben von Mozart und Süßmayer obwalten. Nur ich bin im Stande, alles was darüber rätselhaft ist, aufzulösen, und wenn diese Auflösung Werth für Sie, den Rezensenten oder Ihren künftigen Biographen hat, so steht sie Ihnen zu Befehl.

Und dann nennt sie, endlich, nach über zehnjähriger »Verdunkelung« und nachdem Süßmayr sich ja bereits offenbart hat, die Dinge beim Namen:

Ich fange damit an, Ihnen zu sagen, daß alles bis auf den Anfang des Dies irae von Mozart allein ist (gemeint sind ›Requiem‹ und ›Kyrie‹) *und daß diese seine Handschrift im Besitz des anonymen Bestellers ist, wie ich voriges Jahr selbst gesehen habe.*[65] *Alles übrige, was Mozart selbst gemacht und daher selbst geschrieben hat, ist in meiner Verwahrung und mein Eigenthum ... Dieses Manuskript geht bis an das Ende des Confutatis. Ein großer Theil der Mittelstimmen und vielleicht mitunter etwas mehr darin sind nicht von Mozart; aber alles, was nicht von Mozart ist, ist mit einer Bleyfeder eingezirkelt, wie er überdem für einen guten Handschriftenkenner deutlich wäre ... Wenn Sie dies Exemplar, wie gesagt, brauchen können, so will ich es Ihnen gern leihen ...*

Es ist der Versuch Constanzes, das einzige, noch in ihrem Besitz befindliche Original Mozarts zum Requiem zu Geld zu

ALLGEMEINE

MUSIKALISCHE ZEITUNG.

Den 1ten Oktober. №. I. 1801.

RECENSION.

W. A. Mozarti Missa pro Defunctis Requiem. — *W. A. Mozarts Seelenmesse mit untergelegtem deutschen Texte. Vollständige Partitur.* Im Verlage der Breitkopf - und Härtelschen Musikhandlung in Leipzig. (Pr. 6 Thlr.)

Es ist nicht leicht über ein Werk, wie das gegenwärtige, sich der allgemeinen Lobsprüche oder der Mittheilung von Bildern der, durch das Werk selbst aufgeregten und bereicherten Phantasie, zu enthalten. Die Ernsthaftigkeit und innere Würde eines solchen Kunstwerks verlangt das aber durchaus. Auch wird durch jenes, wo nicht erst die Aufmerksamkeit des Publikums zu erregen nöthig ist, weder dem Werke und dessen Verfasser selbst, noch denen, die es benutzen können, ein Vortheil geschaft. Dass aber die Aufmerksamkeit aller, die wahre Musik — Musik, als Sache des bleibenden Wohlgefallens, nicht des flüchtigen Reizes — kennen und lieben, auf M.s Requiem gerichtet sey, darf man wohl voraussetzen. Doch nicht Jedermanns Sache ist es, dem tiefen Geiste des Komponisten in diesem Werke überall ohne Leitung zu folgen, und so allen den Nutzen und alle den Genuss daraus zu schöpfen, den es darbietet. Diese Leitung dem zu gewähren, der ihrer bedarf; deshalb auf den Sinn des Ganzen, wie der einzelnen Theile dieses köstlichen Produkts, und, da dieser meistens durch die Worte des Gesanges erläutert wird, noch mehr auf die geheimern Mittel, mit denen dem unsterblichen M. der Ausdruck dieses Sinnes fast überall so meisterlich gelang, hinzuweisen, und zugleich diesem Werke durch ernsthafte Genauigkeit und ehrende Strenge sein Recht wiederfahren zu lassen —: das soll mein Bemühen in der folgenden Analyse seyn.

Ehe ich mich aber an solche Betrachtung dieses in seiner Art ersten und einzigen Kunstwerkes selbst, wage, kann ich nicht umhin, den Lesern den Auszug eines Briefes vom Hrn. Kapellmeister Süssmayer in Wien an die Herren Breitkopf und Härtel in Leipzig vom 8ten September 1800, nebst einigen Bemerkungen darüber, mitzutheilen. „Mozarts Komposition," schreibt Herr Süssmayer, „ist so „einzig, und ich getraue mir zu behaupten, „für den grössten Theil der lebenden Tonsetzer so unerreichbar, dass jeder Nachahmer, besonders mit untergeschobener Arbeit, „noch schlimmer wegkommen würde, als jener „Rabe, der sich mit Pfauenfedern schmückte. „Dass die Endigung des Requiem, welches „unsern Briefwechsel veranlasste, mir anver„trauet wurde, kam auf folgende Weise. Die „Wittwe Mozart konnte wohl voraussehen, „die hinterlassenen Werke ihres Mannes wür„den gesucht werden; der Tod überraschte „ihn, während er an diesem Requiem arbeitete. „Die Endigung dieses Werks wurde also meh„rern Meistern übertragen; einige davon konn„ten wegen Geschäfte sich dieser Arbeit nicht „unterziehen, andere aber wollten ihr Talent „nicht mit dem Talente M.s kompromittiren. „Endlich kam dieses Geschäfte an mich, weil „man wusste, dass ich noch bey Lebzeiten M.s „die schon in Musik gesezten Stücke öfters mit „ihm durchgespielt und gesungen, dass er sich „mit mir über die Ausarbeitung dieses Werkes „sehr oft besprochen und mir den Gang und

4. Jahrg. 1

Die Besprechung des Requiem in der »Allgemeinen Musikalischen Zeitung«, in der erstmals – 1801! – Süßmayrs Name genannt wird.

machen, jene Blätter 11 bis 32 der ›Dies irae‹-Sequenz (ohne das ›Lacrimosa‹), die später bei Abbé Stadler auftauchen. Daß in diesen Blättern die Eintragungen Eyblers notiert sind, stört Constanze nicht. Sie beläßt es Härtel gegenüber bei der lapidaren Feststellung:

Sie werden, glaube ich, die Mittelstimmen anders finden, als sie in der Copie waren, die ich Ihnen mitgetheilt habe.

Auch das ›Sanctus‹ von Süßmayrs Hand ist in dem Paket enthalten, das sie Härtel anbietet. Es »verlohne sich eine Untersuchung« des Manuskripts, »worin keine Note und kein Wort von Mozarts Handschrift« sei, und sie habe auch Süßmayr »schon lange schriftlich vergebens« darüber befragt, gesprochen allerdings nicht, da sie ihn »nur selten sehe«.
Weit her kann es mit ihren Bemühungen um Süßmayr nicht gewesen sein. Die räumlichen Entfernungen in Wien waren keineswegs so, daß ein wechselseitiges Besuchen nicht möglich gewesen wäre: Constanzes häufig wechselnde Wohnsitze, zuletzt »Auf dem Michaelerplatz«, waren von Süßmayrs Wohnung, der »Singerstraße« und später der »Wasserkunstbastey«, durchaus erreichbar, und umgekehrt. Wenn beide Seiten nur gewollt hätten ...
Jetzt, nach Süßmayrs Tod bedarf es zu diesem Punkt keiner weiteren Betrachtungen mehr. Mit ihm ist der erste der Hauptakteure von der Bühne des Requiem abgetreten – wir schreiben das Jahr 1803 – und es folgt zunächst eine große Pause im Geschehen um das Requiem. Und so sah es mittlerweile mit der Totenmesse aus:

1. Der Partitur-Erstdruck lag, von Breitkopf & Härtel herausgegeben, seit dem Sommer 1800 vor, seit Herbst 1801, anläßlich der Besprechung des Requiem, auch der Hinweis auf Süßmayrs Ergänzungen.
2. Das Offenbacher Verlagshaus André hatte 1801 einen Klavierauszug veröffentlicht.
3. Constanze durfte sich nach dem Tod Süßmayrs als alleinige Besitzerin der »am meisten authentischen Copie« betrachten und sich vorerst in Sicherheit wiegen, zumal
4. Graf Walsegg auf Schloß Stuppach im fernen Niederöster-

reich das »Orginal« weiterhin unter Verschluß hielt, außerdem die von ihm als eigene Komposition ausgegebene Abschrift.

Scheinbar geordnete Verhältnisse also, die es erlauben, den weiteren Lebensweg Constanzes und ihrer beiden Söhne zu verfolgen, während das Requiem seinen Siegeszug fortsetzt und in der breiten Öffentlichkeit wie eh und je als Mozarts »Schwanengesang« gefeiert wird.
Um es vorwegzunehmen: Von Karl, dem älteren der Söhne, ist nichts Bemerkenswertes mehr zu berichten. Er hat sich frühzeitig zu der Einsicht bekannt, das Genie des Vaters doch niemals erreichen zu können und sich mit einem Leben in der Stille zufriedengegeben. Nach Abschluß der Handelslehre im italienischen Livorno, hatte er noch eine Zeitlang geschwankt, ob er sich nicht doch der Musik widmen sollte. Er hatte in Mailand das Musikstudium aufgenommen, ohne die Mutter von seinem Sinneswandel zu unterrichten. Deren mahnende Worte folgten dann auch auf dem Fuß: »Ich will dir gewiß nicht abrathen«, schreibt sie – und schickt ihm auf seinen Wunsch hin die Partitur des Requiem und des *Titus* –,

nur erinnere Dich stets meiner so herzlich Lehren – nähmlich = daß keiner von Mozarts Söhnen mittelmasig sein darf um sich nicht mehr Schande *als Ehre zu machen...*

Weise Worte, die ihre Wirkung nicht verfehlen. Karl, von Natur aus sanft und wenig unternehmungslustig, eine liebenswerte, aber im Grunde farblose Erscheinung,[66] zieht schließlich das geruhsame Leben eines Staatsbeamten vor, zunächst im Dienste des Vizekönigs von Neapel und dann, als die Lombardei im Wiener Kongreß Österreich zugesprochen wird, als »k. k. Staatsbuchhaltungsoffizial« – ein bescheidener, mit sich und der Welt zufriedener Mensch. Er wird noch kurz vor seinem Tod, ganz im Sinne der Mutter, feststellen,

daß Söhne eines Vaters, der sich ausgezeichnet hat, nie dieselbe

Bahn betreten sollten, da wenn gleich im Besitz größerer Talente, als die welche ich *in mir erkannte, sie doch niemals den an sie gerichteten Forderungen würden entsprechen können ...*

Seinem jüngeren Bruder Wolfgang blieb diese bittere Erfahrung nicht erspart. Sein Lebensweg schien vorgezeichnet, und der kleine Wolfgang, ein gesundheitlich zwar anfälliges, sonst aber aufgewecktes Bürschchen, scheint sich anfangs in der ihm zugedachten Rolle durchaus wohlgefühlt zu haben; war es doch eine feine Sache für ihn, als der begabtere Mozart-Sohn von allen Seiten verwöhnt und mit Wohlwollen gefördert zu werden.
So herrschte auch bei seinem ersten Konzert, am 8. April 1805 in Schikaneders Theater, noch eitel Freude. Ein Zeitgenosse schwärmt: »Unser kleiner Wolfgang erregte bei seinem Erscheinen allgemein Enthusiasmus, welcher sich im Verlauf des Konzertes zu warmem Jubel steigerte; mehrere Male mußte er vor dem überaus zahlreichen Publikum erscheinen (damals noch eine Seltenheit), und der Ertrag dieses Konzertes belief sich auf 1700 fl (Gulden)«, eine für jene Zeit unerhörte Summe.
Doch dann geht es nurmehr zähflüssig voran, zumal Eifer und Ehrgeiz nicht unbedingt zu den Tugenden des jungen Wolfgang zählen. Constanze sieht sich sogar gezwungen, mit Lob sparsam zu sein, »um ihn nicht zu stolz zu machen, und um seinen fleiß zu mehren«. Die Lust am Komponieren hatte ihm das ständige Ermahnen (Nissen in Wolfgangs Stammbuch: »Qui monet, amat – wer mahnt, liebt«) schon vorzeitig genommen. Wolfgang hat vergleichsweise wenig komponiert und dieses Wenige auch nur in Abständen zu Papier gebracht, und von seinem 14. Lebensjahr an gar keinen Unterricht mehr genommen.
Bei seinen öffentlichen Auftritten muß er sich nach dem ersten Erfolg zunehmend eine ähnlich penetrante Begleitmusik gefallen lassen, ein fortwährendes Erinnern an den Vater; so in der Leipziger *Allgemeinen Musikalischen Zeitung*, deren Wiener Korrespondent schreibt:

Das Klavierkonzert in C-Dur von seinem Vater spielte Wolfgang

Mozart einigermaßen langsam, aber mit Genauigkeit und Nettigkeit, viel Talent entfaltend... Möge er nie vergessen, daß ihm der Name Mozart zwar für jetzige Nachsicht erwirke, in der Folge aber strenge und große Forderungen an ihn richte...

Auch die *Berliner Musikzeitung* hebt warnend den Zeigefinger:

Er (Wolfgang) *spielte für sein Alter sehr artig... Man kann vieles von ihm erwarten, wenn ihn nicht zu frühes und zu häufiges Lob verdirbt...*

Quälend, diese ewigen Einschränkungen, die sich im heimatlichen Österreich fortsetzen. Dort nehmen ihn die *Vaterländischen Blätter* zwar in der Ehrengalerie der bekanntesten »Clavierspieler, Künstler und Professoren« auf, üben aber in ihrem Urteil Zurückhaltung:

Wolfgang, der jüngste Sohn des unsterblichen Mozart, würde unstreitig für einen vortrefflichen Clavierspieler gelten können, wenn man nicht durch den Nahmen, welchen er trägt, zu mehr als gewöhnlichen Forderungen berechtigt zu seyn glaubte, die er bis jetzt jedoch nicht ganz erfüllt.

Und beiläufig:

Er hat schon einige Versuche in der Composition gemacht, und gibt ebenfalls Lehrstunden.

Keine sehr aufmunternden Worte für den inzwischen 17jährigen, der solcherart Licht- und Schattenseiten in der Nachfolge eines berühmten Vaters erfährt. Noch hilft sein heiteres Naturell ihm darüber hinweg, doch irgendwann mag ihn diese ständige Bevormundung dazu bewogen haben, sein Glück einmal außerhalb Wiens zu versuchen. Vielleicht wollte er auch seiner Mutter nicht länger auf der Tasche liegen – Constanze war nicht die Frau, die mit Vorhaltungen sparsam und der ein Drängen peinlich gewesen wäre...
Am 22. Oktober 1808 ist es soweit. Wolfgang macht sich auf

den Weg nach Galizien, um bei einem Grafen Baworowski in Podkamien, etwa 100 Kilometer östlich von Lemberg, eine Stelle als Hausmusiklehrer anzutreten. Mit dem Zeugnis eines Mannes im Gepäck, von dem man es nach den böswilligen Legenden, die über ihn verbreitet wurden, am wenigsten erwartet hätte: von Antonio Salieri! Er, der angebliche Todfeind Mozarts, ist es, der Wolfgang anstelle wohlfeiler Ratschläge mit einem Dokument versieht, aus dem Wolfgang handfesten Nutzen ziehen kann; ein Zeugnis, das dem Sohn zweifellos schmeichelt und mit dem Salieri gleichzeitig dem »berühmten Vater« seine Reverenz erweist:

Ich, der Unterzeichnete, bezeuge, daß der junge Herr Wolfgang Amadeus Mozart, der bereits ein tüchtiger Klavierspieler ist, ein seltenes musikalisches Talent besitzt; daß er zu seiner Vervollkommnung in dieser Kunst, die auch sein Beruf ist, zunächst unter der Leitung des Herrn Albrechtsberger, Kapellmeister von St. Stefan, den Kontrapunkt studiert hat und nun mein Schüler ist, und daß er, meiner Ansicht nach, einen ebenso großen Erfolg haben wird wie sein berühmter Vater.

Antonio Salieri
Erster Kapellmeister des kaiserlichen Hofes zu Wien

Wien,
30. März 1807

Constanze wußte sehr wohl, daß es in erster Linie dem einflußreichen Hofkapellmeister zu verdanken war, wenn Wolfgang unter ausnehmend günstigen Bedingungen angestellt wurde. Trotzdem zieht sie es vor, den Namen Salieris zu unterschlagen. Stolz und nicht ohne Erleichterung, nun auch den zweiten Sohn untergebracht zu haben und ihn nicht länger versorgen zu müssen, benachrichtigt sie Karl in Mailand:

Dei Bruder hat ein engagement nach Pollen… er bekomt 1000 fl kost, quatir, Holz und licht und daß bloß dadurch weil er bei Albrechtsberger studirt hat…

Natürlich war darin auch ein Bonus für die ländliche Abgeschiedenheit seines neuen Arbeitsplatzes enthalten, nach den

Worten Constanzes »5 Meillen seit warz« der Hauptstraße gelegen, »von wo aus die Posten nur mit gelegenheit gehet«. Mehr noch hat der Name Mozart die Tore weit geöffnet: Für das kulturell nicht gerade verwöhnte Galizien mit seiner überwiegend slawischen Landbevölkerung unter der Herrschaft des polnischen Adels – Österreich war die Schutzmacht – stellte die Anwesenheit des Mozart-Sohnes eine gelinde Sensation dar.

Wolfgang seinerseits sah sich unvoreingenommener und spontaner aufgenommen als daheim in Wien. Hier, im äußersten Nordosten österreichischen Machtbereiches, galt er etwas. Die hochexplosive politische Lage, ausgelöst durch die rivalisierenden Großmächte Frankreich und Rußland, berührten ihn, den Unpolitischen, kaum, und er sonnte sich in einer bislang nie gekannten Selbstständigkeit, ohne lästige Mahner im Rücken, die Vision eines freien Künstlers vor Augen.

Als Gast gern gesehen und überall hofiert, vergnügte er sich auf den glanzvollen Festen, mit denen sich der Adel die Zeit vertrieb, wenn er nicht gerade dabei war, gegen den Erbfeind Rußland zu konspirieren und von einem wiederhergestellten Königreich Polen zu träumen. Ein Tanz auf dem Vulkan, mit einem Wolfgang Mozart als Statisten, der sich, ähnlich seinem Vater (den er nie kennengelernt hat), leichtherzig der Lustbarkeiten und des Zuspruchs der Damen erfreute.

Um so ärger hat es seine Mutter getroffen. Zum ersten Mal in ihrem bisher nur privat stürmischen Leben bekommt es Constanze mit den Schrecken des Krieges zu tun: Im österreichisch-französischen Konflikt hatte der Sieg bei Aspern ihre Landsleute zwar noch einmal in Hochstimmung versetzt, doch zweifelte niemand daran, daß Napoleon darauf brannte, die Scharte auszuwetzen, und bald mit einer neuen Armee anrücken würde. Grund genug für Constanze und Nissen, nach Preßburg auszuweichen – und die längst fällig Heirat zu vollziehen.

Beide werden, nach über zehn Jahren währender Lebensgemeinschaft, am 26. Juni 1809 im Dom zu Preßburg getraut, ein Unternehmen, daß dennoch nicht ganz reibungslos abgelaufen zu sein scheint; die Kriegswirren haben beide dort offensichtlich eingeholt. Wolfgang weiß davon in einem Brief an Karl zu berichten:

Unsere Mutter wird dir gewiß erzählt haben, was Sie, und unser lieber Vater (Stiefvater Nissen) *für Gefahren in Pressburg ausgestanden haben – Gott sey dank, daß Sie unbeschädigt davongekommen sind…*

Und noch von einem anderen Brief Wolfgangs soll in diesem Zusammenhang die Rede sein, von einem merkwürdigen Schreiben, datiert vom 30. März des Jahres, also drei Monate vor der Eheschließung Constanzes. Sie hat ihre Söhne wohl nur unzureichend informiert, wie sonst könnte Wolfgang an Karl schreiben:

Unsere Mutter hat mir zwar vor einigen Tagen geschrieben, daß der gute Nissen den Danobrog[67] *erhalten habe, aber nicht, daß er/was er schon lange ist/unser Vater geworden…*

Wie das? Die Heirat folgte, wie gesehen, erst ein Vierteljahr später. Wollte Wolfgang auf das eheähnliche Verhältnis zwischen der Mutter und Nissen anspielen? Von der undurchsichtigen Formulierung abgesehen, wird eines aus dem Brief ersichtlich: Wolfgang und Karl, anpassungsfähig und einsichtig wie beide Mozart-Söhne waren, haben sich mit dem neuen Mann an der Seite ihrer Mutter schnell arrangiert und den »guten Nissen« (mit oder ohne Trauschein) als Stiefvater anerkannt.
Constanze und Nissen hatten die Kriegswirren richtig eingeschätzt: Dem Sieg bei Aspern folgte eine verheerende Niederlage bei Wagram. Die Franzosen besetzten Wien und Napoleon diktierte den schmachvollen Frieden von Schönbrunn, in dem Österreich unter anderem Teile Galiziens, Wolfgangs Wahlheimat, abtreten mußte.
Eine ungewisse Zukunft vor Augen, bereitete das Ehepaar Nissen, kaum nach Wien zurückgekehrt, den Wechsel nach Kopenhagen vor. Bei Nissen mögen gesundheitliche Gründe mitgespielt haben, wenn er den diplomatischen Dienst quittierte, und – Heimweh. Wolfgang zeigt Verständnis dafür:

Mozarts jüngster Sohn, Franz Xaver Wolfgang, im Alter von etwa 34 Jahren. Unten das Empfehlungsschreiben, das Salieri dem Mozart-Sohn mit auf den Weg nach Galizien gab.

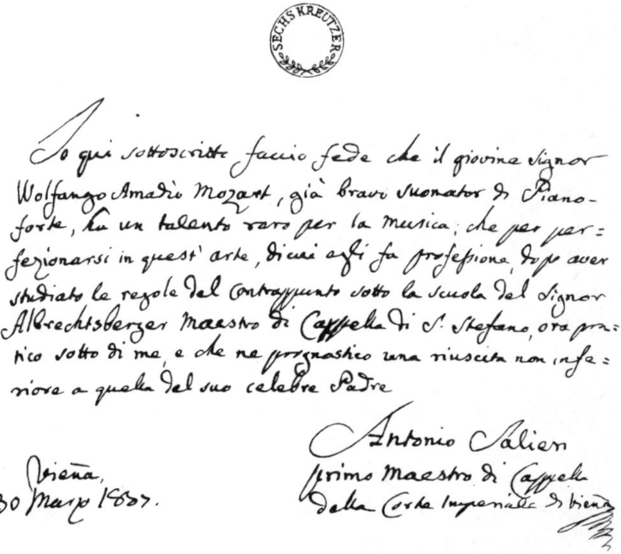

SECHS KREUTZER

Io qui sottoscritto faccio fede che il giovine Signor Wolfango Amadio Mozart, già bravo Suonator di Piano-forte, ha un talento raro per la Musica; che per per=fezionarsi in quest' arte, di cui egli fa professione, dopo aver studiato le regole del Contrappunto sotto la scuola del Signor Albrechtsberger Maestro di Cappella di S. Stefano, ora pra=tico sotto di me, e che ne prognostico una riuscita non infe=riore a quella del suo celebre Padre

Antonio Salieri
primo Maestro di Cappella
della Corte Imperiale di Vienna

Viena,
30 Marzo 1807.

Für unseres Vaters Wohlseyn bin ich weit weniger besorgt, denn schon das Glück, mit seynen Landsleuten zu seyn hat ihn gewiß um zehn Jahre verjüngt. Wien zu verlassen, und mit Kopenhagen umzutauschen, war wie du wohl wissen wirst, schon mehrere Jahre lang seyn Wunsch, und einziges Bestreben…

schreibt er Karl.
Mitte September 1810 trifft das Ehepaar Nissen in Kopenhagen ein und bezieht eine Wohnung in der Lavendelstraße am Rande der Stadt. Nissen betätigt sich als Zensor der politischen Zeitungen, was ihm noch im gleichen Jahr den Titel eines dänischen Etatsrates einbringt. Constanze leitet davon für sich die pompöse Visitenkarte

CONSTANZA Etats Raethin –
von NISSEN, gewesene Witwe Mozart

ab, glücklich, daß sie in dieser Beziehung mit der ungeliebten Schwägerin gleichziehen kann. Ihr war es schon immer ein Dorn im Auge gewesen, daß das »Nannerl« ehrfurchtsgebietend mit »Maria Anna Reichsfreyin von Berchthold zu Sonnenburg gebohrene Mozart« unterzeichnen konnte. –
Es ist ein gutbürgerliches Leben, das Constanze und Nissen, er 49, sie 48 Jahre alt, in Kopenhagen führen, wohlsituiert, auch wenn sich Nissen beklagt, er würde nur noch den fünften Teil dessen einnehmen, war er »im Ausland« verdient hatte. Not gelitten haben beide nicht. Wolfgang, der Mutter und Stiefvater Jahre später besucht, spricht von einem Haus mit Garten, das beide bewohnen, von Mieteinnahmen aus einem Haus in der Stadt und von einer »ansehnlichen Besoldung des Vaters«.
Mit Constanze vollzieht sich in Kopenhagen eine Wandlung, ähnlich unvermittelt und extrem wie seinerzeit nach dem Tod Mozarts. Vergessen ist die hektische Betriebsamkeit vergangener Jahre, sie ist einem beschaulichen Dasein, einer geradezu idyllischen Ruhe gewichen. Von Musik ist weit und breit nichts zu sehen und zu hören, es gab ja auch nichts mehr zu vermarkten; seit dem »Ausverkauf« an André verfügte Constanze nur noch über wenige Fragmente und Entwürfe

Mozarts. Und was das Requiem anging, so war ihr klar, daß jede Beschäftigung damit lediglich neuen Staub aufwirbeln würde.
Für Constanze folgt eine Zeit des Atemholens, des Kräftesammelns für die Endphase des Requiem-Geschehens, das ihr noch einige Aufregungen bescheren wird. Ihr bleibt ohnehin nur die Korrespondenz mit den Söhnen, nachdem widrige Umstände die Mozart-Familie in alle Himmelsrichtungen zerstreut haben: Constanze in den hohen Norden, eben nach Kopenhagen, Sohn Karl in den Süden, nach Mailand, und Wolfgang, den Jüngsten, in die äußerste östliche Ecke, nach Galizien. Für alle drei ist es ein Dauerzustand. Sie werden sich zwar gelegentlich untereinander besuchen, aber nie mehr im Leben vereint sein – das, menschlich gesehen, traurigste Kapitel der Nach-Mozart-Ära!
Den empfindsamen Wolfgang hat die Trennung am schmerzlichsten getroffen. »Wie sonderbar das Schicksal mit den Menschen spielt«, klagt er in einem Brief an Karl,

leibliche Brüder, wie wir beyde, die einander so herzlich lieben... kommen an zwey so verschiedene Pole, und haben gar keine Hoffnung sich... wieder zu sehen. Unsere Mutter hat dir vielleicht schon geschrieben, daß ich seit 3 Monathen, nicht mehr in unserer lieben Vaterstadt, sondern in Galizien einige Meilen hinter Lemberg, bei einem Grafen angestellt bin, um seinen 2 Töchtern täglich 4 Stunden zu geben... Ich bin hier ...sehr zufrieden.

Doch die anfängliche Begeisterung Wolfgangs weicht bereits zwei Jahre später tiefer Niedergeschlagenheit. Die Geldentwertung in Galizien hat auch seine Bezüge geschmälert, und als ihn Karl fragt, ob denn seine Kompositionen nichts einbrächten, antwortet Wolfgang entmutigt:

Ja, lieber Bruder, es würde mir viel eintragen, aber ich componire – nichts. Das traurige, einsame Leben, was ich hier führen muß, stumpft meine Sinne so sehr ab, daß ich mich oft tagelang martern muß, bis ich die geringste Kleinigkeit zu Stande bringe... Ich habe zwar keinen Mangel, bin unter guten Men-

schen, die mich zu lieben scheinen, und könnte mir daher als Mensch kein besseres Brot wünschen. Aber als Künstler? – als Künstler werde ich in einem Dorfe, in einem Lande, wo ich vielleicht der erste in meinem Fach bin wenig profitiren …

Und er schließt in einer Art Galgenhumor, die an den munteren Briefstil des Vaters erinnert:

Verzeihe mein lieber Carl, wenn mein Brief nicht so lange wird, als der deine, aber bedenke auch daß du in einer grossen Stadt bist, u. ich hingegen in einem elenden Dorfe. Lebe wohl, aber auch fröhlicher als ich, und schreibe bald und viel. Lebe wohl, es umarmt Dich Dein zärtlicher Bruder Wolfgang.

An Kompositionen konnte Wolfgang zu dieser Zeit wahrlich nicht viel vorweisen. Sein erstes größeres Werk, ein Klavierkonzert in C-Dur, war noch nicht erschienen, es dauert noch Jahre, bis es bei Breitkopf & Härtel gedruckt wird, zu Wolfgangs Freude in einem sehr schönen Druck. Schon bei den nächsten kleineren Arbeiten aber – innerhalb von drei Jahren lediglich eine Klaviersonate und Variationen für Klavier – zögert Härtel mit der Herausgabe. Und bei den 1814 komponierten sechs *Polonaises mélancholiques* muß Wolfgang gar nach anderthalb Jahren nachfragen, warum sie denn noch nicht erschienen seien, da doch die anderen, gleichzeitig übersandten Kompositionen seiner Freunde bereits gedruckt und in den örtlichen Buchhandlungen erhältlich seien.[68] Bescheiden spricht er von seinen Kompositionen als »Kleinigkeiten«, die der Verlag doch zurückschicken möge, falls er die Herausgabe rückgängig zu machen wünsche. Der Verlag reagiert darauf wenig entgegenkommend und vermerkt auf der Rückseite des Briefes:

… wollen ihm mit nächster Post Ex. seiner Polonaisen senden, und lehnen s. neue Composit. ab.

Das war es dann auch. Von nun an – die Notiz trägt das Datum vom 3. Januar 1816 – verlegen die Leipziger kein einziges Werk des Mozart-Sohnes mehr.

Von einer schöpferischen Unruhe bei Wolfgang zu sprechen, erübrigte sich, erst recht nach diesen Erfahrungen. Seine Schaffenskraft erlahmte in dem Augenblick, in dem sich Enttäuschungen, wie im Falle Breitkopf & Härtel, einstellten. Die äußere Unruhe aber blieb, verstärkte sich sogar.
Beim Grafen Baworowski hält es Wolfgang nur zwei Jahre aus, und auch nur anderthalb Jahre anschließend beim k. k. Kämmerer Graf Janiszewski, dann macht er sich als freier Künstler und Klavierlehrer in Lemberg selbständig. In diese Zeit, die Wolfgang vorwiegend in den Salons und auf den Bällen des Adels verbringt, fällt die schicksalhafte Begegnung mit jener Frau, die künftig aus seinem Leben nicht mehr wegzudenken ist, mit der er bis zu seinem Ende untrennbar verbunden sein wird: mit Josephine, der Ehefrau des Gubernialrates Ludwig Cajetan von Baroni-Cavalcabò, einer geborenen Gräfin Castiglioni!
Sie ist Mutter von zwei Töchtern, Laura und Julie, von denen Wolfgang die jüngere, hochbegabte Julie unterrichtet (sie wird ihm später als gefeierte Pianistin und anerkannte Komponistin alle Ehre machen). Seine große Liebe aber gilt der Dame des Hauses. Josephine, drei Jahre älter als Wolfgang, ist der strahlende Mittelpunkt der »schönen Musiken«, die jeden Freitag nach dem Mittagessen im Hause des Gubernialrates stattfinden und, mit Wolfgang als Dirigenten und Josephine als vielbewunderter Sängerin, bis tief in die Nacht dauern.
»Sehr musikalisch und sehr liebenswürdig«, so wird Josephine im Freundeskreis geschildert, und so ist sie genau die Frau, um Wolfgangs empfängliches Herz zu entzünden (und ihm vielleicht auch ein wenig die Mutter zu ersetzen). Was sich anfangs wie eine in den Salons übliche Seelenfreundschaft anläßt, wie die zufällige Begegnung zweier gleichgestimmter Wesen, nimmt bald das Ausmaß einer leidenschaftlichen Liebesbeziehung an – die klassische Dreiecksgeschichte:
Hier der wesentlich ältere Ehemann, als Regierungsbeamter eher nüchternen Charakters, dort seine um 23 Jahre jüngere Frau, eine passionierte Liebhaberin der Musik, und der mit ihr etwa gleichaltrige junge Künstler, Träger eines berühmten

Namens, den ein gnädiges Schicksal in ihr Haus verschlagen hat; der dem Einerlei ihres Alltags aufregend neue Lichter aufzusetzen vermochte und ihrem Leben einen neuen Sinn zu geben schien.

Es ist kein flüchtiges Abenteuer, was Wolfgang mit Josephine verbindet, keines von jenen, die zum Lebenselixier seines Vaters gehörten. Das war weder Wolfgangs noch Josephines Art. Von ihr wird auch Karl, der Bruder Wolfgangs, einmal als der »Unvergleichlichen« sprechen und erklären, sie sei für ihn »heilig«.[69] Um wieviel mehr für Wolfgang, der nicht müde wird, von Josephine als der »einzigen Geliebten«, der »geliebten Braut« zu schwärmen. Eigens für sie hat er ein Tagebuch angelegt, in dem er zärtliche Zwiesprache mit ihr hält und sie mit Kosenamen, wie »Jusza« oder »Juszinka« bedenkt oder ihren Vornamen mit »J.« abkürzt. Nur ihren Familiennamen nennt er, bei einer verheirateten Frau verständlich, nie.

Wolfgang führt dieses Tagebuch,[70] seit er sich um die Jahreswende 1818/19 auf eine große »Kunstreise« begeben hat, finanziert durch die 1700 Gulden, die sein letztes Konzert in Lemberg eingespielt hat. Der pure Ehrgeiz wird ihn kaum zu dieser Reise getrieben haben, einem strapaziösen Unternehmen, bei dem Wolfgang kreuz und quer durch die Lande zieht und von Konzert zu Konzert eilt. Es hat vielmehr den Anschein, als wolle er sich und der Geliebten beweisen, daß er als freier Künstler durchaus in der Lage wäre, ihr eine sorgenfreie Zukunft zu bieten. Denn Wolfgang zweifelte keinen Augenblick daran, daß seine Beziehung zu Josephine glücklich, das heißt, als feste Bindung enden würde.

Josephine mag ihn darin bestärkt haben. Sie nimmt alle Folgen, auch die eines gesellschaftlichen Skandals, auf sich. Als Wolfgang, von Polen und Rußland kommend, Lemberg streift, treffen sich beide heimlich, unter abenteuerlichen Umständen in einem kleinen Dorf nahe der Stadt; beide offenbar fest entschlossen, vollzogene Tatsachen zu schaffen. Für Wolfgang sind sie ohne das Einverständnis der Mutter nicht denkbar. Und so macht er sich, als er im weiteren Verlauf der Reise Constanze und seinen Stiefvater Nissen wiedersieht, nicht nur ein »sehr rührendes Bild ihres freundlichen Glückes, das nun schon zwanzig Jahre dauert«; mehr noch freut er sich darüber, wie »gütig« Constanze die überraschende Nachricht von seiner Beziehung zu Josephine aufgenommen hat.

Noch in den ersten Stunden unseres Wiedersehens, wurde von dir, meinem einzigen Glück gesprochen. Der Ring wurde gegeben (wohl ein Geschenk Josephines an Constanze) *und gerne angenommen, mit einem Wort, sie* (die Eltern) *lieben mich so, daß sie nothwendig auch alles lieben müssen, was mich liebt, und was ich liebe. Könnte meine J. doch auch hier seyn! Du hättest gewiß so innigen Theil an unserer Freude genommen, sie um vieles erhöht...*

trägt er in sein Tagebuch ein.
Ganz so optimistisch, wie es Wolfgang im Überschwang seiner Gefühle schildert, dürfte es Constanze nicht gesehen haben. Schließlich handelte es sich bei Josephine um eine verheiratete Frau, Mutter zweier Kinder, und diese Beziehung würde in einer Provinzstadt wie Lemberg unweigerlich zum Eklat führen und den Namen Mozart in Verruf bringen. In diesem Punkt aber pflegte die Mozart-Witwe empfindlich zu reagieren. Und Constanze sah noch eine andere Gefahr: Sollte Wolfgang etwa in dem »garstigen Lemberg« hängenbleiben? Dem englischen Ehepaar Novello vertraute Constanze ihre Sorgen an, und Vincent Novello notierte in seinem Reisetagebuch,[71] ausdrücklich mit dem Vermerk »privat«:

Die Freundin des jungen Mozart in Polen ist eine Gräfin, die leider mit einem Mann verheiratet ist, den sie nicht liebt. Er hängt so sehr an ihr, daß seine Mutter fürchtet, er würde Polen ohne sie nie für lange Zeit verlassen, und da er sie wegen ihres Mannes nicht mitnehmen kann, verzweifelt Madame Mozart daran, daß er sich je in Wien oder in einer Hauptstadt niederlassen wird, wo er besser gekannt oder geschätzt wäre.

Constanze sollte recht behalten, auch wenn sie damals, während Wolfgangs »Kunstreise«, noch hoffen konnte, die Trennung würde das ihre dazu beitragen, die Leidenschaften abkühlen zu lassen. Das Gegenteil war der Fall. Die Ungeduld, im nächsten Ort einen Brief der Geliebten vorzufinden, trieb Wolfgang von einem Konzert zum anderen, ständig bemüht, die Aufenthalte abzukürzen, um nur möglichst bald zu Josephine zurückkehren zu können.

Die Konzerte selbst stürzen Wolfgang in ein Wechselbad der Gefühle. Auf der einen Seite sind es unbestreitbare Erfolge, die ihn zu der verschmitzten Bemerkung veranlassen, er habe wieder einmal Gelegenheit gehabt, »sein Gesicht in bescheidene Falten zu legen«. Anderenorts dagegen findet er fast leere Säle vor und hat Mühe, angesichts echter oder vorgetäuschter Probleme überhaupt ein Konzert zustandezubringen.

Lag es daran, daß Wolfgang versuchte, in seinen Programmen Werke des Vaters mit eigenen Kompositionen zu vermischen, was den Unterschied um so deutlicher hervortreten ließ? Ein Teufelskreis für ihn, den Mozart-Sohn: Die Veranstalter erwarteten von ihm mit Recht, daß er sich dem Andenken seines Vaters verpflichtet fühlte, spielte er aber dann dessen Werke, wurden Maßstäbe angelegt, die der Sohn nie und nimmer erfüllen konnte.

Wolfgang war sich dieses Dilemmas bewußt. Als er in der kleinen Residenzstadt Oldenburg konzertiert, bleibt ihm die »Aufnahme unvergeßlich«, doch ist er ehrlich genug, hinzuzufügen, »... die ich hier freylich nur meines Nahmens wegen fand«. Es ist eher eine Welle des Mitgefühls, die ihm entgegenschlägt, auch von Seiten Carl Maria von Webers, des berühmten *Freischütz*-Komponisten, den Wolfgang in Dresden besuchte. Sohn Max beschreibt die Empfindungen seines Vaters:

Bald gesellte sich zu dem Interesse ein Gefühl herzlichen Mitleids, als er (Carl Maria von Weber) *sah, wie der Wackere* (Wolfgang), *der die Unklugheit begangen hatte, einem unerreichbaren Vater auf derselben Bahn nachzuschreiten, unter dem Druck seines großen Namens litt, der all sein rüstiges Streben, welches ihn unter anderen Verhältnissen auf einen sehr anerkennungswerten Standpunkt gehoben haben würde, unablässig in tiefen Schatten stellte, allen, wenn auch noch so redlich erworbenen Erfolgen in seinem Gefühle den Beige-*

schmack von… reflektiertem Glanze gab und zuletzt sein Herz zerbrach…[72]

Aber es wurden auch andere Stimmen laut, wie etwa aus der Umgebung Beethovens. Der bereits taube Meister hätte es gerne gesehen, wenn Wolfgang auch ihm seine Aufwartung gemacht hätte, was aus unerfindlichen Gründen unterblieb. Die Enttäuschung Beethovens und seiner Umgebung schlägt sich in den sogenannten Konversationsheften nieder,[73] der einzigen Form, in der Besucher sich noch mit dem Meister unterhalten konnten. Dort stehen Sätze, wie:

Daß er (Wolfgang) *bisher nicht suchte mit Ihnen bekannt zu werden und sich Ihnen zu nähern macht seinem Sinn keine Ehre*

oder

Man wird hier vieles für ihn thun, es scheint aber nicht, daß er einen Platz unter den Künstlern hier jemals behaupten kann.

Einer der Besucher hält den Mozart-Sohn sogar für »ungeheuer eitel«.
Bei der mimosenhaften Empfindlichkeit und geradezu krankhaften Bescheidenheit Wolfgangs mag es eine Art Selbstschutz gewesen sein, sich hinter einem gespreizten Benehmen zu verstecken – seiner wahren Natur entsprach es sicher nicht. Und dann die Verunsicherung! Irgendwann auf der Reise muß ihn die Erkenntnis eingeholt haben, doch nie aus dem Schatten seines Vaters heraustreten zu können, als freier Künstler auf zu unsicheren Füßen zu stehen, um die Geliebte fester an sich binden zu können.
Das läßt ihn zögern, nach Lemberg zurückzukehren, obwohl er Josephine noch kurz, bevor er österreichischen Boden betrat, versichert hatte, »izt trennt uns keine Gränze mehr, und in ungefähr zwey Monaten bin ich wieder bey dir«. Doch statt in die Arme der Geliebten zu eilen, dehnt er seinen Aufenthalt in Wien über Gebühr aus. Er geht häufig in Konzerte und ins Theater, trifft Freunde und besucht seine

alten Lehrer, darunter auch Salieri, und orientiert sich schließlich nicht nach Norden, sondern in Richtung Süden, nach Mailand, um seinen Bruder Karl zu besuchen.
Die Freude der Brüder, sich nach über 20 Jahren wiederzusehen, ist dann auch groß, wie überhaupt das herzliche Einvernehmen zwischen den Mozart-Söhnen zu den wenigen Lichtblicken im ansonsten zumeist freudlosen Geschehen um das Requiem gehört. Ihr Wiedersehen wird allerdings überschattet durch das Scheitern eines Konzerts, das sich, von Wolfgang fest eingeplant, wieder einmal nicht verwirklichen ließ: Die Herren Musiker wollten von einer Probe nichts wissen, und der Solistin hatte es beliebt, so Wolfgang, »sich am Abend vorher zu verkühlen«.
Von Italien tief enttäuscht, reist Wolfgang nach vier Wochen wieder ab. Seinem Bruder Karl schreibt er ins Stammbuch:

Ebenso unbeschreiblich meine Gefühle am Abend unseres Wiedersehens wie heute am Vorabend unserer Trennung! – Der Himmel gebe, daß es nicht wieder eine zwanzigjährige Trennung sey!

Es wird dennoch weitere 22 Jahre dauern, bis sich die Brüder wiedersehen ...
Auf seiner Reise machte Wolfgang übrigens auch die Bekanntschaft mit dem Requiem – auf recht ungewöhnliche Weise. Schauplatz war Frankfurt, und das Ungewöhnliche der Aufführung: Sie fand lediglich mit Klavierbegleitung statt, und unter Umständen, die heute Schmunzeln auslösen, damals aber die Gemüter heftig erhitzten und einige sogar von einem »musikalischen Hochverrath« sprechen ließen.
Das war geschehen: Zufall oder fehlerhafte Planung – man hatte das Requiem für denselben Abend angesetzt, an dem im Opernhaus nach mehrjähriger Pause erstmals die *Hochzeit des Figaro* über die Bühne gehen sollte. Ausgerechnet Mozarts *Figaro*! Und da hierfür das Orchester unentbehrlich war, mußten sich die Veranstalter des Requiem mit der Klavierbegleitung begnügen (was unschwer zu vermeiden gewesen wäre, hätten sich beide Parteien auf eine Verschiebung des Termins verständigt).

Beide Aufführungen liefen also gleichzeitig ab, und von tieferer Bedeutung bei diesem »Scherz«: Bei dem ungleichen Wettstreit Requiem gegen *Figaro* siegte Mozarts Totenmesse – trotz unzulänglicher Klavierbegleitung. Die Menschen waren zum Konzert des *Cäcilien-Verein* geströmt, das Opernhaus aber war leergeblieben. Ein Grund für den Berichterstatter, sich über die »Versündigung gegen Kunst und Publikum« zu empören, was »von letzteren mit der höchsten Verachtung bestraft werden müßte«.

Für Wolfgang hatte es freilich sein Gutes: Auf diese Weise lernte es etwas von der Aufführungspraxis des Requiem kennen, erfuhr er, in welchem Rahmen die Totenmesse seines Vaters zelebriert zu werden pflegte, und konnte daraus später Nutzen für seine eigenen Aufführungen des Requiem ziehen. Sein Tagebuch gibt dieses denkwürdige Frankfurter Konzert bildhaft wieder:

Dinstag den 5ten Dec. (1820)... Abends war dann die eben so feyerliche als rührende Todtenfeyer meines Vaters. In einem schwarz behängten Saale, wurde von dem Cäcilien Singverein das Requiem meines Vaters, mit außerordentlicher Präzision und wundervollem Vortrag gesungen. Es blieb nicht zu wünschen übrig als die Orchesterbegleitung, die doch bey der Vortrefflichkeit des hiesigen Orchesters von herrlicher Wirkung hätte seyn müssen. Obwohl nur vom Klavier unterstützt, sehr viele Thränen flossen... Es waren an die 500 Zuschauer, alle in schwarzen Kleidern. Nach diesem feyerlichen Acte... gingen wir zu einem Mitgliede soupiren.

Sehr beeindruckt scheint dieser Abend Wolfgang nicht zu haben. Seine Schilderung klingt seltsam distanziert, und das anschließende Souper erscheint ihm wichtig genug, erwähnt zu werden; eine bei ihm sonst ungewohnte, scheinbare Oberflächlichkeit, die nur damit zu erklären ist, daß Wolfgang alles verdrängte, was irgendwie die Schatten des Jenseits heraufbeschwor. Er hatte eine bisweilen geradezu groteske Angst vor dem Sterben,[74] und das Requiem erinnerte nun einmal daran...

Das führt zu der Frage: Was wußte Wolfgang, was wußten die

Söhne eigentlich von den Manipulationen der Mutter mit Mozarts Totenmesse? War ihnen die Beteiligung Süßmayrs bekannt?
Nichts spricht dafür. Weder Wolfgang, noch sein Bruder Karl haben jemals zu erkennen gegeben, um die Hintergründe zu wissen. Constanze scheint die »geheimnißvolle Verborgenheit« der Messe auch ihren Söhnen gegenüber aufrechterhalten zu haben. Im übrigen: Wolfgang war noch ein Kind, als Constanze sich anschickte, Kapital aus dem unvollendeten Requiem zu schlagen, und Karl, seit 1798 in Italien lebend, war zu weit vom Schauplatz entfernt, um über die Zusammenhänge informiert zu sein, die ohnehin nur einem kleinen Kreis von Eingeweihten zugänglich waren.
Viel hätte nicht gefehlt, und Wolfgangs Leben hätte nach dem ungewöhnlichen Requiem-Erlebnis, das ihm in Frankfurt zuteil wurde, ganz in der Nähe einen völlig neuen Verlauf genommen: In Darmstadt, der nächsten Station seiner Reise, eröffneten sich für ihn überraschend Aussichten auf eine Lebensstellung. Der Großherzog von Hessen-Darmstadt bot ihm den Posten eines Kapellmeisters an, zu verlockenden Bedingungen. Seine Bezüge hätten anfangs 1600 Gulden betragen, und er hätte in absehbarer Zeit mit der stolzen Summe von 3000 Gulden rechnen können.
Kein Wunder, daß die Freunde ihn beschworen, zuzugreifen. Die Kapellmeisterstelle, meinten sie, würde Wolfgang das mühsame Herumreisen und Stundengeben ersparen, und er wäre damit endlich in jene »Cathegorie« aufgestiegen, die zu erreichen, für den inzwischen fast 30jährigen höchste Zeit war.
Das alles weiß Wolfgang. Er bittet den Großherzog um Bedenkzeit, um das Angebot zu überschlafen – dann lehnt er ab. »Ich konnte mich nicht entschließen und schlug es aus«, trägt er in sein Tagebuch ein, »denn ich sah dich weinend vor mir!« Gemeint ist Josephine, die »Braut« im fernen Lemberg.
Um so erstaunlicher, daß er auch diesmal – das erste Mal hatte er seinen Bruder in Mailand besucht – nicht den kürzesten Weg wählt, um zu Josephine zurückzukehren. Wieder einmal weicht er der Entscheidung aus, die er mit seiner Rückkehr nach Lemberg unweigerlich treffen würde, und

setzt stattdessen seine Rundreise in weitem Bogen fort, nach wie vor mit teilweise nur mäßig besuchten Konzerten, die ihn in seinen Zukunftsplänen nicht optimistischer stimmen. In desto freundlicherem Licht erscheint ein Abstecher Wolfgangs nach Salzburg, der Besuch bei seiner Tante, dem »Nannerl«. Er hatte die Schwester seines Vaters in den zurückliegenden drei Jahrzehnten (!) noch nie gesehen …

Das »Nannerl« hatte schwere Schicksalsschläge hinter sich, seit wir zuletzt von ihm gehört haben: Bereits vor 20 Jahren – wir schreiben das Jahr 1821 – war ihr Mann gestorben, und 1805 hatte sie ihre heranwachsende Tochter Jeanette im Alter von 16 ½ Jahren verloren. Im Jahr darauf starb ihr Stiefsohn Martin Cajetan und nach einem weiteren Jahr ihre Stieftochter Marianne, die ihr besonders nahegestanden und sie versorgt hatte. Auch von Sohn Leopold mußte sie sich trennen, als er im Napoleonischen Krieg eingezogen wurde und nach Kriegsende als königlich-bayerischer Beamter nach Tirol ging.

Damit war es still um die Mozart-Schwester geworden. Noch im Todesjahr ihres Mannes war sie von St. Gilgen nach Salzburg zurückgekehrt. Sie wohnte dort im Haus der befreundeten Familie Barisani, mit Blick auf ihr Geburtshaus und das ihres Bruders. Es mag manche Erinnerung an ihre glückliche Kindheit und an die triumphalen Konzertreisen wachgerufen haben, die sie mit dem »Wolferl« von hier aus durch ganz Europa unternahm.

Sie hatte sich einen kleinen Kreis von Schülerinnen zugelegt, die sie im Klavierspiel unterrichtete, mehr zum Zeitvertreib als wegen des Broterwerbs (ihr Mann hatte sie wohlversorgt mit einer Pension zurückgelassen). Mit dem Verlag Breitkopf & Härtel stand sie noch eine Zeitlang im Briefwechsel, dann hatten die Leipziger das Interesse an ihrer Person verloren.

Auf den Besuch des Neffen hatte sich »Nannerl« seit langem gefreut und seit Wochen ein Zimmer für ihn bereitgehalten, nachdem Wolfgang sein Kommen angekündigt hatte. Er läßt sich dann auch gleich nach der Ankunft zu ihr führen und ist tief bewegt von der herzlichen Freude, mit der sie ihn empfängt. Sie sähe noch »recht gut« aus, beschreibt er seine ersten

Eindrücke. Leider habe sie vor einigen Jahren das Unglück gehabt, ihr rechtes Auge zu verlieren. Sie sei lebhaft und erinnere sich gut des Bruders und der gemeinsamen Reisen, auch wenn seither 60 Jahre verflossen seien.
»Ich konnte mich lange nicht von ihr trennen«, schließt Wolfgang seinen Bericht vom Tag der Ankunft, »und statt, daß ich ihr erzählen sollte, mußte *sie* mir erzählen...« So erfährt der 30jährige Wolfgang aus berufenem Munde mehr über seinen Vater, als ihn seine Mutter bisher hat wissen lassen, und kann sich erstmals ein ganz persönliches Bild von ihm machen; auch von der Umgebung, in der er gelebt hat, denn die Tante habe ihn, so Wolfgang, »zu erst in das Haus, wo mein Vater gebohren war« geführt. Die Nachkommen der Besitzer,[75] »einst Gespielen meines Vaters«, seien »bis zu Thränen gerührt« gewesen, »als durch meine Erscheinung, ihnen so manches Bild einer glücklicheren Vergangenheit aufgefrischt wurde«.
Wolfgang genießt das alles, auch die landschaftlichen Schönheiten Salzburgs und seiner Umgebung. Er erlebt unbeschwerte 14 Tage in angenehmer Gesellschaft, und was ihm bisher an familiärer Nestwärme gefehlt hat, wird ihm hier in reichlichem Maße zuteil. Lemberg und Josephine lagen wohl nie so weit entfernt, wie in diesen Tagen...
Mit seiner Tante verbindet Wolfgang von nun an ein selten inniges Verhältnis, und »Nannerl« schreibt ihrem Neffen ins Stammbuch:

In meinem 70zigsten Lebens Jahre genosse ich noch die unaussprechliche Freude, den Sohn meines unvergeßlichen Bruders das erstemahl zu sehen, und ihn, ganz nach dem Geschmack, seines Vaters spielen zu hören, welche süße zurück Erinnerung war dieses! für seine Tante Maria Anna Freyfrau von Berchtold zu Sonnenburg gebohrene Mozart. Salzbur den 24ten May 1821.

Für diesmal waren es ihre Abschiedsworte, aber das herzliche Einvernehmen zwischen Tante und Neffen blieb auch weiterhin bestehen, trotz der nicht zu überwindenden Kluft zwischen seiner Mutter und »Nannerl«. Wolfgang kam zwar nur

alle drei bis vier Jahre nach Salzburg, doch versäumte er nie, seine Tante zu besuchen, ehrerbietig und um das Wohl der alten Dame besorgt, die mit zunehmendem Alter immer hinfälliger wurde und schließlich ganz erblindete.
Wolfgang übernahm es auch gerne, Besucher von auswärts zu seiner Tante zu führen, wenn ihr ein solcher Besuch erwünscht war. Dem englischen Ehepaar Novello, wir haben wiederholt von ihm gesprochen, gewährte sie diesen Vorzug, und Vincent Novello zeigte sich beeindruckt von der Aufmerksamkeit, mit der Wolfgang sich um seine Tante bemühte. »Ich war besonders erfreut von der respektvollen und gütigen Herzlichkeit, die Mozarts Sohn ihr bezeigte, indem er sie wiederholt ›meine liebe Tante‹ nannte und alles tat, um ihre Wünsche zu erfüllen«, vermerkt Vincent in seinem Reisetagebuch.[76]
»Nannerl« hat es ihrem Neffen noch zu Lebzeiten gedankt, und dabei auch Karl, den sie nie kennengelernt hat, mit eingeschlossen: Als der Offenbacher Verleger André einen Neudruck des Requiem plant und den Reinerlös der Subskription der Mozart-Schwester zukommen lassen will, winkt diese ab. Sie habe genug zum Leben, erklärt sie André, und wolle nicht »Gegenstand öffentlicher Aufmerksamkeit« sein; André möge die Einnahmen ihren beiden Neffen gutschreiben, was er dann auch werbewirksam getan hat.
In der *Caecilia*, einer Zeitschrift, die noch für einiges Aufsehen in der Geschichte des Requiem sorgen wird, gibt André bekannt:

Der volle reine Ertrag der Subscription, welchen ich anfänglich der in Salzburg noch lebenden, 75jährigen, blinden Schwester des unsterblichen Tondichters… zugedacht hatte, ist nunmehr, durch deren edelmüthige Willenserklärung vom 31. vorigen Monates (Januar 1826) *für die beyden Söhne des Verewigten bestimmt.*

Was Constanze veranlaßt, Karl – und vermutlich auch Wolfgang – aufzufordern, sich bei der Tante zu bedanken:

Ich habe zu bemerken, daß ich sicher erwarte und wünsche, daß du das Geschenk, welches dir durch die Willenserklärung deiner Tante zu Theil werden soll, mit Dank empfangen wirst. Noch mehr. Als der Antrag von dem Hofrath deiner Tante gemacht ward, wünschte ich gleich insgeheim, daß die Tante, die dazumal einen nahen Tode entgegen sehen konnte, in welchem Falle der dem Namen Mozart geweihte Ertrag einem Nicht-Mozart, sogar unmittelbar, zugefallen wäre (Constanze hatte also Angst, »Nannerls« Sohn Leopold von Berchtold zu Sonnenburg könnte in den Genuß der Einnahmen kommen), *die vernünftige Überlegung haben möchte, über denselben ganz natürlich zu Eurem Vortheil zu disponiren ... Deine Sache wäre es wol, nun der Tante, und dem Hofrath später oder wenn du willst, deine entsprechenden Gefühle zu bezeugen ...*

Constanze gedenkt auch hier nicht, ihre Hand ganz aus dem Spiel zu lassen, und fährt fort:

Vielleicht thust du recht wohl, den Brief an Letzteren mit deinem Bruder zu concertiren, damit Ihr Euch ungefähr auf gleiche Art äußert, wie es sich auch am besten ziemt. Ich bitte dich ausdrücklich, den Brief an A. mir zu senden und durch mich weiter absenden zu lassen, damit ich ihn kenne.[77]

Karl hat dem Wunsch der Mutter erst 20 Monate später entsprochen (vermutlich hatte er bis dahin noch kein Geld gesehen). Für Wolfgang und ihn war es, nebenbei bemerkt, das erste und einzige Mal, daß sie aus dem Druck des Requiem finanziellen Nutzen ziehen konnten.

Nach seinem Besuch beim »Nannerl« war Wien die letzte Station für Wolfgang. Hier endet seine zweijährige »Kunstreise« und seine Tagebuchaufzeichnungen brechen plötzlich ab. Noch einmal, im August dieses Jahres (1821) gelingt es ihm, ein Konzert in seiner Vaterstadt zu veranstalten, sein letztes für nahezu zwei Jahrzehnte und in bescheidenem Rahmen dazu: Er bestreitet eine Art Zwischenaktmusik im Theater an der Wien ...
Die Resonanz ist, wie immer, freundlich, aber keineswegs überschwenglich. Sein Spiel zeichne sich durch eine »gewisse

Ruhe und Nettigkeit« aus, heißt es – ein bißchen wenig für den Sohn des großen Mozart, zu wenig auch für jemand, der die Absicht hatte, sich ganz in Wien niederzulassen. Denn diesen überraschenden Plan hatte Wolfgang offenbar kundgetan. Er wolle »nach einigen Reisen durch Deutschland, Schweitz und Italien wieder in Wien verbleiben und gedenke, in der Musik sowohl als Tonsetzer als auch im Unterricht zu wirken«, berichtet die Zeitung.

Bei dieser Absichtserklärung Wolfgangs (was war mit Josephine?) blieb es dann auch; bei der spürbaren Zurückhaltung des Wiener Publikums hatte er keine Chance. Immerhin dehnte er seinen Aufenthalt noch bis zum Herbst 1822 aus, ohne daß darüber Näheres in Erfahrung zu bringen wäre. Dann kehrte er nach Lemberg zurück. Endlich – in den Augen Josephines! Wolfgang aber tritt die Rückreise resignierend und am eigenen Talent verzweifelnd an, nachdem ihm unterm Strich der durchschlagende Erfolg in der »großen Welt der Musik« versagt geblieben war.

In Lemberg nehmen die Dinge einen recht undramatischen Verlauf. Man hat sich arrangiert, das heißt, Wolfgang wohnt mit der Geliebten unter einem Dach, mit Billigung des Hausherrn, versteht sich – ein willkommener Gesprächsstoff für den Klatsch der Lemberger Gesellschaft. Wohl im Interesse der Kinder ist man zur Tagesordnung übergegangen: Nach stürmischem Beginn segelt das Schiff der Liebenden sozusagen in ruhigeren Gewässern. Die beste Lösung für alle Beteiligten?

Zumindest ist wieder Ruhe eingekehrt, und der Alltag nimmt seinen Lauf. Wie er im Haus des Gubernialrates ausgesehen hat, schildert der Lottobeamte Joseph von Spaun. Nach Lemberg versetzt, erfährt er, ein Freund Franz Schuberts, mehr oder weniger unfreiwillig die Gastfreundschaft der Baroni-Cavalcabòs:

»Ich wollte in Lemberg keine Bekanntschaften machen«, schränkt Spaun ein, »obwohl mich schon die Gräfin Revertera in Przemysl dringend aufgefordert hatte, mich ja bei dem Gubernialrate v. Baroni aufführen zu lassen, da dessen Frau, eine geborene Gräfin Castiglioni, sehr liebenswürdig und sehr musikalisch sei, und dort wöchentlich schöne Musiken

gegeben werden, welche der im Haus wohnende Sohn des großen Mozart dirigiere.«
Eines Tages sei der »erste Kreiskommissär« zu ihm gekommen, um ihn bei den Baroni-Cavalcabòs einzuführen. »Ich sträubte mich sehr«, so Spaun, »allein es half nichts ... und so wurde ich beinahe mit Gewalt der Frau v. Baroni ... aufgeführt, die mich in der ihr eigenen liebenswürdigen Weise empfing. Schon am nächsten Tag kam ihr Gatte zu mir, um mich ein- für allemal für jeden Freitag zu Mittag zu laden, indem an diesem Tag nach Tisch musiziert wird.«
Anfangs sei er noch befangen gewesen, doch sei er durch die »Liebenswürdigkeit des genannten Hauses förmlich bezwungen« worden und habe es »mit vieler Freude« besucht. »Die zahlreiche Gesellschaft, aus Deutschen und Polen, Fürsten und Grafen, Generälen und Geistlichen, sowie Sänger und Sängerinnen, die bei der Musik mitzuwirken hatten, bestehend, war eine sehr gemischte«, zeichnet Spaun ein anschauliches Bild der Festlichkeiten im Hause des Gubernialrates,

»allein die liebenswürdige (immer wieder dieses schmückende Beiwort!) Hausfrau vermittelte in anziehendster Weise, und die Diners waren durchaus heiter.
Nach Tisch wurde bis in die Nacht trefflich musiziert. Die Hausfrau selbst glänzte durch Stimme und Vortrag, und von den beiden Töchtern war die jüngere, 13jährige, bereits eine wahre Virtuosin auf dem Klavier. Mozart dirigierte und sorgte für die Auswahl klassischer Musik. Ich kann diesem Haus«, schließt Spaun seinen Bericht, »nie dankbar genug sein für die freundlichen Stunden, die ich fremder Exilierter dort genossen.«

Ein Bild vordergründiger Harmonie, das die Frage unbeantwortet läßt, wie Wolfgang hinter dieser heiteren Fassade mit seiner unerfüllten Liebe zu Josephine fertig geworden ist. Er scheint sich auch diesmal, ähnlich wie in der Musik, mit dem Erreichen des Möglichen zufriedengegeben zu haben. Und Josephine? Sie wird glücklich gewesen sein, Wolfgang überhaupt in ihrer Nähe zu wissen, und das wird von nun an für immer der Fall sein.
Zweimal noch wird das Requiem eine, man kann sagen,

schicksalhafte Rolle in Wolfgangs Leben spielen. Einmal beim Tod des Stiefvaters – wir werden darauf noch zurückkommen –, als Constanze ihren Sohn bittet, zur Einweihung des Grabmals für Nissen nach Salzburg zu kommen; auf eigene Kosten bezeichnenderweise, was dem nicht sehr begüterten Wolfgang schwer genug gefallen sein mag.[78] Constanze ihrerseits stellt es als einen Akt selbstverständlicher Dankespflicht dem Stiefvater gegenüber dar, und es finden sich in Nissens erweiterter Mozart-Biographie später die Sätze:

Im Jahre 1826 im August reiste er (Wolfgang) *von Lemberg, seinem dermaligen Aufenthaltsorte, auf Verlangen seiner Mutter nach Salzburg, um den Tribut seiner kindlichen Dankbarkeit gegen seinen im Monat März desselben Jahres verstorbenen zweyten Vater, den Königl. Dänischen Etatsrath und Ritter des Danebrog-Ordens, Georg Nicolaus von Nissen, der die beyden noch kleinen Söhne des grossen Künstlers erzogen hat,*[79] *darzulegen, indem in der Universitätskirche … ein feyerliches Seelenamt … abgehalten wurde, und wobey Mozart's Schwanengesang, das unübertreffliche Requiem unter der Leitung des Sohnes aufgeführt wurde. Nach allgemeinem einstimmigen Zeugnisse wurde Mozart's Requiem in Salzburg niemals so gut gehört, als dieses Mal unter der Direction von Mozart's Sohne.*

Nach wie vor hält man vergeblich Ausschau nach einem Satz, einem Wort, das an Süßmayrs Mitarbeit erinnern würde. Vorbehaltlos wird die Totenmesse als »Mozart's Schwanengesang« vorgestellt und Sohn Wolfgang als ein würdiger Erbe, bei dem das Requiem sozusagen in besten Händen liege. Dennoch scheitert Constanzes Plan, Wolfgang eine Kapellmeisterstelle in Salzburg zu verschaffen. Zwar finden sich wohlwollende Freunde, die ihn unterstützen, doch muß Wolfgang ohne Zusage wieder abreisen.
Das war die eine Aufführung, die andere: Nach Lemberg zurückgekehrt, sollte ihm das Requiem zu einem neuen Start verhelfen. Dort hatte er, gleich nach seiner Rückkehr, den *Cäcilien-Chor* gegründet, nach dem Vorbild des gleichnamigen Chores, der, wir erinnern uns, in Frankfurt für Furore mit dem Requiem gesorgt hatte.

Wolfgang, Feuer und Flamme für seine Neugründung, schreibt der Mutter:

Mein Cäcilien-Chor macht mir täglich mehr Freude. Wir haben eben das Mozartsche Requiem einstudiert, und werden es am 5t Dec., als am Sterbetag meines unvergeßlichen Vaters in der russischen Kirche, weil diese den geräumigsten Chor hat, aufführen.

Tatsächlich findet dann die Aufführung erst einen Tag vor Heiligabend 1826 in der Lemberger Schloßkirche statt, ein Ereignis besonderer Art. Der Andrang wäre ungewöhnlich groß gewesen, berichtet die Zeitung am Ort,

und schon von außen bemerklich an der Menge von Wagen, welche nicht bloß den Schloßhof ganz füllten, sondern auch einen bedeutenden Platz des nahen Jahrmarktplatzes einnahmen. Nicht weniger beträchtlich war die Anzahl der Fußgänger, welche ungeachtet des ungünstigen Wetters an den ziemlich entfernten Andachtsort wallfahrteten.

Es muß ein stimmungsvolles Bild gewesen sein, dieses »Wallfahren« zur Schloßkirche, wohl im winterlichen Schneetreiben, wenn man das »ungünstige Wetter« um diese Jahreszeit so deuten will. Die Aufführung selbst sei des »unübertrefflichen Meisters würdig« gewesen, lobt die Zeitung, sie habe auch den »schwierigsten Partieen durch Reinheit, Präcision und richtige Betonung des Vortrags« entsprochen und den »mächtigen Zudrang zur Stätte der Erbauung« gerechtfertigt.

Das Ganze leitete Herr Wolfgang Amadé (!) *Mozart, der jüngste Sohn des verewigten Meisters, welcher seit Jahren in unserer Mitte weilt... Die Singpartien waren ausschließend von den Mitgliedern des erst vor wenigen Monaten hier gegründeten Gesangs-Instituts des sogenannten Cäcilien-Chors, besetzt, und ein freundlicher Glücksstern vereinigte zu den Solopartieen die vorzüglichsten Gesangstalente, worunter zwey Damen des ersten Ranges* (darunter vermutlich auch Josephine von Baroni-Cavalcabó, Wolfgangs große Liebe), *ebenso ausge-*

zeichnet durch reiche Naturanlagen und seltene Ausbildung derselben, als hochgestellt durch Geburt und Rang...

Schließlich versäumt es der Chronist nicht, »als einen ganz besonderen Beweis der allgemein verbreiteten Ergebenheit und tiefen Verehrung für den hohen Geist Mozart's noch zu erwähnen, daß zur Darstellung dieses Requiems auch eine Abteilung der Kapelle des hier garnisonirenden Infantrie-Regiments Mariassy... ohne alle Entschädigung mitgewirkt hat«.
Geschadet hat es der Requiem-Aufführung offensichtlich nicht. Wolfgang aber geht mit gestärktem Selbstvertrauen daraus hervor, zumal ihm sein *Cäcilien-Chor* auch menschlich viel Freude bereitet. Gerührt schildert Wolfgang seiner Mutter den Ablauf der vom Chor inszenierten Feierlichkeiten zu seinem Namenstag:

...Montag, am 29sten October, als am gewöhnlichen Versammlungstage meines Cäcilien-Chores, fand ich zu meinem nicht geringen Erstaunen bey meinem Eintritte den Saal schon beleuchtet, alle Mitglieder des Vereines schon versammelt (sonst bin ich immer der Erste), und die Gesellschaft noch durch dazu geladene Gäste vermehrt. Alle Herren waren schwarz, und die Damen auch festlich gekleidet. Ich war wirklich stumm vor Staunen und Verwirrung, endlich nöthigte man mich zu sitzen, und zugleich traten aus einem Nebenzimmer sechs der jüngsten und schönsten Mädchen des Vereines, gekleidet in die Farbe der Unschuld, und überreichten mir... einen sehr schönen silbernen und innen vergoldeten Becher nebst Untertasse mit einem Lorbeerkranze umwunden. Auf dem Becher ist die Inschrift: Der Lemberger Cäcilien-Chor seinem verehrten Stifter und Director W.A.M. zur freundlichen Erinnerung...

Und in einer der beiden Kantaten, die zu Wolfgangs Ehren gesungen wurden, hieß es: »Sein Name werd' in jedem Land', mit dem des Vaters einst genannt« – ein Wunsch, der Wolfgang zweifellos wohlgetan hat, nach dem sich das alles vor den Augen und gewiß auch unter Mitwirkung der geliebten Josephine abgespielt hat.

Allein die Freude ist nur von kurzer Dauer, das so hoffnungsvoll begonnene Unternehmen *Cäcilien-Chor* erweist sich als Strohfeuer. Bereits nach zwei Jahren löst sich der Chor wieder auf. Die Mädchen heiraten und die Männer werden zum Teil in die Provinz versetzt, um den Sängernachwuchs aber hatte sich keiner so recht gekümmert. Es war ein schwerer Rückschlag für den mit Erfolgserlebnissen nicht gerade verwöhnten Mozart-Sohn: Cäcilia, die Schutzpatronin der Musik, hatte ihm auch diesmal kein Glück gebracht!
In einem anderen Zusammenhang sollte ihr Name für erneute Aufregung sorgen, wird die trügerische Stille, die sich um das Requiem gebildet hatte, mit einem Paukenschlag unterbrochen: In der Zeitschrift *Caecilia* meldet sich ein Mann zu Wort, der freiweg erklärt, das Requiem stamme gar nicht von Mozart, unvollkommen, wie es sei, könne es sich gar nicht um ein Werk des Meisters handeln ...

10
Herr Weber sorgt für einen Sturm im Wasserglas

Hofgerichtsrat Gottfried Weber (1779–1839) wollte das Requiem nicht Mozart »angelastet« sehen.

Kaum zu glauben, aber mehr als 30 Jahre sind seit der Bestellung des Requiem durch den angeblich Unbekannten und der Komposition durch Mozart (und Süßmayr) vergangen, und noch immer weiß nur ein kleiner Kreis von Kennern um die wahren Zusammenhänge – ein Erfolg Constanzes, mit dem sie zufrieden sein konnte. Nur so ist es auch zu erklären, daß der Gelehrtenstreit, der nun entbrennt, eher einem Herumstochern mit der Stange im Nebel gleicht, denn einem Disput aufgrund gesicherten Wissens.

Von allen Werken unseres herrlichen Mozart, genieset kaum irgend Eines so allgemeine, so vergötterne Anbetung, als sein Requiem…,

läßt sich im August 1825 der Hofgerichtsrat Gottfried Weber vernehmen,[80] um nach dieser sichtlich wohlwollenden Einleitung die Mozart-Gemeinde mit der Behauptung zu schokkieren:

…dies ist aber eigentlich sehr auffallend, und beinah wunderlich zu nennen, indem grade dieses Werk ohne Anstand sein unvollkommenstes, sein wenigst vollendetes, – ja kaum wirklich ein Werk von Mozart zu nennen ist.

Ein Hofgerichtsrat als Streiter wider die Echtheit des Requiem? Nicht so ungewöhnlich, wie es den Anschein hat, denn in Gottfried Weber stellt sich gleichsam ein Mann mit zwei Gesichtern vor: Er ist erfolgreicher Jurist – zuletzt »Generaladvocat« am Darmstadter Kassationshof –, auf der anderen Seite aber hat er sich, nebenberuflich, ausgiebig mit Musik beschäftigt, in der Theorie, der Instrumentenkunde und der Komposition. Und was ihm besonderes Gewicht verleiht: Er hat zur Verbreitung seiner kühnen Thesen in der *Caecilia* ein wirkungsvolles Mittel zur Hand. Sie nennt sich eine Zeitschrift »für die musikalische Welt herausgegeben von einer Gesellschaft von Gelehrten, Kunstverständigen und Künstlern« (auch wenn diese zunächst nur aus seiner eigenen Person besteht...).

Immerhin, nach der *Allgemeinen Musikalischen Zeitung* in Leipzig fand auch die *Caecilia* Gehör bei den Musikfreunden, zumal Weber keine Gelegenheit ausließ, sich zu profilieren. Die Situation schien günstiger denn je: Die berühmte *AMZ* hatte an Boden verloren, seit der allseits geschätzte Rochlitz als Schriftleiter ausgeschieden und nur noch beratend tätig war. Verleger Härtel aber hatte sich bisher vergeblich um einen gleichwertigen Nachfolger bemüht.

Weber sah darin seine Chance, besonders willkommen, da er aus wirtschaftlichen Gründen unter Erfolgszwang stand. Der Verlag B. Schott's Söhne in Mainz hatte es ihm unzweideutig zu verstehen gegeben:

Daß wir für den Anfang Aufopferung bringen mußten, war uns bekannt, und dies haben wir getan so gut wie jeder Unternehmer der Art. Allein, daß wir fortwährend uns dazu verstehen sollen, können wir ebenso wenig wie jeder andere...[81]

Bei soviel Druck von oben war es kein Wunder, daß der streitbare Weber sich mächtig ins Zeug legte und auch große Namen, wie Beethoven, Meyerbeer, ja sogar Goethe mit seinen Angriffen nicht verschonte. Bei Mozarts Requiem fühlte er sich besonders angesprochen: Er selbst hatte ein Requiem komponiert und sich über die eigene, wie über Totenmessen im allgemeinen, in seiner *Caecilia* verbreitet (daß er dies ausgerechnet in der vorausgegangenen Ausgabe getan hatte, mußte natürlich den Verdacht erwecken, er wollte sein eigenes Reqiuem auf Kosten des Mozartschen herausstreichen).

Gleichwohl gab es beim Requiem Mozarts genügend Widersprüche und Irritationen, die eine Auseinandersetzung lohnten. Hatte nicht Rochlitz, angeblich von Constanze persönlich ins Bild gesetzt, berichtet, Mozart habe das Requiem beendet? Und hatte sich nicht andererseits der nicht minder glaubwürdige, gelehrte Gerber in seinem *Neuen historisch-biographischen Lexicon der Tonkünstler* die Version Niemetscheks zu eigen gemacht, wonach der Auftraggeber das Werk unvollendet erhalten habe? Schließlich gab es ja auch noch das »Geständnis« Süßmayrs, der, von Weber nur allzu gern gesehen, wesentliche Teile der Totenmesse für sich beanspruchte. Weber hat auch gleich eine Patentlösung bereit. Nach ihr könnten »beide Schriftsteller (Rochlitz und Gerber) so wohl als auch die Angaben des Hrn. Süssmayer, nebeneinander als wahr bestehen«. Das scheinbar Unvereinbare sei wie folgt unter einen Hut zu bringen:

Wir können nämlich ganz wohl mit Rochlitz annehmen, dass Mozart vor seinem Tode seinen Schwanengesang wirklich ganz – (oder vielleicht bis auf Kleinigkeiten) beendigt hatte. Wir können ferner mit Gerber annehmen, dass, nach Mozarts Tode das, ganz oder bis auf Kleinigkeiten fertige Manuscript des Werkes dem Unbekannten ausgehändigt worden. Weiter nehmen wir als bekannt an, dass der Unbekannte nicht entdeckt worden, und das ihm eingehändigte Originalmanuscript nicht wieder an's Tageslicht gekommen ist – was ja auch noch nie Jemand behauptet hat.

Wenn dem so sei, müsse man hier ansetzen, meint Weber und kommt auf die »Skizzen« zu sprechen:

Nun ist allbekannt, dass ein Verfasser eines ausgedehnten Werkes, bevor er das Manuscript desselben ordentlich und ausführlich zu Papier bringt, sich erst flüchtige Entwürfe, gleichsam erste Umrisse, oder Skizzen hinzuwerfen … pflegt. – Namentlich bei Vocal-Compositionen schreibt man stellenweis auch wohl die vier Singstimmen auf zwei oder auch mehr Zeilen vollständig erst in's Brouillon (Skizze, Entwurf), *und lässt dieselben dann partiturmässig abschreiben, um hernach erst in die vom Copisten leergelassenen Zeilen die Instrumentation auszuführen: kurz, man macht … Skizzen und sonstige Vorarbeiten der verschiedensten Art und Gestalt.*

Solche, unter Mozarts Papieren zurückgelassene Blätter seien ohne Zweifel das gewesen, was seine Witwe Süßmayr übergeben habe, *woraus dieser dasjenige Requiem, was wir dermalen besitzen, anfertigte.*

Weber folgert:

Dies Alles giebt uns die beinah evidente Gewissheit, dass das eigentliche fertige oder nächstfertige Manuscript dem Unbekannten, – späterhin aber dem Hrn. Süssmayer die zurückgebliebenen Brouillons, leider jedoch nur von einigen Nummern, eingehändigt worden; – wodurch wir denn freilich nun, statt des vorhin erwähnten, höchst gegründeten Verdachtes gegen die Echtheit des Requiem, die traurige, aber kaum mehr zu bezweifelnde Gewissheit erlangen, dass letzteres, ganz so wie Süssmayers Brief an die Verlagsbuchhandlung besagt, grösstenteils seine, und kein einziges Stück rein Mozarts Arbeit ist, das echte von Mozart geschriebene Requiem aber nicht – wenigstens bis jetzo nicht – an's Tageslicht gekommen ist.

Ein überraschender Lösungsversuch, und aus der Sicht Webers gar nicht einmal so abwegig: Der Auftraggeber hätte demnach das »echte«, von Mozart geschriebene Requiem erhalten, Süßmayr aber ein zweites angefertigt, von ihm aus einigen, von Mozart hinterlassenen Skizzen »zusammengestoppelt«.
Auch Webers Begründung hat etwas für sich. Mozart dürfte bei seiner »weltbekannten, fast beispiellosen Geübtheit und Gewandtheit im Niederschreiben seiner Ideen« doch wohl einiges mehr an Noten zu Papier gebracht haben, als Süßmayr später an Skizzen zur Verfügung stand. Und er erinnert daran, daß Mozart zur Komposition der Totenmesse »geraume Zeit vor seiner Prager Reise« und danach weitere »volle vier Wochen« zur Verfügung standen. Es sei dies eine Zeit »höchst anhaltender, angestrengter Arbeit« gewesen, in der Mozart ohne weiteres ein vollständiges Requiem habe komponieren können, eben jenes, das, dem Besteller als Original ausgehändigt, spurlos verschwunden sei.
Bis dahin eine, wie gesagt, durchaus schlüssige Beweisführung Webers; dann allerdings schießt er weit übers Ziel hinaus. In der irrigen Annahme, es würde sich bei dem in der

Öffentlichkeit kursierenden Requiem größtenteils um Süßmayrs Werk handeln, vergreift er sich in seiner Kritik auch an den von Mozart tatsächlich komponierten Partien.
So würde es ihm, Weber, »wehe thun, glauben zu müssen«, Mozart sei es gewesen, der den Chor-Stimmen »Gurgeleien« der Art des ›Kyrie‹ aufgebürdet hätte, ebenso im ›Cum Sanctis‹:

Zetter und Mordjo würden alle Sänger und Beurtheiler schreien, wenn unter einem anderen als Mozarts ehrfurchtgebietendem Namen… solche wilde gorgheggj (Triller), *noch gar in einem Kyrie ausgeboten werden wollten.*

Einmal in Fahrt geraten, nimmt sich Weber auch andere Teile des Requiem vor:

Eben so mögte ich bei Weitem lieber dem Hrn. Süssmayer als unserm Mozart die Ehre gönnen, im Tuba mirum, nach dem Posaunensolo, die furchtbar schauerliche Betrachtung des Rufes zum Gerichte der Lebenden und der Todten mit Melodieen folgender Gattung ausgedrückt zu haben (hier läßt Weber die eingängigen Takte 8 und 9 des Posaunensolos folgen), *und überhaupt das ganze, in seinen Grundzügen so grossartig ernste Tonstück, mitunter durch so versüsslichende Anklänge entmannt* (zu haben). *Himmel, wenn das wieder ein Anderer gethan hätte, nicht unter oder neben Mozarts Namen!!!*

Auch beim ›Confutatis‹ erscheint es ihm

im höchsten Grade unwahrscheinlich, dass Mozart, der so edel aufzufassen verstund, dessen ganzes Innere so herrlich und gross, einer solchen… ohrenbläserischen, selbstüschtigen Idee so geradezu entgegengesetzt gewesen sein muß… dass Mozart, sag' ich, solche Behandlung beabsichtigt haben könnte….

Oder an anderer Stelle:

Eben so wenig mögte ich Mozarten das bedeutungslose, wirre Herumfahren aus der Höhe in die Tiefe, und aus der Tiefe wieder in die Höhe... und vom Piano zum Forte und wieder zum Piano u.s.w. zuschreiben, bei der Wiederholung des Hostias.

Im gleichen Atemzuge bekommt auch das Publikum seinen Teil ab. Es säße

im Concertsaal wie in der Kirche, und mögte ja vergehen und zerfliessen vor süssem Wohlbehagen über das anmuthig schmelzende Tonspiel bei den Schauerworten... und lässt sich's auch nicht von ferne träumen, dass der herrliche Mozart sich gewiss knirschend im Grabe herumdreht, wenn er es hört, wie seine grosse tiefe Conception uns in solchen Tönen geboten wird, und dass man diese als die seinigen hinnimmt.

Ganz wohl scheint sich Weber dennoch nicht in seiner Haut gefühlt haben, muß er doch einräumen, daß es unter den von Süßmayr beanspruchten Teilen auch Partien gibt, »von denen man kaum glauben kann, dass so Etwas ganz in Süssmayers Garten gewachsen sein möge«. Er erinnert an den »des Allerhöchsten ganz würdigen Anfang des ›Sanctus‹, wie auch an »das wunderherrliche, kindlich fromme, und doch so edel erhabene Bendedictus!«, und er fragt verunsichert:

Sollte man da nicht in Versuchung gerathen, zu muthmassen, es möge sich unter den Brouillons hier und da immer doch noch ein Schnittselchen mehr gefunden haben, als in dem Briefe (Süßmayrs) *angegeben...*

Hier beginnt Weber zur tragischen Figur zu werden. Woher sollte er wissen, was nun wirklich von Süßmayr war oder was möglicherweise an Mozarts Ideen unter dessen Flagge segelte – und was allein Mozarts Werk war? Er wußte ja nicht das Geringste von den Originalen. Süßmayr, der Kronzeuge, war tot, Constanze schwieg oder ließ andere für sich reden, und diejenigen, die im Besitz Mozartscher Handschriften zum Requiem waren,[82] hielten sie unter Verschluß und hüteten sie auf das Sorgfältigste.

Da half auch der verzweifelte Aufruf Webers am Schluß seines *Caecilia*- Artikels nichts, es möge sich doch jeder melden, der über Mozart-Skizzen zum Requiem verfüge. Sie könnten, fürchtet er, »in irgend einem Winkel, wer weiss bei welchem misantropischen oder hypochondrischen Sonderlinge« verborgen sein; vielleicht aber auch »verscharrt und verloren unter den Papieren seiner Hinterlassenschaft, in den Händen unwissender Erben...« (Weber ahnte nicht, wie nahe er mit seiner Vermutung der Wahrheit nach dem Tod des Grafen Walsegg – er stirbt zwei Jahre später – kam). Es sei

höchst traurig, dass wir von Mozarts Originalarbeit nicht einmal... den Torso besitzen,... nicht einmal das, was von Mozarts Arbeit uns geblieben, nämlich seine Skizzen rein, wie sie aus des Meisters Händen hervorgiengen!

Und er ruft alle Musikfreunde auf, »zur unverbrüchlich treuen Bekanntmachung jener Original-Manuscripte auf jede ihm mögliche Art beizutragen«.
Da hatte sein Gegenspieler, Abbé Maximilian Stadler, schon die besseren Karten in der Hand. Er hatte nicht nur Constanzes Kopie und den Erstdruck mit dem Graf Walseggschen »Original« vergleichen können, sondern es auch die anderen Urschriften Mozarts zum Requiem zu Gesicht bekommen.[83]
Damit war es für Stadler ein leichtes, Webers Thesen der Lächerlichkeit preiszugeben. Er kannte die Originale, die Mozart vermeintliche »wilde Gurgeleien« im ›Kyrie‹, das »Ohrenbläserische« im ›Confutatis‹ oder das »wirre Herumfahren aus der Höhe in die Tiefe« im ›Hostias‹ enthielten.
Dank dieser Urschriften auf relativ sicherem Boden stehend, machte sich Stadler mit der gleichen Vehemenz wie Weber an die »Vertheidigung des Mozartischen Requiem«, mit Nachdruck »allen Verehrern Mozart's gewidmet«. Nur, er kann nicht verhindern, daß ihn sein Erinnerungsvermögen bisweilen trügt – das Ganze lag immerhin mehr als ein Vierteljahrhundert zurück – und er sich, wohl doch schon etwas vergreist, in Widersprüche verwickelt:

Gottfried Weber behauptet, Mozart's Requiem sey ohne

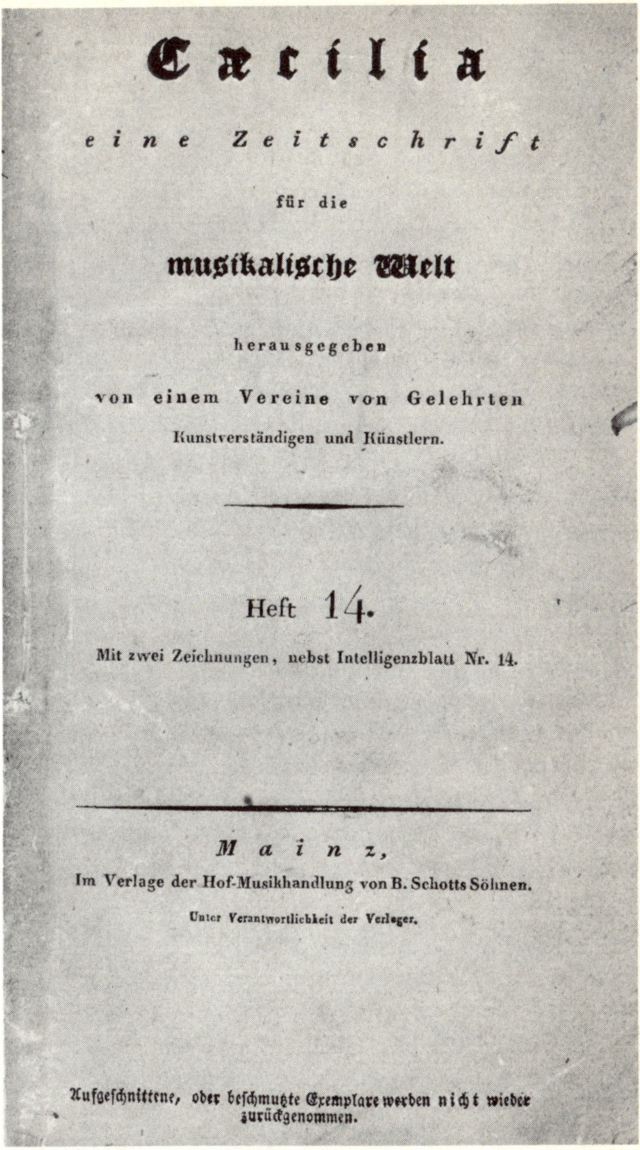
Cæcilia

eine Zeitschrift

für die

musikalische Welt

herausgegeben

von einem Vereine von Gelehrten

Kunstverständigen und Künstlern.

Heft 14.

Mit zwei Zeichnungen, nebst Intelligenzblatt Nr. 14.

Mainz,

Im Verlage der Hof-Musikhandlung von B. Schotts Söhnen.

Unter Verantwortlichkeit der Verleger.

Aufgeschnittene, oder beschmutzte Exemplare werden nicht wieder zurückgenommen.

Webers »Kampfblatt«, in dem er gegen die Echtheit des Mozartschen Requiem zu Felde zog.

Anstand sein unvollkommenstes, ein wenigst vollendetes, ja, kaum wirklich ein Werk von Mozart zu nennen. Die Thatsache, glaubt er, sey allgemein gleichsam vergessen. Nein! Es ist sein vollkommenstes, sein, so weit er es vor seinem Tod ausführen konnte, vollendetestes, ein echtes, reines Werk Mozart's. Es ist nicht von Süßmayrs aus Mozartischen Skizzen, Brouillons, Croquis, und Papierschnitzeln, wie Herr Weber dafür hält, zusammen gestoppelt. Mozart hat es selbst auf wälschem Papier mit zwölf Linien in eine förmliche, ordentliche Partitur gebracht. Es hat seine volle Richtigkeit mit dem, was Süßmayr in seinem Briefe an die Musikhandlung in Leipzig geschrieben, daß nähmlich die drey Hauptsätze, das Requiem mit Kyrie, Dies irae bis auf den letzten Vers, Domine Jesu, ganz aus Mozart's Hand geflossen, indem er die vier Singstimmen und den Grundbaß sammt Bezifferung ganz vollendet, zu der Instrumentirung aber die Motiven angezeigt hat ...

Es würden noch mehrere leben, die, wie er, Mozarts Urschriften in der Hand gehabt und mit »innigsten Vergnügen« durchgesehen hätten. Dann geht Stadler in Einzelheiten:

Der erste Satz Requiem, mit der Fuge, und der zweyte, Dies irae bis Lacrymosa, sind von Mozart größten Theiles selbst instrumentirt, und Süßmayr hatte nicht vielmehr dabey zu thun, als was die meisten Componisten ihren Notisten überlassen. Bey dem Lacrymosa fing eigentlich Süßmayrs Arbeit an. Aber auch hier hat Mozart die Violinen selbst aufgeschrieben: nur nach dem judicandus homo reus führte es Süßmayr bis zum Ende aus. Auf eben diese Art hat Mozart bey dem dritten Satz: Domine, in seiner Partitur, wo die Singstimmen schweigen, die Violinen selbst geschrieben; wo aber die Singstimmen einfallen, die Motive hier und da, jedoch deutlich, für die Instrumente angezeigt.

Die Praxis habe so ausgesehen:

Man glaube nicht, daß Süßmayr in diese (Partitur) *die Ausfüllung der Instrumente eingetragen habe. Er machte sich eine eigene, der Mozartischen ganz ähnliche Partitur; in diese über-*

trug er zuerst Note für Note, was Mozart's Original enthielt, alsdann befolgte er erst die gegebene Anleitung in der Instrumentirung aufs genaueste, ohne eine Note von den seinigen hinzuzusetzen, componirte selbst das Sanctus, Benedictus und Agnus Dei. Auf diese Weise war das Werk vollendet…

Dann aber, im Gefühl des sicheren Sieges, läßt sich Stadler dazu verleiten, ein heikles Thema anzurühren: Triumphierend weist er darauf hin, Weber hätte mit seiner Kritik zwar erst beim ›Kyrie‹ begonnen, doch würde er

vermuthlich den Anfang gleich bey dem Requiem gemacht haben, wenn ihm folgendes bekannt gewesen wäre. Denn wie Mozart das Motiv zum Kyrie aus einem Händel'schen Oratorium genommen, so nahm er auch das Motiv zum Requiem aus Händel's anthem for the Funeral of queen Caroline, composed in the year 1737.

Er habe schon vorher aufgezeigt, so Stadler, daß Mozart in seiner Jugend Händels Werke durchstudierte. Er habe »in diesem Anthem eine sehr geeignete Idee zu einem Requiem« gefunden, und

benützte sie, wie es einige Blätter seines Nachlasses bezeugen, führte sie nach seiner eigenen Art aus, fügte das Kyrie eben (auch) nach Händels Ideen hinzu, und da ihm nun wirklich der Auftrag gemacht wurde, ein Requiem zu componiren, suchte er hervor, was er schon früher entworfen, brachte alles in seine neue Partitur, und führte alles meisterhaft aus.

Und Stadler fährt begeistert fort:

Wahre Kenner werden sich gewiß einen köstlichen musikalischen Genuß verschaffen, wenn sie Händels Anthem und Mozarts Requiem vergleichen. Sie werden sehen, wie künstlich und schön beyde Meister ihren verschiedenen Choral bearbeiteten, und das ganz Motiv ausführten; Sie werden Beyde bewundern, und nicht wissen, welchem Sie den Vorzug einräumen sollten…

Weber, eigentlich bereits geschlagen, witterte Morgenluft: Wenn sich schon seine Theorie von einem Requiem Süßmayrs, nach Mozartschen Skizzen zusammengestellt, nicht länger aufrechterhalten ließ, dann sollte doch wenigstens festgehalten werden, daß Mozarts Requiem ursprünglich gar nicht für den »offenen Markt« gedacht war. Wie sonst hätte er, meint Weber, sich gerade bei seinem angeblichen »Schwanengesang« Händelscher Themen bedient (und sprach dies nicht überdeutlich für seine These von »Mozarts unvollkommenstem Werk«?)! Jedenfalls könne von dieser »Erborgung« abgeleitet werden,

daß selbst Dasjenige, was an dem Requiem von Mozarts Arbeit ist, von ihm selbst wohl nie dazu bestimmt war, als eine Composition von ihm zu gelten.[84]

Genüßlich schürft Weber weiter:

Nicht allein das Thema selbst ist geborgt, nicht ist, was wohl eher glaublich wäre, das geborgte Thema mit einem anderen, selbsterfundenen, eigenthümlichen Gegenthema verarbeitet: sondern es ist sogar auch das Gegenthema mitabgeborgt… Unser Befremden muß steigen, wenn wir ausserdem bemerken, dass es noch ein ganz eigenes Experiment war, ein ›Halleluja! We will rejoice (frohlocket laut!) *zum Kyrie einer Seelenmesse zu verarbeiten. Unser Befremden muss aber noch mehr steigen, wenn wir finden, dass nicht diese Fuge allein, sondern auch gleich die Introduction des ganzen Werkes, ebenso ersichtlich und unverkennbar wieder aus einem anderen Werk desselben Meisters, aus Händels Anthem for the Funeral of Queen Caroline, hergenommen ist, nur aus g-moll ins d-moll transponirt, und in grösseren Notengestalten geschrieben, an sich aber Eines wie das Andere lautend…*

Weber ist sich seiner Sache sicher:

Es würde, dünkt mich, doch ein starker Magen dazu gehören, oder vielmehr ein wenig starker Glaube an Mozart, um es wahrscheinlich zu finden, Mozart könne so *haben borgen wol-*

len. Gewiß würde *jeder wahre Verehrer des Unsterblichen in Herrn Stadlers Schriftchen gerne die Bestätigung lesen, dass diese Bearbeitungen Händelscher Themata eigentlich frühere Studien gewesen, durch welche Mozart seinen, wahrlich keiner Entlehnung bedürftigen... Genius... heranzubilden und zu stärken liebte.*

Und er zitiert Stadler, der ja »den ganzen musikalischen Nachlaß Mozarts durchgegangen« sei und entdeckt habe,

wie fleissig Mozart in seiner Jugend war, wie er nicht nur seine eigenen originalen Ideen, sondern auch von andern Meistern, die ihn besonders anreizten, zu Papier brachte, um sie späterhin auf seine eigene Art auszuführen... Ich (Stadler) *fand, wie er unausgesetzt den grossen Händel studirte, und ihn zu seinem Muster in ernsthaften Singsachen wählte.*

Weber, nun ganz von seiner Beweisführung überzeugt: Man werde

Mozarten wohl nicht zutrauen, er habe solche Studien als seine Composition *betrachtet wissen wollen, und dieselben seien Stücke eines Requiem, welches er der Welt oder dem freigebigen Besteller, wie Hr. Stadler ihn nennt, als ein* Requiem seiner Composition *habe schenken wollen...*

Hätte er dies tun wollen, hätte er gewiß mehr Fleiß darauf verwandt.
Dem hält Stadler entgegen:

Wer kann wohl sagen, daß Mozart den Fleiß bei dieser Arbeit gesparet habe? Hat er nicht vielmehr alle seine Geisteskräfte angewendet? Trafen ihn nicht achtungsvolle Freunde und Männer öfter bey dieser Arbeit kurz vor seinem Tode, die auch bereit sind, Zeugnisse auszustellen, daß sie ihn immer begeistert dabey antrafen?

Und weiter: Habe Mozart nicht dem auf Lieferung drängenden Besteller geantwortet,

»Anleihen« bei Händel.
Gegenüberstellung von Mozarts Einleitung des Requiem und Händels »Trauerkantate auf die Königin Charlotte (von England)« in der Zeitschrift »Caecilia«, Heft 16/1826, Seite 171.

An gleicher Stelle veröffentlichte Weber auch das »Hallelujah! we will rejoice« aus Händels Oratorium »Joseph« und vergleicht es mit der »Kyrie«-Fuge des Requiem, nicht ohne »Befremden«, daß Mozart hier ein »Hallelujah« zum Kyrie einer Seelenmesse verarbeitet hat.

das Werk sey ihm selbst immer interessanter geworden, er führe es viel weiter aus, als er erst wollte?

Daß Mozart zuletzt an einem Requiem gearbeitet hätte, wäre schließlich in Wien allgemein bekannt gewesen, und die »Erwartung auf's äußerste gespannt...«[85] Kurz, es gäbe genügend Gründe dafür, so Stadler, daß Mozart sein Requiem nicht so einfach mit der linken Hand hingeschrieben habe.
Die Wahrheit wird wohl, wie fast immer, in der Mitte liegen: Mozart scheint die für Graf Walsegg bestimmte Totenmesse anfangs tatsächlich als eine der üblichen Auftragsarbeiten angesehen zu haben, als eine Sache der Routine, zumal er das Eigentumsrecht daran abzutreten hatte. Daher auch das Fehlen jedes Hinweises auf die Totenmesse in seinem Werkverzeichnis, daher auch das »Ausborgen« fremder Themen für die einleitenden Sätze.
Dann aber, mit dem Fortschreiten der Arbeit, hat sich die Einstellung Mozarts zum Requiem grundlegend geändert, ist ihm dieses Werk zur Herzensangelegenheit geworden, wahrlich zum »Schwanengesang«. Stadler hat sich ausführlich darüber verbreitet, und auch die Intensität, mit der Mozart seinen Schüler Süßmayr mit allem vertraut machte, was ihm für die Totenmesse wichtig erschien, gehört hierher; sie vor allem läßt erkennen, wie sehr sich Mozart, in einer Vorahnung seines nahen Endes, mit dem Requiem identifizierte.
Das war es auch, was Weber letztlich zum Verlierer stempelte, wenn es bei diesem Sturm im Wasserglas überhaupt einen Sieger gegeben haben sollte: Mozart hat in den Wochen vor seinem Tod fieberhaft am Requiem gearbeitet, darüber gibt es keinen Zweifel. Was Webers These widerlegt, Mozart habe der Welt gar kein »Requiem seiner Composition« schenken wollen. Zum anderen weisen die Urschriften Mozart selbst als »Hauptbeteiligten« aus, weitaus mehr, als Weber ihm einzuräumen gewillt ist.
Was bleibt, ist Webers Verdienst, lautstark und provozierend an die Mitwirkung Süßmayrs am Requiem erinnert zu haben – nur, er fand sich unversehens in der Rolle des einsamen Rufers in der Wüste wieder, eines lästigen Rufers (ähnlich Süßmayr), der sich zudem in Unkenntnis des wahren Sach-

verhaltes einiger falscher Töne bediente. Sein Pech war es, daß das Publikum gar nicht an Süßmayr erinnert werden wollte, daß es in der Totenmesse allein Mozarts »Schwanengesang« sehen wollte, nichts anderes.
Die meisten hielten es ohnehin lieber mit A. B. Marx von der *Berliner Musikalischen Zeitung*, der, des ganzen Streites überdrüssig, fragte:

Wo ist denn überhaupt im Requiem ein Satz, der nicht wenigstens eine Spur von Mozarts Künstlerkraft trüge?

und der seinem Unmut kurzerhand mit den Worten Luft machte:

Hat das Mozart nicht geschrieben, nun wohlan, so ist der, der es geschrieben, ein Mozart!

Stadler sah sich damit seiner Probleme allerdings noch lange nicht ledig. Sie kamen, höchst überflüssig, von unerwarteter Seite: Der Offenbacher Verleger André hatte eine zweite Ausgabe des Requiem angekündigt, in der diesmal die Anteile Mozarts und Süßmayrs durch die Buchstaben M und S gekennzeichnet werden sollten. Das hätte weitere Klarheit bringen können, wenn, ja wenn Stadler nicht plötzlich einen Rückzieher gemacht hätte.
Er, von dem die Kennzeichnung stammen mußte (wer sonst sollte die Eintragung der Buchstaben in Constanzes Kopie vorgenommen haben, die André als Vorlage gedient hatte!), stellte sich ahnungslos. Aufgeschreckt durch das ihm übersandte Korrektur-Exemplar, geht er in Deckung:

Ich wenigstens weiß von diesen Buchstaben nichts und habe in der Wohnung der Wittwe M. (Mozart) *niemals eine rothe Tinte zu Gesicht bekommen* (mit ihr wurden die Markierungen eingezeichnet). *Diese gute Frau* (Constanze) *hat sich also geirrt, da Sie mir diese Buchstaben zuschrieb …*

schreibt er André und an anderer Stelle:

Ich zweifle... nicht, daß H. Nissen selbst diese Buchstaben in das Exemplar, welches Sie besitzen,... werde übertragen haben.

Nun, Nissen war inzwischen verstorben und konnte sich nicht mehr wehren. Der Grund für Stadlers Leugnen ist in einem Brief an Nissen, der ihn allerdings nicht mehr erreichte, zu finden. Vorsichtig gibt er darin zu bedenken:

Ich erinnere mich, daß bey dem Hostias einige Zweifel entstanden, ob es nicht Süßmayr verfaßt habe und dann könnte, zwar irrig, S darauf geschrieben worden seyn. Allein das Original zeigt unwiedersprechlich, daß es von M. (Mozart) *selbst gesetzt worden...*

Im Klartext: Das von Stadler seinerzeit allein Süßmayr zugeschriebene »Hostias« hatte sich zum Teil als Werk Mozarts herausgestellt. Stadler hatte seinen Irrtum einsehen müssen, als er bei Eybler das Original zu Gesicht bekam. Und so, wie er sich beim ›Hostias‹ geirrt hatte, mußte Stadler fürchten, auch in anderen Fällen etwas zu kühn vorgegangen zu sein...[86]
André aber läßt sich nicht aufhalten. Es war schon lange sein Wunsch gewesen, mit einer eigenen Requiem-Partitur auf den Markt zu kommen, und er kündigt dieses Vorhaben in der *Caecilia* seines Freundes Weber (André nennt ihn brieflich sogar »Vetter«, ohne daß ein engerer Verwandtschaftsgrad bekannt wäre) am 10. Januar 1826 wortreich an:

Da es hin und wieder im Publikum bekannt geworden war, dass ich wirklich ein Exemplar dieses Requiem besitze, in welchem die von Mozart und die von Süssmayer herrührenden Stellen angegeben seyen; so war es sehr begreiflich, dass ich von mehreren Seiten aufgefordert wurde, über die vor Kurzem von Hrn. Gfr. Weber über die Echtheit dieses Werks erhobene Frage meine Meinung öffentlich auszusprechen. Ich hatte, obgleich ähnliche Aufforderungen schon früher an mich gelangt waren, bis jetzt Anstand genommen, denselben zu entsprechen, weil es mir von der Wittwe Mozart nur als ein Geheimniss *anvertraut worden war, welchen Antheil Mozart und welchen Süssmayer an dieser Composition haben.*

Typisch für Constanzes »Geheimdiplomatie«, erst die Dinge anzusprechen, um dann den Partner zum Schweigen zu verpflichten! In diesem Fall hat sie André allerdings von der Schweigepflicht entbunden, denn er fährt fort:

Da mir jedoch so eben von Frau Staatsrath Constanze Nissen, verwittweten Mozart, welche durch die Weber'sche Anregung über die Echtheit dieses Werks hierzu veranlasst worden, die Aufforderung zugeht, die erhobene Frage durch eine öffentliche Bekanntmachung zu schlichten, indem ich dieses durch Herausgabe meines im Jahr 1800 von ihr bezogenen Exemplares ja vermöge; so zeige ich hiermit vorläufig an, dass ich dieses wirklich zu thun im Begriffe stehe.

Weber, André und Constanze, das wäre eine Phalanx gewesen, der Stadler machtlos gegenübergestanden wäre. Zum Glück für ihn geht André eigene Wege und präsentiert einer überraschten Öffentlichkeit seine hausgemachte Version von der Entstehung des Requiem: Er werde, so André, die Herausgabe des Mozartschen Requiem nicht nur mit der Kennzeichnung der Anteile vornehmen, sondern sie auch mit einer Vorrede begleiten,

welche darthun wird, dass dasjenige, was von diesem Requiem Mozarten selbst angehört, eine schon vor dem Jahr 1784 angefangene, aber unvollendet liegen gelassene Composition.

Damit hatte sich André nun zwischen alle Stühle gesetzt! Er hatte Front gegen seinen Freund Weber gemacht, denn eine frühe Komposition Mozarts würde natürlich dessen These zunichte machen, das allseits bekannte Requiem sei größtenteils ein Werk Süßmayrs. Auch Stadlers »Vertheidigung« wäre so ziemlich in allen Belangen gegenstandslos geworden: Eine seit Jahren »liegen gelassene Composition« war nur schwerlich mit der umfangreichen, in den letzten Worten vor seinem Tod geradezu fieberhaften Arbeit Mozarts am

Requiem in Einklang zu bringen. Und überhaupt wäre damit die ganze Geschichte von der Bestellung der Totenmesse hinfällig geworden – die aber war nun wirklich aktenkundig…
Schließlich weist auch Constanze die Version Andrés von einer früh angefangenen Komposition entrüstet zurück. Sie schreibt Stadler:

Lange schon sollten Sie Antwort von mir haben, hätte ich nicht meinem unvergeßlichen Gatten feyerlich versprochen, mich mit keinem Wort in den Prozeß des Requiem zu mischen, um alle diese Geschöpfe nicht auf den Hals zu bekommen. Nun aber kann ich nicht anders, als Sie und alle Freunde Mozart's mit der wahren Geschichte des Requiem bekannt zu machen, die darin besteht:
daß Mozart nie an einem Requiem auch nur angefangen hatte und mir oft sagte, daß er diese Arbeit (nämlich die von Anonymus bestellte) mit größtem Vergnügen unternehme, indem dieß sein Lieblingsfach sey, welches er auch mit einem solchen Fleiße machen und componiren werde, daß seine Freunde und Feinde es nach seinem Tod studieren werden; wenn ich nur noch so lange am Leben bleibe; denn dieß muß mein Meisterwerk und mein Schwanengesang seyn…

Temperamentvoll stellt sie in Abrede, die Informantin Andrés gewesen zu sein:

Wenn André sagt, er habe von mir selbst Briefe und andere Urkunden erhalten, aus welchen abzunehmen sey, daß Mozart dieses Werk nicht vor seinem Tode, sondern lange vorher schon geschrieben habe, welch grobe Lüge! Glauben den diese Herren daß ich nicht auf der Welt, sondern unter der Erde gehe wo ich nichts erfahre…

Sie will das Gesagte auf ihren Eid nehmen:

Machen Sie mit meinem Brief, was Sie wollen, und glauben Sie, daß Alles, was ich hier geschrieben habe, so wahr ist und bleibt, als der Tag am Himmel ist, und ich Alles beschwören könnte.

Und sie schließt mit dem bewegten Appell an Stadler, sie vor Belästigungen – so empfindet sie es – zu schützen:

Nur machen Sie daß ich mit diesen Herren nichts zu thun bekome, sonst schicke ich sie Ihnen alle auf den Hals, und Sie müßen mich alsdan Verfechten, den, wie gesagt, ich werde mich um nichts bekümern, als um Ihre mir so Höchst werthe freundschaft...

Stadler fühlt sich geschmeichelt.

Sie, meine Gnädigste, haben vollkommen recht, wenn Sie sich in nichts mehr einmischen und den Streit mir allein überlassen. Ich werde gewiß jedermann Rede und Antwort stehen, und Mozarts Ruhm und Ehre bis zum letzten Lebenshauch vertheidigen,

antwortete er Constanze. Und nicht weniger gefühlvoll klingt es aus seiner Verteidigungschrift für das Requiem:

Ich freue mich, und danke Gott, daß er mich so lange leben ließ, um als acht und siebenzigjähriger Greis noch vor meinem nahen Ende der Wahrheit Zeugniß geben zu können.

Der alte Mann ahnte nicht, daß auch er nur eine Figur im Spiel Constanzes war, als Zielscheibe ausersehen, alle für sie bestimmten Pfeile auf sich zu ziehen. Offenkundig hatte Constanze die Absicht, mehr denn je nur noch aus dem Hintergrund heraus zu operieren.
Anders ist ihr angebliches Versprechen dem »unvergeßliche Gatten« (damit meint sie Nissen) gegenüber nicht zu deuten, sie würde sich »mit keinem Wort (mehr) in den Prozeß des Requiem mischen«. Wollte Nissen etwa verhindern, daß sie weiterhin für Verwirrung sorgen, mehr noch, Unheil stiften würde? Wahrscheinlicher ist, daß es Constanze für klüger hielt, andere vorzuschieben. Sollte doch Stadler den Kopf hinhalten...
Ein fast 80jähriger Greis als Generalbevollmächtigter der Mozarts in Sachen Requiem? Richtig, »der Mozarts«, denn auch Wolfgang im fernen Lemberg bediente sich Stadlers als

Sprachrohr. Überschwenglich nennt er ihn seinen »theuersten Freund, den der Himmel noch viele Jahre erhalten möge«, ihn, der für die Mozarts »die einzige Stütze in der Musik sei«![87] Und als auch Wolfgang sich in den Requiem-Streit verwickelt sieht, sucht er Schützenhilfe bei Stadler:

Gestern erhielt ich von Gottfr. Weber... den beiliegenden Brief... Ich bitte Sie inständig, antworten Sie ihm nur recht ausführlich; wir bekommen sonst niemals Ruhe vor ihm; auch bitte ich, die Auskunft, welche er von mir über den Grafen Wallsee (?) *verlangt, gütigst zu übernehmen, da ich sie ihm nicht geben kann, der das erste Mal in seinem Leben von diesem Grafen durch Sie gehört hat. Diese nordteutschen* (!) *Schriftsteller sind doch wahre Blutegel, wo sie sich einmal angesaugt haben, bringt man sie nimmer los...*

Soviel Vertrauen im Kampf gegen die »nordteutschen Blutegel« ehrt – dabei war sich Stadler seiner Sache keineswegs sicher, sonst hätte er sich nicht allein schon durch Andrés abwegige Version vom Requiem als einer frühen Komposition Mozarts[88] verunsichern lassen. Nicht gerade sattelfest, hatte er Nissen geschrieben:

Vor einige Jahren besuchte er (André) *mich und behauptete, das Requiem wäre lange vor seinem Todte von Mozart geschrieben worden. Vor seinem Todte aber hätte er kurz vorher nichts mehr daran gearbeitet. Sollte dies wohl wahr sein? Ebenso wollen andere die Bestellung als eine blosse Erfindung ansehen usw. Auf diese Weise hätte ich freylich in meinem Aufsatze hie und da etwas angeführt, was mit dergleichen nicht übereinstimmt...*

Und dann seine fast flehentlichen Bitten an Constanze und Nissen, ihm doch etwas über den Verbleib der Handschrift Mozarts zum einleitenden ›Requiem‹ und ›Kyrie‹ zu sagen.

H. Weber spottet meiner, daß ich nicht die Urschrift des Requ. und Kyrie habe auftreiben können. Es ist nicht meine Schuld, weil ich nicht weis, wem dieselbe ausgehändigt worden ist...

so Stadler in dem Konzept eines Briefes an Constanze.

Hatte Stadler denn nicht persönlich die »Vergleichung« vorgenommen, das heißt, das Graf Walseggsche »Original« mit der Kopie Constanzes und dem Erstdruck bei Breitkopf & Härtel verglichen? Das sogenannte Original enthielt doch gerade diesen Teil der Seelenmesse in Mozarts Handschrift – und sollte der Graf ihn tatsächlich erst später zur »Beruhigung« nachgeliefert bekommen haben, so wußte zumindest Constanze Bescheid. Doch sie reagiert, entgegen den anderslautenden Briefen an Härtel und André,[89] kühl:

Um die anderen stücke, warum Sie mich Befragen weiß ich auch nichts...

Aber auch unabhängig von Constanze erweist sich Stadler als unsicherer Kantonist. Da ist die Sache mit dem ›Benedictus‹, rätselhaft und ein Kapitel für sich: Süßmayr hatte, wie gesehen, diesen Schlußteil des Requiem, ebenso wie ›Sanctus‹ und ›Agnus Dei‹, für sich beansprucht und erklärt, ihn »ganz neu verfertigt« zu haben (so weit, so umstritten, nachdem einiges dafür spricht, daß Süßmayr nur die rein technische Ausführung gemeint haben kann).
Nun verwahrt die Wiener Nationalbibliothek als Cod. Nr. 17559 eine kleine handschriftliche Musiklehre von Stadler mit zittriger Hand überschrieben:

Mozarts Unterricht in der Composition 1784.

Und bei Nissen heißt es:

Abbé Stadler besitzt ein sehr schätzbares Werk, nämlich einen Unterricht in der Composition, welchen Mozart seiner Cousine erteilte, und den er von ihr als Andenken erhielt. So oft ich diese Blätter durchgehe, sagt Abbé Stadler, erinnere ich mich an den grossen Meister, und freue mich, daraus zu ersehen, wie er im Unterrichte zu Werke ging...[90]

Dann folgt die große Überraschung: Gleich auf der ersten Seite dieser 13 losen Blätter im Querformat findet sich ein Thema, das notengetreu im ›Benedictus‹ des Requiem wiederkehrt, was heißt wiederkehrt: es ist das Thema des ›Benedictus‹ schlechthin!

Mehr als verwunderlich, daß Stadler, der sich des Besitzes dieser kleinen Kostbarkeit rühmt – er hat sie später der Hofbibliothek vermacht – und sich nach eigenen Worten oft daran erfreut hat, die Identität des, wohlgemerkt an erster Stelle stehenden, Notenbeispiels mit dem ›Benedictus‹-Thema nicht aufgefallen sein sollte. Ausgerechnet er, der noch im hohen Alter versucht hatte, in drei Schriften die Echtheit des Requiem zu beweisen, nimmt keine Notiz von einer so wichtigen Tatsache, die ihm eben diesen Beweis verschafft hätte: Mozart als Ideenlieferant auch für das ›Benedictus‹ – das hätte für ein ganz neues »Geschichtsbild« seiner Totenmesse gesorgt!

Diese ebenso offensichtliche, wie unerklärliche Ahnungslosigkeit Stadler paßt so gar nicht zu seinen resoluten Beteuerungen, er habe »genaue Wissenschaft von der Entstehung des Requiem«[91] oder er habe »genau den ganzen Hergang der Sache erlebt«, wie er es in seiner »Vertheidigung« formulierte. Stadler muß sich daher die Frage gefallen lassen, woher er denn eigentlich sein Wissen vom Geschehen um das Requiem bezogen habe. Aus erster Hand, das heißt, von Mozart selber, wohl kaum. Im Todesjahr des Meisters, 1791, dem Jahr der Bestellung und der (teilweisen) Ausführung durch Mozart, weilte Stadler nicht in Wien. Wir erinnern uns: Von 1789 bis 1791 amtierte er als »Kommandant« des Klosters Kremsmünster, anschließend bis 1796 war er Konsistorialrat in Linz.

Freilich hätte er Wien besuchen können, doch fällt sein Name, als der einer nicht unwichtigen Persönlichkeit, weder in der ausführlichen Korrespondenz, die Mozart mit Constanze führte, noch in den Aufzeichnungen von Freunden und Bekannten. Und was noch auffälliger ist: Stadler spricht in keiner seiner beiden Selbstbiographien auch nur mit einem Wort davon, zur Zeit der Entstehung des Requiem in Wien Umgang mit Mozart gepflogen zu haben, und das hätte er gewiß nicht verschwiegen ...

So bleiben bei Stadler, selbst als Bevollmächtigter Constanzes oder vielleicht gerade deshalb, viele Fragen offen. Und da

BENEDICTUS

Mozarts Unterricht in der Composition (1784)

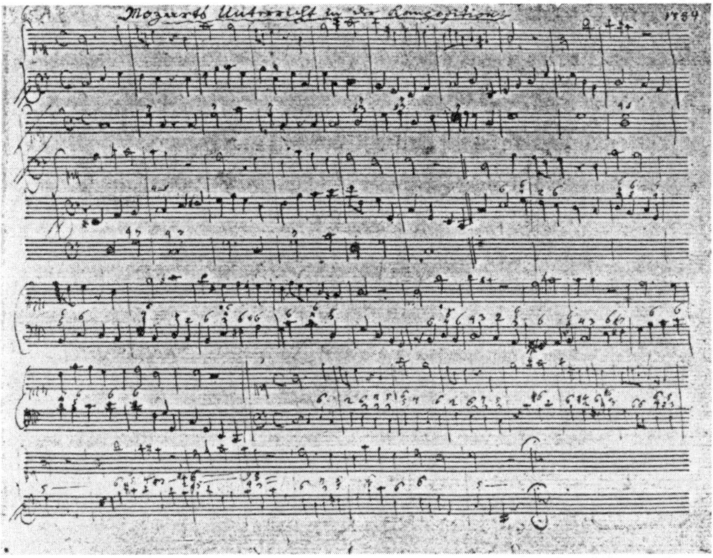

Ein Mozart-Thema in dem von Süßmayr beanspruchten »Benedictus«? Oben das Thema des Requiem, darunter die ersten Takte eines Mozartschen Unterrichtsheftes aus dem Jahr 1784 und das entsprechende Faksimile.

auch Gottfried Weber, im Stande der Unwissenheit von vorneherein auf verlorenem Posten stehend, ein eher lautstarker, denn überzeugender Verfechter seiner Thesen war, endet der ganze Gelehrtenstreit für die Öffentlichkeit wie das Hornberger Schießen: Man weiß nur, daß man auch jetzt noch, in den Jahren 1826/27 nichts Genaues vom Requiem weiß (was immer noch besser war, als irgendwelche Illusionen zerstört zu sehen).

Um so begieriger nahm man Nachrichten aus Salzburg auf, die besagten, Constanze würde eine große, von Nissen in die Wege geleitete Mozart-Biographie für den Druck vorbereiten. Würde sie endlich die längst fällige Klarheit bringen? Wenn überhaupt, dann konnte sie doch nur von der Mozart-Witwe selber kommen ...

11
Mit Spannung erwartet: Nissens Mozart-Biographie

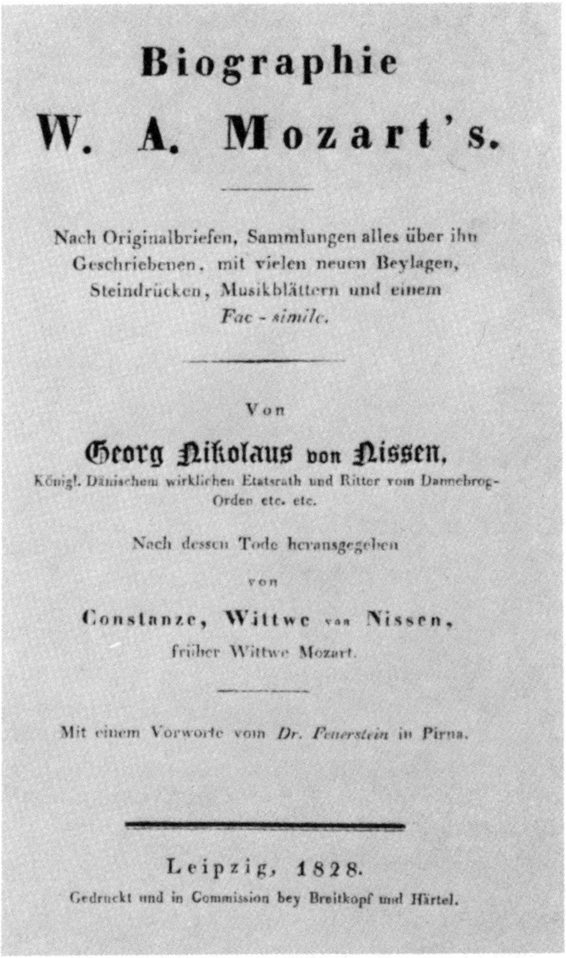

Biographie
W. A. Mozart's.

Nach Originalbriefen, Sammlungen alles über ihn Geschriebenen, mit vielen neuen Beylagen, Steindrücken, Musikblättern und einem *Fac-simile*.

Von

Georg Nikolaus von Nissen,
Königl. Dänischem wirklichen Etatsrath und Ritter vom Dannebrog-Orden etc. etc.

Nach dessen Tode herausgegeben

von

Constanze, Wittwe von Nissen,
früher Wittwe Mozart.

Mit einem Vorworte vom *Dr. Feuerstein* in Pirna.

Leipzig, 1828.
Gedruckt und in Commission bey Breitkopf und Härtel.

Constanzes zweiter »Sündenfall« nach dem Requiem. Wieder wird die Öffentlichkeit getäuscht...

Wenige Monate, nachdem Wolfgang seine Tante »Nannerl« besucht hatte, waren im Sommer 1821 auch Constanze und Nissen, von Kopenhagen kommend, in Salzburg eingetroffen, um sich dort für immer niederzulassen. Nissen hatte seinen Dienst endgültig quittiert und hoffte, seine angeschlagene Gesundheit in den Gasteiner Bädern auskurieren zu können. Constanze aber hielt die Zeit für gekommen, mit einer repräsentativen Mozart-Biographie aufzuwarten.

Noch immer lag, von Schlichtegrolls Nachruf abgesehen, nur Professor Niemetscheks kleine Schrift aus dem Jahr 1798 vor, auch in der zweiten Ausgabe von 1808 noch mit allen Unzulänglichkeiten behaftet, die von Constanzes Bemühungen herrührten, die Arbeit Niemetscheks in ihrem Sinne zu beeinflussen. Und was hatte sie nicht alles getan, um gerade das Thema Requiem phantasievoll auszuschmücken! Sie hatte auch schlicht die Unwahrheit gesagt, wenn es galt, die »geheimnisvolle Verborgenheit« der Totenmesse aufrechtzuerhalten.

Mit dem Ergebnis, daß dort noch immer, unwidersprochen, zu lesen stand: Dem Boten (des angeblich unbekannten Bestellers) wäre das Requiem unmittelbar nach Mozarts Tod unvollendet übergeben worden, der Besteller hätte es demnach nur als Fragment erhalten. Sie, Constanze, hätte »nicht das mindeste, weder von der Seelenmesse, nicht vom Besteller erfahren«, sämtliche Bemühungen, den «räthselhaften Bothen auszuforschen« wären ergebnislos verlaufen.

Natürlich hatte das tatsächliche Geschehen Niemetschek/Constanze längst Lügen gestraft – aktenkundig blieb diese Version allemal (auch wenn Niemetscheks Biographie keine allzu große Verbreitung gefunden hatte[92]). Geblieben war auch das allgemeine Unbehagen, ausgelöst durch die Zweifel an Constanzes Wahrheitsliebe. Mit Nissen aber, so hoffte man, würde ein Mann am Werke sein, der – im Gegensatz zu Constanze – über einen untadeligen Ruf verfügte und durch

seine Ernsthaftigkeit und Zuverlässigkeit schon für eine weitgehend objektive Darstellung sorgen würde.
Nissen ist dann seinem Ruf auch gerecht worden, in dem wenigen, das er vor seinem Tod noch zuwege bringen konnte. Er recherchierte gründlich, sammelte alle Literatur, deren er habhaft werden konnte,[93] und registrierte sorgfältig sämtliche Personen, von denen er sich Hilfe erwartete; von Maximilian Keller etwa, dem Organisten der Altöttinger Gnadenkapelle, der sich vor allem durch Lieferung von Zeitschriften nützlich machte, deren Jahrgänge Nissen fehlten. Oder von Anton Jähndl, dem Chordirektor des adeligen Frauenstifts auf dem Salzburger Nonnberg.
Jähndl insbesondere besorgte Quellenmaterial und arbeitete intensiv an der Gestaltung der Biographie mit (er wird später noch eine wertvolle Hilfe für Constanze sein). Sein Gebiet war die Mozartsche Kirchenmusik, von der er launig behauptete, es sei ihm »alles, was vorhanden seyn könnte auf dem Halse geworfen« worden. Dagegen beklagte er sich darüber, daß ihm Nissens Mozart-Biographie »seit beinahe einem Jahr sehr viel Zeit weggenommen« habe,

um so mehr da hier mehrere sind, als z. B. Stadler, die sich ganz ohne tätige Theilnahme zeigen[94]

Also zählte auch Abbé Stadler zu den untätig Gebliebenen, nicht überraschend, bei den Widersprüchen, in die er sich bei seinem öffentlichen Auftreten verwickelt hatte. Wahrscheinlich hatte Constanze gerade deshalb keinen Wert auf seine Mitarbeit gelegt, oder war es Nissen? Davon abgesehen, war Stadler mit einer »Geschichte der Tonkunst in Österreich« beschäftigt, und schließlich war er auch nicht mehr der Jüngste ...
Constanze hatte es übernommen, auch die Söhne für Nissens Biographie einzuspannen, vor allem Karl, der den Vater ja noch erlebt hatte und über hilfreiche Kontakte verfügte.

Solltest Du noch etwas von Mozart nicht allein selbst von ihm, sondern auch von andern geschrieben über ihn finden, so lege es bey, denn auch solge Sachen sucht der Vater auf und sitzt Tag und Nacht in einem Haufen Bücher und Zeitschriften vergraben, daß ich ihn nur mit Mühe sehen kann. Ja, so einen Vertheudiger Mozarts, wie Nissen, wird sich schwerlich mehr finden... Es ist krenzenlos. Schon die vielen Briefe, die er deswegen schreibt, sodaß wirs oft bange wird, indem die Geschäfte gar zu groß sind, daß er seiner Gesundheit, die jetzt, Gott sey es gedanckt, gut ist, schaden könnte...

wendet sie sich an Karl in Mailand.
Dann folgen jene ungewöhnlichen Sätze, die nicht verschwiegen werden sollen, weil eine 62jährige sie an ihre 41 bzw. 34jährigen Söhne richtet:

Ja, so einen gütigen Vater wie ihr Flegel (!) *habt, giebt es nicht viele. Wenn ihrs nur auch verdient! Auf Händen mit Baumwolle umwunden, daß ihr ihm nicht wehe thut, müßt ihr ihn tragen, wenn ihr nur die Hälfte davon einsehen könnet. Ich bin bis zu Thränen gerührt, indem ich dies schreibe...*

Dominierend wie eh und je hatte Constanze nach den Söhnen auch Nissen in Beschlag genommen, und es war eigentlich zu befürchten, daß Nissen sich damit begnügen würde, als Constanzes Sprachrohr zu dienen. Doch das Gegenteil ist der Fall: Nissen erweist sich als stark genug, seine eigenen Wege zu gehen, aus dem Dunstkreis Constanzes herauszutreten, ja sogar ihren Interessen zuwiderzuhandeln. So im Fall Leopold Mozart. Ihm läßt Nissen Gerechtigkeit in einem Maße widerfahren, das ganz und gar nicht im Sinne Constanzes gewesen sein kann. Er widmet dem Erzfeind seiner Frau breiten Raum und stellt die Bedeutung der Briefe Leopolds für jede Mozart-Biographie groß heraus.

Die Briefe des Vaters, empfehlen sich fast alle, und der Welt ist wohl damit gedient, sie zu kennen. Der Mann ist schon an sich merkwürdig, aber hier erscheint er zugleich als Vater, Erzieher, Bilder W. A. Mozart's; besser und vollständiger kann man ihn nicht kennen lernen, als in allen diesen vertraulichen Aesserungen, selbst über anscheinende Geringfügigkeiten, deren Bekanntmachung er nicht berechnete...[95]

schreibt Nissen in seinem unvollendet gebliebenen Vorwort. Gar nicht hoch genug sei die Erziehung Mozarts durch seinen Vater zu bewerten:

Man sieht, wie viele Bildung der Vater auf den Sohn übertragen konnte. Seine Schreibart ist freylich die der früheren Jahrhunderte…, aber der Schreiber war ein gelehrter, verständiger, geistreicher, kluger und umsichtiger Mann, ein Beobachter… Allenthalben besahe er die Sehenswürdigkeiten und besuchte die Männer von Talent in allen Fächern, Gelehrte und Künstler aller Gattungen des Schönen. Er führte den Sohn, auf den er stolz war, allenthalben mit, weckte dessen Sinn für alles Schöne und bildete den Reichthum und die Vielseitigkeit desselben…

Wahrhaftig viel Lob für Vater Leopold! Dagegen kommt Mozart selbst weniger gut weg, das heißt, der Meister in seinen Briefen. Es spricht für die Redlichkeit Nissens, daß er nichts beschönigte, auch wenn Constanze es sicher gern gesehen hätte (wie sie sich, umgekehrt, Vater Leopold nur zu gerne als Feindbild gewünscht hätte).
»Er hatte Schwächen, Fehler…«, so Nissen über Mozart, um sogleich hinzuzufügen, man sollte nicht »durch alle Wahrheit seinem Ruhme, seiner Achtung und dem Eindrucke seiner Werke schaden«. Würde es nicht »Schatten von Undankbarkeit« auf diejenigen werfen, die »Uebles auch Wahres über den Helden« berichteten?
Dennoch scheut sich Nissen nicht, das zur Sprache zu bringen, was in den Briefen den »echten Mozart« ausmacht (ein mutiges Unterfangen zu einer Zeit, die alles als ketzerisch empfand, was das strahlende Genie des ach so jung Verstorbenen zu verdunkeln drohte).
Ohne Rücksicht darauf, sich damit auf die Constanze entgegengesetzte Seite zu stellen, urteilt Nissen unverblümt:

Gar zu kindische und gemeine Spässe, findet man (auch) *noch in W.A. Briefen von seinem 21sten Jahre* (an), *wo überhaupt sein Leichtsinn, sein übermässiger Hang zur ausgelassenen Lustigkeit ersichtlich ist. Seine Ausdauer, wenn ich so sagen kann, in letzterer, die Mühe, der er sich dabey unterwerfen konnte, bezeugen vielfältig die P. S.* (Nachschriften) *seiner Briefe... Übrigens behielt er die jugendliche Spassmacherey bis an seinen Tod... Seiner Frau hat er weniger geschrieben,*[96] *da sie fast stets bey einander waren, und die wenigen Briefe sind kein zusammenhangendes Ganzes, da sie nur seine stete Geldnoth, eine ungezügelte, alle Schranken überschreitende Ausgelassenheit und eine ungemeine Zärtlichkeit für seine Frau bezeugen...*

An dieser Stelle bricht Nissens Vorwort ab, für ihn war das große Aus gekommen. Innerhalb weniger Tage war er an »plötzlicher Lungenlähmung« gestorben, am 24. März 1826. Die Mozart-Biographie blieb aber unvollendet.
Man kann es nur bedauern, denn nach der Gründlichkeit seines Vorgehens und der fairen Einschätzung auch der Randpersonen, denken wir an Leopold, war mit einem zeitlos gültigen Mozart-Bild Nissens zu rechnen. So aber hinterließ er lediglich eine 12seitige Vorrede und eine Ansammlung von Briefen, Artikeln und Buchauszügen, von ihm mit einigen Überleitungen versehen – einen »monumentalen Materialhaufen«, wie Nissens Arbeit später abgewertet wurde (das Ganze wird später beim Druck der von fremder Hand ergänzten Biographie immerhin weit über 500 Seiten ausmachen).
Constanze, mit 64 Jahren nun zum zweiten Mal Witwe geworden, nimmt die Fäden unverzüglich wieder in die Hand und betreibt die Fertigstellung der Biographie auf ihre Weise, mit ähnlich fragwürdigen Praktiken, wie sie es 35 Jahre zuvor beim Requiem getan hat.
Zuvor aber liefert sie noch einen Beweis ihres unversöhnlichen Hasses, ihrem Schwiegervater Leopold Mozart gegenüber, weit über dessen Tod hinaus: Von der Familiengruft der Mozarts auf dem Sebastiansfriedhof in Salzburg läßt sie das Grabmal Leopolds entfernen – es trug auch die Namen ihrer Tante Genoveva und ihrer Nichte Jeanette, der Tochter »Nannerls« –, um ein neues Monument aufzustellen (wir erinnern uns: zu seiner Einweihung hatte sie Wolfgang nach Salzburg kommen lassen, der zur Feier des Tages das Requiem dirigierte).
Das neue Grabmal trug nur noch den Namen Nissens, von

Leopolds Inschrift keine Spur. Nissen hätte bei der Wertschätzung für Leopold Mozart, die er in seiner Biographie dokumentierte, die »Grabschändung« seiner Gattin wohl kaum gebilligt. Mozarts Schwester, das »Nannerl«, traf sie besonders tief. Auch das »Nannerl« hatte in dieser Grabstätte seine letzte Ruhe finden wollen, an der Seite des Vaters und ihrer geliebten Tochter Jeanette. Nun sah sie sich gezwungen, ihr Testament zu ändern, und verfügte, man möge sie im Grab ihres Mannes auf dem Friedhof St. Peter bestatten. Bis zu ihrem Tod – er erfolgte drei Jahre später, sie entschläft sanft, vom Alter geschwächt und völlig erblindet – hat sie den Affront Constanzes nie verwunden und die Beseitigung des Grabmals ihres und auch Wolfgangs Vaters als einen Verrat am Namen Mozart empfunden.
Nissens unerwarteter Tod wurde von den Mitarbeitern seiner Biographie mit Bestürzung aufgenommen. Jähndl an Keller am 27. März 1826:

Trauern Sie mit mir! Unser guter Nissen ist nicht mehr! Nur ein dreytägiges Krankenlager und eine plötzliche Lungenlähmung endete schnell sein Leben. Gestern abend 5 Uhr wurde er begraben!

Und Keller antwortete:

Auch ich bedaure den schnellen Hintritt des Herrn von Nissen recht sehr; und der Verlust dieses Mannes würde mir doppelt schmerzlich seyn, wenn er vielleicht zur Folge hätte, daß die neue Auflage von Herrn Mozarts Biographie nicht mehr zu Stande käme.

Kellers Befürchtung war unbegründet. Constanze hatte keine Zeit verloren und Jähndl, als Salzburger durch die räumliche Nähe begünstigt, mit der Bearbeitung der Biographie betraut. Sie bedurfte einer ähnlichen Ergänzung, wie seinerzeit das Requiem. Und wie bei der Totenmesse, gibt Constanze auch diesmal Rätsel auf: Noch ist Jähndls Bearbeitung nicht abgeschlossen, da taucht bereits ein neuer Name auf, der des Johann Heinrich Feuerstein, eines Professors und Doktors der Medizin in Pirna bei Dresden. Er sagt von sich, er sei »längere Zeit mit Nissen und mit dem Plan der beabsichtigten Biographie bekannt« gewesen, und er bekennt in einem Brief an Jähndl:

Wegen Ihrer Arbeiten an Mozarts Biographie sind Sie zu beneiden, nur gar zu gern möchte ich schon um des Ruhmes dieses lieben Mannes willen mithelfen...[97]

Nun, Constanze erfüllt ihm diesen Wunsch. Sie entzieht Jähndl die weitere Bearbeitung der Biographie und überträgt sie Feuerstein (der sich vielleicht willfähriger ihren zahlreichen Einfügungswünschen gegenüber verhalten hat als Jähndl).
Der Dresdner Arzt hat dann die Biographie nicht nur beendet, er hat auch den geschäftlichen Teil zusammen mit Breitkopf & Härtel abgewickelt, was noch einigen Ärger bereiten wird. Übrigens hatte der Leipziger Verlag nur den Druck und den teilweisen Vertrieb übernommen, zeichnete aber nicht für die Herausgabe der Biographie verantwortlich. Diese hatte sich Constanze selbst vorbehalten.
Entsprechend bedenkenlos geht sie an die Formulierung des Aufrufes zur Subskription und versucht – wie sich die Bilder gleichen! – von Anfang an den Eindruck zu erwecken, die ganze Biographie stamme von Nissen. »Wolfgang Amadeus Mozarts vollständige Biographie« sei »sorgfältigst verfasset... von Georg Nikolaus von Nissen, königl. dänischem wirklichem Etatsrath und Ritter vom Dannebrogk-Orden etc. etc.«, heißt es in ihrer Einleitung zur Vorbestellung. Bei allem Bemühen anderer seien

manche von selbst entstehenden Fragen unbeantwortet, und Vieles zu wünschen übrig geblieben, was alles genau zu erörtern, zu vervollständigen und auseinandersetzen für Jemand aufgehoben zu sein schien, der die Sache mit der größten Sorgfalt, mit Muse und auch aus den sichersten Quellen darzustellen vermochte.

Das habe Nissen übernommen, der eine Biographie Mozarts erarbeitet habe, »wie sie wegen Vollständigkeit und Wahrheit den Verehrern Mozarts nur erwünscht seyn kann«. Gegen Schluß folgt eine handfeste Lüge:

Diese von Nissen fertig (!) *hinterlassene Biographie nun wird, theils innerem Berufe, theils vielfältigen Aufforderungen zu Folge, die hinterlassene Wittwe die Ehre haben herauszugeben...*

Der Aufruf verfehlte seine Wirkung nicht. Die Liste der Subskribenten umfaßte mehr als 600 Personen und glich, neben zahlreichen bürgerlichen Musikfreunden und Berufsmusikern, einem Streifzug durch die europäischen Königshäuser: Die Spitze zierte das österreichische Kaiserpaar, ihm zur Seite der König und die Königin von Dänemark, der König von Sachsen, Bayerns Königspaar und der Vizekönig von Italien mit Gemahlin; der König von Preußen sowie die königlichen Prinzen und Prinzessinnen standen mit insgesamt 22 Exemplaren zu Buch, nicht zu zählen die Herzöge, Fürsten und Grafen usw., die hinter ihren Herrschern nicht zurückstehen wollten.[98]
Sie alle glaubten, ein »Jahrhundertwerk« zu erhalten. Was sonst war nach Constanzes wortreicher Ankündigung zu erwarten, als eine von Nissen, und nur von ihm allein, verfaßte und von der Mozart-Witwe abgesegnete Biographie? Statt dessen erhielten die Besteller ein Sammelsurium von Briefen, autographen Aufzeichnungen und Mozart gewidmeten Artikeln, eben besagten »monumentalen Materialhaufen« Nissens, dazu eine wohl von Feuerstein stammende Betrachtung »Mozart als Künstler und Mensch«! Selbst Mozarts Ohr fand darin, verglichen mit einem »gewöhnlichen Ohr«, Erwähnung...
In einem Anhang, den die geschäftstüchtige Constanze gesondert berechnete, werden Mozarts hinterlassene Kompositionen aufgezählt und »Mozart und die Eigenthümlichkeit seiner Werke« in einer ganz persönlichen Schau der Herren Jähndl oder Feuerstein, nicht jedenfalls von Nissen, dargestellt; ausgepolstert mit den Denkmälern, Bildnissen und

Gedichten auf Mozart erreichen beide Teile schließlich den stattlichen Umfang von 922 Seiten.
Kurios bereits der Beginn: Auf dem Titelblatt erscheint der Autor, frei nach Constanze, als »Georg Nikolaus *von* Nissen, während er auf der gegenüberliegenden Seite mit »G.N. Nissen« unterzeichnet (also ging nicht Nissen, sondern Constanze mit dem »von« hausieren). Und dann die Fülle falscher Vorzeichen, mit denen die Biographie, ähnlich dem Requiem auf den Markt gebracht wurde! Daß Nissen sie nicht fertiggestellt hat, sei noch einmal betont. Aber auch die Ergänzungen bleiben weit hinter den Erwartungen zurück, sie verlieren sich in Unverbindlichkeiten oder wiederholen längst bekannte Unwahrheiten. Weder die eigene Verantwortung noch die Achtung vor den gekrönten Häuptern auf der Bestellerliste konnten Constanze dazu bewegen, hier Zurückhaltung zu üben.
Was das Requiem betrifft, traut man seinen Augen nicht: Constanze scheut sich nicht, ganze Passagen der Entstehungsgeschichte wortwörtlich aus der Biographie Niemetscheks aus dem Jahr 1798 nachdrucken zu lassen, unverändert, es sei denn, man sieht »während dem« bei Nissen statt »mittlerweile« bei Niemetschek oder »kurz vor der Krönung« (Nissen) statt »kurz vor der Krönungszeit« (Niemetschek) als wesentliche Änderungen an...
Folgerichtig steht auch im Hinblick auf das weitere Schicksal des Requiem auf Seite 566 der Biographie Nissens Wort für Wort das, was Niemetschek 30 Jahre zuvor irrtümlicherweise, weil von Constanze falsch informiert, zu Papier gebracht hat:

Gleich nach seinem Tode meldete sich der geheimnisvolle Bote, verlangte das Werk, so wie es unvollendet war, und erhielt es. Von dem Augenblick an sah ihn die Wittwe nie mehr und erfuhr nicht das Mindeste, weder von der Seelenmesse, noch von dem unbekannten Besteller...

Nichts anderes bekamen die zahlreichen königlichen und bürgerlichen Mozartfreunde zu lesen, die sich Aufklärung gerade über das Requiem erhofft hatten. Erstaunlich nur, daß Breitkopf & Härtel, der es doch besser wissen mußte, keine

Einwände gegen diese offensichtliche Irreführung erhoben hat, sie zumindest nicht durchsetzen konnte und sich so mitschuldig machte.
Da nimmt es auch nicht wunder, daß die »Vergiftungsszene« und Mozarts angeblicher Verdacht (»Mit mir dauert es nicht mehr lange: gewiß, man hat mir Gift gegeben!«) wieder auftauchen und wortgetreu wiederholt werden. Salieri, durch diese Legende zum Schuldigen gestempelt, sollte nach wie vor belastet bleiben.
Beim Requiem selbst begnügt sich der Bearbeiter der Biographie mit der lapidaren Feststellung:

Mozart schrieb innerhalb der vier letzten Monate seines Lebens, wo er schon kränkelte und zwey Reisen machte: ... 6) das Requiem, nebst noch vielen anderen kleineren Sachen, die weniger oder gar nicht bekannt geworden sind.

Im übrigen wird im Anhang Rochlitz zitiert, der, von keinerlei Zweifel an der alleinigen Urheberschaft Mozarts geplagt, das »Vollendete« der Totenmesse preist:

Aus Mozart's Requiem sieht man, dass Mozart, wie so mancher grosse Mann, Zeit seines Lebens nicht an seinem Platze war. Er war der Mann, die gesunkene religiöse Musik dahin zu erheben, wohin sie gehört – auf den Thron über alle Musik. In diesem Fach wär' er der erste Künstler der Welt geworden: denn diess sein letztes Werk gehört schon, nach dem einstimmigen Urtheile aller Kenner, selbst derer, die sonst nicht Mozart's Freunde sind, unter das Vollendetste, was die neueste Kunst aufzuweisen hat...

Weit und breit kein Wort über Süßmayr! Äußerstenfalls Beethoven wird zum Vergleich herangezogen, doch begnügt man sich auch hier mit melodramatischen Stimmungsschilderungen. Er, Beethoven, steige

in seinen hellsten Momenten nur bis zu der Zeit hinan, wo der erste entzündende Morgenstrahl des Lichts am hohen Berggipfel glänzt, während Mozart in seiner düstersten Tiefe doch immer

Subscribentenverzeichniss.

	Vellnp.	Schrbp.	Druckp.
Se. Majestät, der Kaiser von Oestreich	1		
Ihro Majestät, die Kaiserin von Oestreich	1		
Se. Majestät, der König von Dännemark	2		
Ihro Majestät, die Königin von Dännemark	10		
Se. Majestät, der König von Baiern	2		
Ihro Majestät, die Königin von Baiern	2		
Se. Majestät, der König von Sachsen	10		
Se. K. K. Hoheit, der Vicekönig v. Italien	1		
Ihro K. K. Hoheit, die Vicekönigin v. Italien	1		
Ihro Majestät, die Herzogin von Parma	2		
Se. Königl. Hoheit, der Grossherzog von Sachsen-Weimar-Eisenach	2		
Se. Durchlaucht, Friedrich Joseph, Fürst von Schwarzenberg, in Salzburg	1		
Se. Durchlaucht, Fürst von Lichnovsky, in Troppau	1		
Se. Fürstl. Gnaden, Fürst-Erzbischof Augustin von Gruber, Primar von Deutschland, Sr. Majestät wirkl. Geheimer Rath zu Salzburg			2
Catharine, Freifrau von Frimont v. Antrodoco, geb. Mitterpacher von Mitternburg.	1		

Eine erlauchte Schar von Subskribenten (Auszug), Kaiser, Könige und Fürsten, der Hochadel wie das musikinteressierte Bürgertum setzte hohe Erwartungen in die von Constanze großangekündigte Nissen-Biographie. Sie alle erhielten nichts anderes als einen »monumentalen Materialhaufen«, mehr hatte Nissen bis zu seinem Tod nicht zuwegebringen können.

XXVI

Berlin.

	Vellnp.	Schrbp.	Druckp.
Se. Majestät, der König von Preussen	6		
Se. Königliche Hoheit, der Kronprinz von Preussen	4		
Se. Königliche Hoheit, der Prinz Wilhelm von Preussen, Sohn Sr. Majestät	2		
Se. Königliche Hoheit, der Prinz Carl von Preussen	2		
Ihro Königliche Hoheit, die Prinzessin Carl von Preussen	2		

Se. Königliche Hoheit, der Prinz Albrecht von Preussen...........................	2		
Se. Königliche Hoheit, der Prinz Wilhelm von Preussen, Bruder Sr. Majestät..................................	4		
Se. Königliche Hoheit, der Prinz August von Preussen............................	4		
Se. Königliche Hoheit, der Herzog von Cumberland................................	2		
Se. Hoheit, der Herzog Carl v. Mecklenburg - Strelitz..............................	2		
Se. Durchl., der Fürst Radzivill...........	1		
Se. Durchlaucht, der Fürst zu Sayn-Wittgenstein, Königl. Ober-Kammerherr und wirklicher Geheimer Staats-Minister............................	5		

So glänzend der Vorverkauf lief – von über 600 Interessenten wurden 936 Exemplare vorbestellt – so schnell flaute die erste Begeisterung ab; die Produktenttäuschung war zu groß. Selbst ein Rabatt im Jahr 1832 konnte den Verkauf nicht fördern.
Der Verlag Breitkopf & Härtel behielt schließlich noch 885 Exemplare auf Lager.

XXVII

	Velinp.	Schrbp.	Druckp.
Herr Graf von *Alopëus*, Excellenz, Kaiserl. Russ. Gesandter in Berlin	1		
— Baron von *Altenstein*, Excellenz, Königl. wirklicher Geh. Staats-Minister	1		
— Baron von *Brandel*, Excellenz, Königl. Schwedischer Gesandter in Berlin	1		
— von *Brockhausen*, Excellenz, Königl. Geheimer Staats-Minister	1		
— *Bunsen*, Königl. Geheimer Legationsrath und Minister-Resident am päpstlichen Stuhle	1		
— Graf von *Gneisenau*, Excellenz, Königl. General-Feldmarschall	1		
— Graf von *Hatzfeld*, Excellenz, Königl. wirklicher Geheimer Rath	1		
— Graf v. *Luxburg*, Excellenz, Königl. Baier. Gesandter in Berlin	1		
— von *Motz*, Excellenz, Königl. wirklicher Geh. Staats-Minister	1		
— von *Nagler*, Excellenz, Königl. General-Postmeister und Gesandter am deutschen Bundestage	1		
— Baron v. *Reden*, Excellenz, Königl. Hannöverscher Gesandter in Berlin.	1		
Sir *Brook Taylor*, Excellenz, Königl. Gross-Britanischer Gesandter in Berlin	1		
Herr Graf von *Trautmannsdorff*, Excellenz, K.K. Oesterreichischer Gesandter in Berlin	1		
— von *Watzdorff*, Excellenz, Königl. Sächsischer Generallieutenant und Gesandter in Berlin	1		

noch einen Strahl des versinkenden Tags in das bange Herz fallen lässt. So auch das ewige Requiem; denn auch in dieser Musik erbleicht ihm die Sonne unseres Tages, und durch die dämmernde Nacht leuchten ihm schon die Gestirne des Jenseits und durchdringen das Ganze mit göttlicher Ahnung…

Schöne Worte, die in ihrer Art den wahren Tatbestand nicht weniger vernebeln, als es Constanze bisher getan hat. Auch bleiben Widersprüche nicht aus: So heißt es einmal, es habe »die Parze Mozart's Lebensfaden… beym Sanctus gänzlich abgesponnen«, drei Seiten weiter aber ergeht sich der Bearbeiter (Feuerstein?) in schwärmerischen Betrachtungen über dieses ›Sanctus‹, bei dem alles die Seele mit Ehrfurcht füllte vor dem, der da heilig sei. Das ›Benedictus‹ sei ein »wahres Benedictus«, und im ›Agnus Dei‹ ergreife Mozart »durch die kindliche Frömmigkeit das Gemüth«. Und das alles bei jenen Teilen, bei denen man, bisher vergeblich, nach Mozarts Urschriften geforscht hatte!
Wer noch immer auf eine sachliche Aussage, auf ein klärendes Wort zum Requiem gehofft hatte, sieht sich enttäuscht und muß mit diesem blumenreichen Schluß des Kapitels vorliebnehmen:

Mozart (in seinem Requiem) *mit seinem weichen, von Liebe überfliessenden Herz betend, zagend, hoffend, kindlich schmeichelnd, umringt von engelsschönen Knaben und Jungfrauen in einem offenen griechischen Tempel, der vom sanften Abhange eines Hügels in reiche Frühlingsthäler herab schaut…*

Das ist alles, was Nissens Mozart-Biographie zum Thema Requiem zu sagen hat, wenig genug und unverbindlich dazu. Soll man Dr. Feuerstein, der nach Jähndl Nissens Arbeit redigiert und vollendet hat, einen Vorwurf machen? Warum sollte man – auch er gehörte schließlich nur zu jenen, die guten Willens waren, durch Constanze aber bewußt von der Wahrheit ferngehalten wurden.
Überhaupt verdient der Arzt aus Pirna eher Mitleid. Ihm war ein trauriges Schicksal beschieden. Am 9. März 1830 verzeichnet Constanze in ihrem Tagebuch:

Von Dr. Feuerstein – Brief erhalten, der mir das Herz schwer machte indem er mir so wehmütig schrieb, daß er sein geliebtes Söhngen durch den Tod verloren hat.[99]

Der schwere Verlust hat Feuerstein aus der Bahn geworfen. Es kommt zu Unregelmäßigkeiten in den Abrechnungen mit Constanze und Breitkopf & Härtel, was wohl auf seine zunehmende geistige Zerrüttung zurückzuführen war. Der einst angesehene, hochgebildete Arzt vegetiert nur noch dahin und stirbt 20 Jahre später verwahrlost und geistig umnachtet in einem Dresdner Armenhaus.
Feuerstein kann über seine Bearbeitung der Nissen-Biographie nicht glücklich gewesen sein. Die Wünsche Constanzes und die zurückgehaltenen Informationen, vor allem beim Requiem, werden seine Freude erheblich getrübt haben. Anders Constanze. Sie erfreut sich an der Biographie, so, wie sie ist, und trägt stolz in ihr Tagebuch ein:

Gott lob und Dank dass ich so weit gekommen bin!

Sie bemüht sich persönlich um den Vertrieb und schaltet und waltet, wie in ihren besten Tagen, um die Biographie unter die Leute zu bringen. Was auch immer an Exemplaren hinausgeht und an Geldern zurückfließt, wird sorgfältig registriert. Auch wenn es zuweilen turbulent zugeht: die immerhin 67jährige hat die Dinge erstaunlich gut im Griff.
Ein Blick in Constanzes Tagebuch veranschaulicht, wie hektisch alles ablief, seit sie unter dem 1. April 1829 vermerkte:

... war ich so glücklich Mozarts Biographie durch mich (!) *in Leipzig bey Breitkopf und Härtel aufgelegt sehr schön zu bekommen.*

Anschließend häufen sich die Eintragungen:

Am 3. April habe ich Wolfgang die frohe Nachricht mitgetheilt, daß ich die Biographie so geschwind wie Möglich überschicken werde.
Am 5. April an Schuller (Constanzes Bankhaus in Wien)

die Nachricht der Biographie gegeben und sie gebethen die Exemplare an Kaiser und Kaiserin zu übergeben.
Am 8. April nach Mailand an Meiners (geschrieben), *ihm gesagt, daß die Kiste mit den biographien an Carl unter Meiners adreße am 11. aprill an Salzb: abgehen.*

Und noch am selben Tag:

Am 8. April meinem Freund Hoffbauer nach grätz geschrieben, ihm gesagt, daß die Biographien bis am 11. op. von hier abgehen und daß ich noch 10 Ex. für Deyerkauf beigelegt.
Am 9. April an Sebastian Pichler in München die 4 Ex. samt brief an Sr. M. M. dem König und Königin (von Bayern) und an die übrigen Subscribenten in München 9 an der zahl überschickt.
Am 10. April an Mechetti Kunst- und Musikhändler in Wien 170 Exemplare... abgeschickt, Gott gebe daß alles unverletzt ankome.

Und so weiter, und so weiter...
Bei soviel Betriebsamkeit bleiben natürlich Pannen nicht aus. So nimmt Constanze mit »viel Mißvergnügen« zur Kenntnis, daß Bankier Schuller die für das Kaiserpaar bestimmten Exemplare nicht direkt übergeben, sondern an einen Baron von Zinnig weitergeleitet habe. Oder es beschwert sich ein Herr Morigotti, seines Zeichens kgl. Oberappellationsdirektor in München, er habe die Biographie bereits im März von Breitkopf & Härtel erhalten und könne daher das von Constanze gelieferte Exemplar »nicht brauchen«.
Dafür kommen von allen Seiten die Gelder herein, soweit nicht über Dr. Feuerstein abgerechnet, von Constanze eigenhändig in Empfang genommen, vor allem die Beträge aus den königlichen Schatullen.

Am 1. Mai – Von dem König (von Bayern) *habe ich das Geld für seyn Ex. erhalten,*

notiert sie in ihrem Tagebuch, und am 13. Juni:

Durch Graf von Wurmbrand 40f c. M. für das Exemplar J. M. der Kaiserin erhalten.

Am selben Tag noch erhält sie von ihrem Münchner Gewährsmann Pichler die Nachricht, daß auch die Königin von Bayern bezahlt habe.
Und was die bürgerliche »Kundschaft« anbelangt: In Berlin hatte es Madame Spontini, die Gattin des Generalmusikdirektors, übernommen, das Geld aus den Vorbestellungen einzukassieren, und Constanze bedankt sich bei ihr für gute Nachrichten:

Heute als am 21. ap. 1829 an Madame Spontini geschrieben, Antwort auf ihren brief vom 16. ap: in ihrem schreiben sagte sie daß D:F: (Dr. Feuerstein) *700 Thaler erhalten hatte und noch 300 Th. bekomt.*

Das Geld für die Biographie floß also zunächst reichlich, und da Constanze auch zweierlei Pensionen bezog, sah ihre finanzielle Lage durchaus freundlich aus. Als »gewesene Wittwe Mozart« standen ihr noch immer jährlich 266 Gulden und 40 Kreuzer zu und als ebenso sichere Einnahme nach dem Tod Nissens 400 Rigsdaler jährlich aus der dänischen Witwenpensionskasse.[100]
Nur, ganz so einfach, so anstandslos, wie Constanze glaubte, nahm das Publikum die Nissen-Biographie – wenn man so will: Constanzes zweite große Lüge nach dem Requiem – denn doch nicht hin. Deren Unzulänglichkeiten müssen sich schnell herumgesprochen haben, denn nach dem ersten Ansturm war die Begeisterung rasch verflogen und der Verkauf bewegte sich nur noch schleppend. Selbst ein Preisnachlaß konnte nicht verhindern, daß Breitkopf & Härtel nach den 936 Exemplaren, die er durch Vorbestellung abgesetzt hatte, beim Freiverkauf noch 885 Exemplare auf Lager hatte (erst 20 Jahre später hatte der Verlag es soweit geräumt, daß an eine Neuauflage zu denken war).
Dennoch kein Grund zur Sorge für Constanze. Im Gegenteil, sie konnte sich in Ruhe ihren anderen Geldgeschäften widmen, hatte sich doch im fernen Niederösterreich Entschei-

dendes getan: Während Constanze noch den Druck der Nissen-Biographie vorbereitete, war auf Schloß Stuppach der Besteller des Requiem, Graf Walsegg, gestorben, vereinsamt und von der Öffentlichkeit unbemerkt, 64jährig, am 11. November 1827!
Mit ihm war auch die letzte Figur, von der Constanze noch Gefahr drohen konnte, aus dem Spiel. Was aber geschah mit der Requiem-Partitur, dem sogenannten Original, das der Graf bis zuletzt verwahrt hatte? Es verschwindet in der Erbmasse. Schon zu Lebzeiten des Grafen den Blicken der Allgemeinheit entzogen, droht es nun vollends verlorenzugehen. Es gerät in Hände, die damit nichts anzufangen wissen, für die Mozarts unvollendetes Meisterwerk nur ein Bündel Papiere darstellt, ein paar nichtssagende Notenblätter, nicht mehr. Erst elf Jahre später wird die Partitur wieder auftauchen – nach abenteuerlichen Umwegen der Wiener Hofbibliothek angeboten und von ihr gekauft...

12
Der kurze, schöne Traum der Wiener Hofbibliothek

Ignaz Franz von Mosel (1772–1844), der Kustos der Hofbibliothek, glaubte, eine sensationelle Entdeckung gemacht zu haben.

Es war der reine Zufall, der zur Wiederentdeckung des Originals der Mozartschen Totenmesse führte: Graf Moritz von Dietrichstein, der Präfekt der Wiener Hofbibliothek, hatte einen guten Bekannten, den ehemaligen Graf Walseggschen Oberbeamten Nowack, gebeten, nach sechs Streichquartetten Mozarts zu forschen; sie sollten sich unter dem Nachlaß des verstorbenen Amtsschreibers von Schottwien, eines gewissen Karl Haag, befinden. Mit den Quartetten konnte Nowack nicht dienen, dafür machte er beim Stöbern in der Hinterlassenschaft des Amtsschreibers, einen geradezu sensationellen Fund. Er selbst schien anfangs von dessen Bedeutung gar nicht so recht überzeugt gewesen zu sein, denn in seinem Schreiben vom 29. Oktober 1838 an Graf Dietrichstein äußert er sich eher beiläufig:

... *Uibrigens muß ich Euer Exellenz* (!) *die weitere Nachricht erstatten, daß sich in des Amtsschreibers-Verlassenschaft, die Spart von dem Mozartischen-Reguiem* (!) *sich vorgefunden hat, welche Mozart ao:792: eigenhändig abgeschrieben, mit seinem Name*(n) *unterschrieben, und dem Graf: Walsegg übergeben hat. Dieses Reguiem ist volständig mit gleicher Schrieft ganz ausgeschrieben, obschon man sagt: daß es Süssmayer oder Seyfried* (auch ein Schüler Mozarts) *vom Sanctus, oder Benedictus an, vollendet hat, so werde ich am 8*[en] *k*(ommenden) *M*(onats) *wo ich der grossen Musick in Wien beiwohnen werde, die näheren Erkundigungen einhohlen.*

Und Nowack fährt fort, es habe mit dem Requiem folgende Bewandtnis:

Der Graf Walsegg hat sich dieses Reguiem beim Mozart für 100.Stück Duccaten machen lassen, mit der Bedingniß: daß davon niemand Gebrauch machen darf. Nach den Todt des Mozarts hat die Witwe vermuthlich aus der Concepto-Spart dieses Reguien in Ausland zu Ofenbach (!) *in Druck geben lassen, und wie dieses der Graf Walsegg erfuhr, wolte er sie durch seinen Bestelten Dr. Sortschann gerichtlich belangen; allein sie stelte ihm ihre Noth, und Armuth vor, und um sie nicht unglücklich zumachen, begnügte sich Graf Walsegg mit denen unbekannten 6. Quartetten, und anderen Musikalien – die ihm die Witwe als Entschädigung dafür gab.*[101]

Er wolle sich in Wien wegen des Requiem erkundigen, schreibt Nowack. Aber bei wem? Abbé Stadler war tot, bereits 1833 gestorben. Josef Edler von Eybler, er war inzwischen vom Kaiser mit dem Adelsprädikat ausgezeichnet worden, lebte zwar noch, doch war er seit dem Schlaganfall, den er im Todesjahr Stadlers erlitten hatte, beim Thema Requiem weniger ansprechbar denn je zuvor. Allerdings, es konnte Wolfgang Mozart gewesen sein, von dem Nowack sich Aufklärung erhoffte!

Der jüngste Mozart-Sohn war in der ersten Hälfte des Jahres 1838 von Lemberg nach Wien übersiedelt, zusammen mit der Familie Baroni-Cavalcabò. Und er wohnte auch im selben Haus wie sie, das heißt, weiterhin unter einem Dach mit der geliebten Josephine und deren Tochter Julie, seiner Schülerin. Genauer gesagt: Wolfgang bewohnte den »3. Stock, 2. Stiege in der Grünangergasse 850«. Zuvor aber hatte er als Adresse den Kunst- und Musikverleger Tobias Haslinger angegeben,[102] der um ein Haar Schicksal bei der aufgefundenen Requiem-Partitur gespielt hätte. Und das ergab sich folgendermaßen:

Nowacks Brief hatte den eigentlichen Empfänger, Graf Dietrichstein, nicht erreicht und war von seinem Vertreter, dem Kustos der Bibliothek Edler von Mosel, in Empfang genommen worden. Der wartete, von Amts wegen nicht zur Eile verpflichtet, bis zum 13. November, um dann Nowack aufzufordern, er möge das Mozartsche Manuskript zur »Ansicht und Prüfung« einsenden.

Selbstverständlich war man an der Partitur interessiert! Schließlich war die Hofbibliothek die ganzen Jahre hindurch nur stiller Beobachter der Requiem-Szene gewesen, ebenso ahnungslos, wie die ungezählten anderen Mozart-Freunde. Nur zweimal schien Licht ins Dunkel zu kommen: 1831, als

die Hofbibliothek die Blätter 11 bis 32 des Requiem in der Urschrift Mozarts von Abbé Stadler erwarb, und 1833, als Eybler seine Blätter 33 bis 45 der Hofbibliothek zum Geschenk machte. Aber dabei handelte es sich eben nur um Bruckstücke, es fehlten die einleitenden Sätze des Requiem mit der ›Kyrie‹-Fuge, sowie die Schlußteile, es fehlte schlichtweg die vollständige Totenmesse im Original. Und dieses Original sollte nun ausgerechnet in der Hinterlassenschaft eines Amtsschreibers, in einem kleinen Dorf am Fuß des Semmering, entdeckt worden sein –?
Mosels Reaktion kommt zu spät. Nowack hatte inzwischen die angekündigte Reise nach Wien angetreten, die »grosse Musick« besucht – es handelte sich um eine Aufführung der *Jahreszeiten* von Joseph Haydn – und er hatte bei Graf Dietrichstein in der »Oberen Bäckerstraße 766« angeklopft, um seinen Fund vorzuzeigen. Wie es dann weiterging, schildert Nowack in seinem Brief vom 17. November an Edler von Mosel:

Da ich mich aber in meiner Erwartung getäuscht habe, und in der hochgräflichen Wohnung, wegen der Abwesenheit Sr. Exellenz nichts zu thun glaubte, wendete ich mich an dem Hofmusikalienhändler H: Haslinger, zeigte ihm mein Manuskript vor, und weil ich von Demselben ganz gleichgültig behandelt wurde, fuhr ich sonach wieder nach Haus, um vielleicht in London, oder Paris: für dieses grosse Werk einen Abnehmer zu finden…

Hätte nun Haslinger der Partitur die gebührende Aufmerksamkeit gewidmet und ihren Wert richtig eingeschätzt Ä was dann? Vermutlich hätte Haslinger die Partitur gewinnbringend weiterverkauft und sie wäre der Wiener Hofbibliothek als dem einzig »angemessenen und ihrer würdigen Aufbewahrungs-Ort« (Mosel) verlorengegangen. Und das alles nur, weil der Chef des Hauses vorübergehend nicht erreichbar war!
Das mit dem Ins-Ausland-Verkaufen hatte Nowack wohl mehr als Druckmittel gedacht, um die Verhandlungen zu beschleunigen. Im Grunde möchte er es bei der Option für die

Hofbibliothek belassen, und er kommt Mosels Aufforderung, die Partitur vorzulegen, auch jetzt noch bereitwillig nach:

Um also nachträglich zum Zwecke zukomen, bin ich so frey, dieses Mozartische Orig: Manuskript ./. zur hohen Einsicht, und Würdigung zuüberschicken, mit dem Beifügen, daß der Universalerbe des verstorbenen G: Walseggischen Amtsschreibers v. Stuppach 50:Duccaten in Gold dafür verlangt. – Obschon ich glaube, daß diese Forderung, durch die Aufreitzung der hiesigen Musikern übertrieben ist, überlasse ich es Hochdero Einsicht, und genaueren Beurtheilung, wie viel dieses Manuskript, im Falle es für die Hofbibliothek Anwendung findet, nach der höchsten Billigkeit Werth ist? und auch wie viel dafür bezahlt wird?...

Sie wußte schon, was sie zu verlangen hatte, die Katharina Adelpoller, so hieß die »Universalerbin« des Amtsschreibers Haag, und die »Aufreitzung« durch die Musiker am Ort scheint ein übriges getan zu haben. Nicht ohne Vergnügen verfolgt man die weitere Auseinandersetzung zwischen Katharina, der Frau des Stuppacher Amtsdieners, und den hohen Herren der Wiener Hofbibliothek:
Zunächst unterrichtet Edler von Mosel den Vermittler Nowack, Graf Dietrichstein sei zurückgekommen und habe ihn beauftragt, folgendes zu schreiben: Auch er, der Graf, sei der Meinung, daß der Preis für die Partitur »sehr hoch gestellt« sei, zumal es sich hierbei um ein Werk handle, das schon bei zwei Verlegern, Breitkopf & Härtel in Leipzig und André in Offenbach, längst im Druck erschienen sei. Die Bibliothek würde sich trotzdem »herablassen«, die verlangte hohe Summe zu zahlen, da man es als einen »Liebhaberpreis« für die Handschrift Mozarts ansehen müsse.
Voraussetzung für den Ankauf sei allerdings, »auf zuverläßige Weise in Kenntniß gesetzt« zu werden, auf welche Weise das Manuskript nach dem Tod des Grafen in das Eigentum des Amtsschreibers Haag übergegangen sei. Es bestünde sonst die Gefahr,

daß diese Partitur, nach abgeschlossenem Kaufe..., von der

Frau Erbin des seel: Grafen v. Walsegg als ein zur Verlassenschaft gehöriger Gegenstand reclamirt würde…

Die Hofbibliothek läßt demnach Vorsicht walten, und Nowack sieht sich veranlaßt, in aller Ausführlichkeit zu antworten:

Diese Partitur hat sich in der Verlassenschaft des verstorbenen Amtsschreibers Karl Haag vorgefunden und nach seinem hinterlassenen Testament, wurden sämentliche Verlassenschaftsstücke, der Universalerbin Katharina Adelpoller, Eheweib des Amts- und Gerichtsdieners Johann Adelpoller bei der Herrschaft-Stuppach, vermög anliegender ämtlicher Bestättigung ./. obrigkeitlich eingeantwortet.

Wie und durch wen Karl Haag in den Besitz der Partitur gekommen sei, könne nicht mit Bestimmtheit ermittelt werden,

nur aber so viel ist Wahrscheinlich, daß Er es entweder von dem hochseel: Herrn Grafen v: Walsegg selbst, oder von dem verstorbenen Verwalter Joseph Leitner in Stuppach, welcher dem H: Grafen v: Sternberg (dem Schwager des Grafen Walsegg) *sämentliche vorhandenen Graf Walseggischen Musikalien und Instrumente* erweislich *abgekauft, überkommen habe, und umso mehr; indem Haag eine Vorliebe für das Reguiem geäußert hat, und sogar selbst ein Reguiem componirte, und mir als gewesten Walseggischen Verwalter zu Schottwien dedicirt hat…*

Und Nowack bekräftigte noch einmal die Eindeutigkeit der Eigentumsverhältnisse:

Nun war einmahl Karl Haag, der auch Kammermusikus beim H: Grafen Walsegg ware, in dem Besitz dieser Partitur. Wer es immer ansprechen wil, muß das Eigenthum erweisen, und das kann weder der H: Graf Sternberg, oder vielmehr dessen Frau Gemahlin, als Erbin und Schwester des Herrn Grafen von Walsegg;[103] *weil er alle Musikalien dem Verwalter Leitner ver-*

Moritz Graf von Dietrichstein (1775–1864), der Leiter der Hofbibliothek (unten), hätte durch einen unglücklichen Zufall beinahe den Erwerb der »Original«-Partitur des Requiem versäumt.

kauft hat, und eben so kann es auch dessen Witwe, die sich später mit einem gewissen Gaßelseder verehelichte, der auch bereits gestorben ist, nicht thun; weil sie ebenfalls nicht beweisen kann, daß diese Partitur unter den erkauften Musikalien begriffen ware; folglich wird die k: k: Hofbibliothek niemahls zugewärtigen haben, daß diese Partitur von Jemanden reclamirt wird.

Ja, und dann tritt zutage, daß die Hofbibliothek es in der Person der Katharina Adelpoller mit einer ganz gewitzten Geschäftsfrau zu tun hat. Mit einer Portion Bauernschläue ausgestattet, vermeint sie, noch mehr herausschlagen zu können. Jedenfalls macht sie Vorbehalte, was Nowack zu dem Zusatz veranlaßt:

Übrigens glaubt die Eigenthümerin Katharina Adelpoller nur (unter) der Bedingung von 50 Duccaten hindann zugeben, wenn es vom Anfang bis zu Ende den Abdrüken durchaus gleich ist, und dadurch bewähret wird, daß Mozart dieses Reguiem ganz vollendet hat, ausserdem würde sie einen höheren Werth fordern, wenn diese Partitur den Abdrücken nicht gleichstimig wäre.

Diese Adelpoller! Sie geht zwar von der irrigen Annahme aus, das Manuskript stamme ganz von Mozart, schließt aber, vielleicht mit Hilfe eines Ratgebers (Nowack?), folgerichtig: Wenn denn die in Leipzig und Offenbach gedruckten Partituren nicht mit der Handschrift übereinstimmen würden, dann wäre es eben sie, welche die echte Mozart-Partitur des Requiem in Händen hätte, was deren Wert natürlich erheblich steigern würde...
Edler von Mosel beeilt sich[104], diesen Punkt klarzustellen. Nowack könne sich wohl denken,

daß es hierorts das erste Geschäft war, die eingesendete Handschrift des Mozartschen Requiems mit den gedruckten Ausgaben zu vergleichen, weil der Hofbibliothek nur an der Uiberzeugung gelegen seyn konnte, daß es die bekannte Composition sey. Die vorgenommene Vergleichung des Manuskriptes mit den ge-

druckten Ausgaben hat gezeigt, daß es völlig ein und dasselbe Werk sey.

Und Mosel fügt auch gleich eine vorgeschriebene Quittung bei, die Nowack vorweg – die Hofbibliothek hält es noch immer mit der Vorsicht – unterzeichnen sollte.
Am 17. Dezember 1838 schickt Nowack die Quittung ordnungsgemäß zurück, worauf Mosel am 21. Dezember die geforderte Summe überweist, nicht ohne die Aufforderung, den Erhalt »unverweilt« zu bestätigen. Das geschieht durch Nowack am Heiligabend 1838:

Hiermit bestättige ich den richtigen Empfang deren heute mir den k: k: Postwagen mir für die Katharina Adelpoller, wegen der an die k: k: Hofbibliothek derselben verkauften Mozartischen Reguiem in Spart, eingesendeten 50.Duccaten, eigentlich in Bancnoten nach dem Cours ... mit Zweyhundert Dreißyg Fünf Gulden das ist: – – – – – – – – 235 f: B: Noten.

Das Geschäft war abgeschlossen; für Katharina Adelpoller bedeuteten die 50 Golddukaten ein schönes Weihnachtsgeschenk, die Wiener Hofbibliothek aber hatte ein Dokument ersten Ranges erworben, das sie von nun an zu ihren kostbarsten Schätzen zählt, mit Recht, auch wenn sich bald herausstellen sollte, daß sie von falschen Voraussetzungen ausgegangen war.
Die Nachricht vom überraschenden Auftauchen des Originals der Requiem-Partitur hatte rasch die Runde gemacht, und bereits am 30. Januar 1839 meldete die Leipziger *Allgemeine Musikalische Zeitung* mit der Euphorie der ersten Begeisterung:

Die vollständige Urschrift der Partitur des Mozart'schen Requiem ist in Wahrheit entdeckt und von der k. k. Hofbibliothek für ihre musikalische Sammlung erworben worden. Diese Urschrift, von der ersten bis zur letzten Note von Mozart selbst geschrieben (?), enthält auch das Sanctus, Benedictus, Agnus Dei und die Wiederholung des ersten Satzes mit der Fuge. Dieses Ereigniss wird der musikalischen Welt in einer eigenen Schrift des Herrn Hofrath von Mosel ausführlich mitgetheilt werden. In Kurzem wird sie erscheinen und wir werden dann sogleich unsere geehrten Leser mit dem Näheren bekannt zu machen uns beeilen.

Es kann nur als Indiz für die noch immer andauernde Verwirrung angesehen werden, wenn ausgerechnet jene Zeitung, die seinerzeit, wenn auch widerwillig, Süßmayrs Erklärung zu seiner Beteiligung an Mozarts Totenmesse abgedruckt hatte, nun scheinbar bedenkenlos der frohen Botschaft aus Wien folgte. Dabei war im selben Verlag, Breitkopf & Härtel, Nissens Mozart-Biographie erschienen, in der schwarz auf weiß nachzulesen war, der Besteller habe das Werk »unvollendet« erhalten, was in einem gewissen Sinne – im Hinblick auf Süßmayrs Ergänzungen – ja auch der Wahrheit entsprach.
Es konnte nicht ausbleiben, daß man auch anderenorts hellhörig wurde. Einer von jenen, die sich von der Nachricht einer angeblich ganz von Mozart stammenden Requiem-Partitur persönlich angesprochen fühlten, war der ehemalige Lehrer an der Patronatsschule des Grafen Walsegg, Anton Herzog, (wir haben ihn bereits als Informanten über die Vorgänge auf Schloß Stuppach kennengelernt). Er entschuldigt sich eingangs: Er habe von dem Fund aus der *Wiener Theaterzeitung* erfahren, schreibt er in seiner *Wahren und ausführlichen Geschichte des Requiem von W.A. Mozart*, und hätte sich längst gemeldet, wäre er nicht der Meinung gewesen,

die ganze Sache hätte schon das Interesse verloren, und es würde gar nicht mehr davon zur Sprache kommen.

Doch nun sei eine neue Situation entstanden, meint Herzog:

Da man gerade gegenwärtig glaubt, die Original-Partitur des Requiem, und zwar von Mozarts eigener Hand geschrieben, aufgefunden zu haben ..., so bin ich von achtbaren Musikfreunden neuerdings aufgefordert, und auch durch mein eigenes Gefühl für die Wahrheit, bestimmt worden, die Geschichte des besagten Requiem nach meinem besten Wissen, in den gegen-

wärtigen Zeilen, dem verehrten musikalischen Publikum vor Augen zu legen.

Zwar vermag Herzog aus eigener Anschauung nur über die Manipulation seines Herrn, des Grafen Walsegg, zu berichten und muß sich, was die Ergänzungen Süßmayrs betrifft, auf Abbé Stadler berufen, doch läßt seine Darstellung keinen Zweifel daran, daß es bei der vorliegenden Partitur nicht mit rechten Dingen zugegangen sei, daß von einem

Requiem, vom ersten bis zum letzten Blatt von Mozart komponiert.

keine Rede sein könne. Damit hatte Herzog sein »Todesurteil« gesprochen, weniger kraß ausgedrückt: Er war zu einer Gefahr für die Wiener Hofbibliothek und die glücklichen Finder geworden. Aber da gab es ja noch die Zensur! Es nützt nichts, daß Herzog seinen Bericht mit den versöhnlichen Worten schließt, Mozarts Werk gewinne

in den Herzen aller Kunstliebhaber immer mehr Theilnahme, und wird als ein schätzbares Denkmahl, an den in der ganzen musikalischen Welt unvergeßlichen Mozart, so lange bestehen, als der gute Geschmack an classischen Tonstücken fortdauern wird.

Es nützt nichts, wie gesagt, den Behörden erscheint der Bericht Herzogs so brisant, daß sie ihn kurzerhand verbieten. »Nicht zugelassen«, setzt die k. k. Bücherzensur oder die k. k. Oberste Polizei- und Zensurstelle (der Stempel ist nicht genau zu entziffern) am 8. Februar 1839 unter das Schriftstück und verhindert auf diese Weise eine Veröffentlichung;[105] für die Verteidiger Constanzes eine Unterschlagung, nicht weniger verwerflich als das eine oder andere Täuschungsmanöver ihrer »Mandantin«. Wie auch immer, sie macht den Weg frei für die Herren der Hofbibliothek.
Deren Entdeckerfreude ist verständlich: Allzu lange hatte sich die Hofbibliothek im Falle des Requiem zur Abstinenz gezwungen gesehen, um jetzt nicht lautstark die Werbetrom-

mel zu rühren, zumal dies »höheren Orts« gerne gesehen wurde. »Einem vorzüglichen Freunde der Tonkunst und warmen Verehrer des grossen Tonsetzers«, heißt es in Mosels Schrift [106], und seine Verbeugung vor seinem Vorgesetzten ist nicht zu übersehen,

dem k. k. geh. Rathe und Präfecten der Hofbibliothek, Herrn Grafen Moritz von Dietrichstein, ist es gelungen, dieses merkwürdige Manuscript (des Requiem) *aufzufinden und es für jene literarische Anstalt zu gewinnen, deren Ruhm zu erhöhen, deren Reichthum zu vermehren, sein unermüdliches Bestreben ist.*

Man sieht, auch behördlicherseits nimmt man es mit der Wahrheit nicht so genau: das Verdienst, das Manuskript aufgespürt zu haben, gebührte eindeutig Nowack!
Dann zieht Mosel alle Register, um Mozarts alleinige Urheberschaft an dem vorliegenden Manuskript zu beweisen:

Der erste Anblick dieser Partitur beredete Jeden, der Mozart's Schrift gesehen, dass sie ganz, vom ersten bis zum letzten Blatte, von seiner Hand geschrieben sey; woraus folgte, dass er das Werk vor seinem Tode noch vollendet habe, und Alles, was durch Tradition, Feder oder Druck darüber kund geworden, ein Irrthum war…

Eine kühne Behauptung, und Mosel unternimmt mitunter verzweifelte Anstrengungen, sie zu untermauern:

Ausser den Schriftzügen berechtigt zu diesem Glauben noch manches Andere. Man wusste, wie lang und wie eifrig Mozart an diesem Requiem gearbeitet, und dasjenige, was davon bisher als seine Arbeit anerkannt war, schien weder jener Zeit zu entsprechen, selbst wenn man gegen die Leichtigkeit, womit er bekanntlich componirte, den wankenden Gesundheits-Zustand in Erwägung zog, in welchem er seine letztern Monate verlebte…

Dieser »ruhelose Eifer« sei durch einen renommierten Mann wie Friedrich Rochlitz, dem früheren Schriftleiter der *Allge-*

meinen Musikalischen Zeitung, belegt. Er habe in seinen *Verbürgten Anecdoten aus Wolfgang Gottlieb Mozart's Leben* berichtet, der Meister sei, von Prag nach Wien zurückgekehrt, »des Gebrauses, der Pracht und der Verschwendung ganz überdrüssig« gewesen, und sei »mit Heisshunger über die Fortsetzung der unterbrochenen Arbeit an seinem Requiem hergefallen«. Mozart müsse die Totenmesse ja dann wohl auch beendet haben, und so sei bei Rochlitz nachzulesen:

Bey dieser Arbeit (am Requiem) *sank er* (Mozart) *noch öfter in gänzlicher Ermattung und Ohnmacht. Noch vor dem Ende der vierten Woche* (nach der Anfrage des Bestellers) *war er fertig, aber auch ... entschlummert.*

Im übrigen habe ihm, Mosel, sein Freund, der Freiherr von Jacquin, von einer aufschlußreichen Begegnung mit Mozart erzählt. Jacquin habe den Meister bitten wollen, einer begabten jungen Dame Klavierunterricht zu erteilen. Er habe Mozart »an seinem Schreibpult in eifriger Arbeit an dem Requiem« angetroffen und von ihm die Antwort erhalten:

Mit Freuden werde ich Alles thun, was Sie wünschen, nur lassen Sie mir vor der Hand noch Zeit. Ich habe da eine Arbeit (Mozart hat sich also, wenn die Anekdote denn zutrifft, bis zuletzt um Diskretion bemüht), *die dringend ist und mir am Herzen liegt. Bis ich sie nicht vollendet habe, kann ich durchaus an nichts Anderes denken.*

Wenig greifbar und nur vom Hörensagen abgeleitet, was da Mosel vorbringt, um seine These von der Vollendung des Requiem durch Mozart zu beweisen. Dabei stand ihm der schwierigere Teil seiner Aufgabe noch bevor: Die Hofbibliothek verfügte nunmehr über Handschriften Mozarts zum Requiem gleich in zweifacher Ausfertigung, einmal die gesamte Partitur, bei der sie davon ausging, daß sie ganz von Mozart stammte, und dann die Blätter 11 bis 45 in Mozarts Urschrift, die sie von Stadler und Eybler erhalten hatte.
Und nicht nur das: Ein Teil der Blätter enthielt auch jene Eintragungen, mit denen sich Eybler, wovon die Hofbiblio-

thek nichts wußte, als Erster an der Ergänzung des Requiem versucht hatte. Wie sollte nun er, Mosel, der Öffentlichkeit plausibel machen, daß das eine Manuskript eine vollständig ausgeschriebene Partitur darstellte, während mit den Blättern 11 bis 45 ein zweites Manuskript vorlag, in dem Mozart die Zeilen für die Instrumentation weitgehend leer gelassen hatte?
Mosel begnügt sich vorerst mit einem Schriftvergleich. Da die Mehrzahl der Mozart-Freunde »den Aeusserungen Siessmayer's und Stadler's, ja der Witwe des grossen Tonsetzers« vertraute, sei es zur Pflicht geworden,

die genaueste Untersuchung, die strengste Prüfung anzuwenden, bevor man diese vollständige Partitur als durchaus von des Meisters Hand geschrieben anerkennen durfte.

Die erste Probe sei durch den Vergleich der Partitur mit den anderen Mozartschen Handschriften des Requiem, welche die Hofbibliothek verwahrt, vorgenommen worden. Er habe bereits kundgetan, so Mosel, »dass von diesen Handschriften die Sätze: Dies irae, Tuba mirum, Rex tremendae, Recordare und Confutatis, der Hofbibliothek vor mehreren Jahren von dem Abbé Stadler überlassen wurden«. Die sich anschließenden Sätze aber, das ›Lacrimosa‹ (und zwar von ihm nur die ersten acht Takte), ›Domine Jesu‹ und ›Hostias‹, wären das Eigentum des Hofkapellmeisters Eybler gewesen, der sie der Hofbibliothek »als Geschenk dargebracht« hätte.
Und was war mit den Eintragungen Eyblers? Hier gerät Mosel ins Schwimmen. Das »Heft vom Dies irae bis einschlüssig Confutatis« sei eindeutig »das nämliche, welches die Witwe Mozart ... Hrn. Hofr. André zur Einsicht gegen Zurückstellung übersendet« habe. Und er fährt fort:

Die von unbekannter – nicht von Siessmayer's – Hand in die von Mozart leer gelassenen Zeilen eingeschriebene, von der jetzt vorliegenden Partitur beynahe durchaus abweichende Instrumentierung scheint aber damals noch nicht darin gewesen zu seyn, da Herr André ihrer nicht erwähnt. Warum diese

Instrumentirung zu einer Zeit, wo das Requiem schon bey Breitkopf und Härtel im Druck erschienen war, dem Original-Entwurf beigefügt worden, ist nicht abzusehen.

An dieser Stelle offenbart sich noch einmal, ein letztes Mal, die Groteske, zu der das Requiem-Geschehen ausgeartet war, weit davon entfernt, endlich in überschaubare Bahn einzumünden und Konturen anzunehmen: Mosel spricht davon, eine »unbekannte Hand, nicht Siessmayer« habe die unausgeschriebenen Stellen bei Mozart ausgefüllt, und er ahnt nicht, daß kein Geringerer als der Hofkapellmeister Eybler, vom Kaiser inzwischen mit dem Adelsprädikat ausgezeichnet, der große Unbekannte ist!

Ein beredtes Beispiel für den Ring des Schweigens, der die Totenmesse noch immer umgab, für die noch immer herrschende Verwirrung: Da wohnt, wenige Straßenzüge vom Sitz der Hofbibliothek entfernt, der Herr Hofkapellmeister, hochherziger Spender eines Teiles der Urschrift Mozarts zum Requiem, und niemand hat auch nur die leiseste Vermutung, die rätselhaften Eintragungen könnten auf sein Konto gehen...

Zuerst mag auch Eybler zu jenen gehört haben, die Constanze »schonen« wollten und schwiegen. Später fürchtete er wohl, es könnte seiner Karriere schaden, wenn es sich herausstellen sollte, daß auch er am »Flickwerk« der Totenmesse (dieser Eindruck hätte sich der Öffentlichkeit aufdrängen können!) beteiligt war. Immerhin, Eybler hatte einiges zu verlieren: Kaiserin Marie Therese, die Gemahlin Franz II., war seine große Gönnerin. Sie hatte ihn 1801 zum Musiklehrer der kaiserlichen Familie bestellt, eine ehrenvolle Berufung, der 1804 die Ernennung zum Vize-Hofkapellmeister folgte. Eybler hatte den Gipfel seiner Karriere erreicht, als er 1824 nach Salieris geistiger Umnachtung zum Ersten Hofkapellmeister ernannt wurde.

Nun, da er nach einem Schlaganfall gelähmt war, betreut von Frau und Sohn, hatten ihm die Ärzte zwar jede anstrengende Geistestätigkeit verboten, doch war er »nichts desto weniger in seinem Dienste bis kurz vor seinem Tode (1846) tätig«, keineswegs geneigt, seine ansonsten tadellos weiße Weste zu

beschmutzen, wie er seine Beteiligung an Mozarts Requiem empfunden haben mochte.[107]
Das war die eine Schwachstelle in Mosels Darstellung, die andere: Wie war zu erklären, daß Mozart einerseits eine vollständige Partitur der Totenmesse ausgeschrieben hatte, andererseits Bruchstücke bestimmter Teile davon größtenteils ohne Instrumentierung vorlagen, wo doch bekannt war, daß Mozart seine Kompositionen vor der Niederschrift fix und fertig im Kopf zu haben pflegte. Wozu sollte dann eine zweite Ausfertigung wesentlicher Teile des Requiem dienen?
Mosel macht es sich einfach, zu einfach. Mozart habe die vermeintlichen Bruchstücke verloren, und sie dann eben neu geschrieben. Man erinnere sich an Constanze und ihren Brief an Abbé Stadler, in dem es hieß:

Was man Mozart vorwerfen konnte, ist, dass er nicht sehr ordentlich mit seinen Papieren war, und manchmal das, was er zu componiren angefangen hatte, verlegte, und um es nicht lang suchen zu müssen, lieber nochmals schrieb; dadurch entstand, dass Manches sich zweymal vorfand, aber doch nicht anders war, als er verlegt hatte.

Mosel muß allerdings einräumen, daß man sich dieses Verfahren wohl für kleinere Kompositionen oder einzelne Sätze vorstellen könne, »kaum aber von einer ganzen Reihe von Gesangsstücken«. Was ihn nicht hindert, mit anderen Zeugen der Gegenpartei ebenso leichthin zu verfahren:
Süßmayr habe sich durch die Ungereimtheiten in seinem Brief an Breitkopf & Härtel selbst unglaubwürdig gemacht, und den schweren Brocken, den Stadlers »Vertheidigung« im Hinblick auf die handschriftlichen Ergänzungen Süßmayrs darstellte, schiebt Mosel beiseite:

Was sich aus des Abbé Stadler's Schriften gegen die Möglichkeit, dass die vorliegende Partitur ganz von Mozart's Hand sey, einwerfen liesse, verliert seine Kraft durch die Erwägung, dass in jenen Schriften nirgend vorkömmt – so wie er auch mir, seinem vertrauten Freund, nie gesagt hat – er habe mit Mozart selbst, oder auch nur mit Siessmeyer über das Requiem gesprochen.

Der Abbé wisse daher nur, was man ihm in dem Hause Mozart gesagt habe, und das wäre bekanntermaßen oft irreführend genug gewesen.
Selbst seinem Freund Stadler (ihm hatte er noch einen überaus ehrenvollen Nachruf gewidmet) muß Mosel also die Autorität absprechen, um die Dinge in die Reihe zu bringen. Doch in einem Punkt muß er kapitulieren: bei dem vorhin genannten Schriftenvergleich. Mosel hatte sich alle Mühe gegeben, vergleichbares Notenmaterial zu beschaffen. Auch Wolfgang Mozart, wie erwähnt, jetzt in Wien lebend, war ihm behilflich, und Mosel bedankt sich ausdrücklich dafür.
So »ausgerüstet« habe er »mehrere der ersten hier lebenden Kenner der Tonkunst und der Handschrift Mozart's zur Besichtigung und zur Beurtheilung der neuerworbenen Partitur geladen«. Die Sachverständigen hätten das ihnen vorgelegte Manuskript

mit grösster Aufmerksamkeit durchgesehen, und die Mehrzahl derselben sie in allen Theilen, sowohl in Rücksicht auf die Noten, als auf den Text, ohne weiteres für Mozart's Handschrift erklärt.

Von Süßmayr hätten allerdings nur »auf kleinem Papier und höchst flüchtig geschriebene Blätter« vorgelegen.
Das sollte sich grundlegend ändern: Neues »Beweismaterial« tauchte auf, sprich: ausführlichere Kompositionen Süßmayrs, die eine bessere Beurteilung seiner Schriftzüge ermöglichten. Ein gewisser Freiherr von Lannoy stellte Mosel zwei umfangreiche Werke Süßmayrs zur Verfügung, ein Terzett für Sopran und zwei Bässe mit Orchesterbegleitung auf 15 Blättern und eine Baßarie mit Orchesterbegleitung auf 10 Blättern, beides von Süßmayr für Pergolesis Oper *La serva patrona* komponiert.
Mosel gibt seine neuen Erkenntnisse offen zu:

War die Ähnlichkeit dieser Partituren mit Mozart's Handschrift, und zwar in Noten und Text, schon beynahe unglaublich; so war sie noch vollkommener mit jener in der Partitur des Requiem, vom Dies irae angefangen (Mosel spricht hier die von

Süßmayr geschriebenen Partien der Totenmesse an)... *Je länger und je sorgfältiger man die Vergleichung jener beiden Manuscripte mit der Partitur fortsetzte, je verwirrter musste man werden, um so mehr als sich gleichwohl in letzterer Zeichen fanden, die wieder mehr mit der Mozart'schen als mit der Siessmayer'schen Handschrift harmonirten.*

Welch später Triumph für Süßmayrs Kunst, die Handschrift Mozarts täuschend nachzuahmen! Nun muß sich auch Edler von Mosel zu dem Eingeständnis bequemen, die Hofbibliothek besitze

in der autographen Partitur der Sätze ›Requiem‹ und ›Kyrie‹ (fol. 1 bis 10), und in den gleichfalls eigenhändigen Partitur-Entwürfen (?) *von ›Dies irae‹ bis einschlüssig ›Hostias‹ (fol. 11 bis 45)* Alles, was von dem Schwanengesang Mozart's in seiner Handschrift existirt; *das Uebrige aber, wenn nicht aus seiner* Feder , *doch – nach allen Kunstgründen – aus seinem* Kopfe.

Der kurze, schöne Traum der Wiener Hofbibliothek, das Original einer vollständigen, allein von Mozart geschriebenen Totenmesse zu besitzen, war ausgeträumt... Ein Trost blieb Mosel: Er wußte sich einig mit Constanze! Mit ihr konnte er sich auf den kleinsten gemeinsamen Nenner verständigen, der da hieß, Mozart habe das Requiem komponiert, kein Zweifel, und, was zu ergänzen war, sei eben in seinem Geiste geschrieben worden.
Mosel hatte sich noch während der Vorbereitung seiner Schrift mit Constanze in Verbindung gesetzt, um sich abzusichern, das heißt, er hatte bezeichnenderweise den Umweg über Sohn Wolfgang gewählt, und Constanze hatte sich daraufhin zum endgültig letzten Mal zum Requiem geäußert.
Am 10. Februar 1839 schreibt sie an Mosel:

Sehr geehrter Herr Hofrath, vergeben Sie, daß ich meines Sohnes Freuden nicht stöhren wollte und nicht gleich gesagt habe, daß er sich nicht so ganz seiner Freude überlaßen soll (Wolfgang scheint demnach die Partitur für echt gehalten zu haben), *indem daß vorgefundene Manuscript gar wohl Süß-*

maiers sein kan, weil er mir selbst sagte: daß er sich selbst eine Abschrift gemacht habe, wo er so wohl Notten als Text Mozarts schrift so sehr nachgeahmt, daß es unmöglich sey, sie zu unterscheiden … Ist die Partitur vollständig so ist sie nicht von Mozart den er hat sie nicht geendet, und so muß man doch auch sehen können, wo Süßmaier hinzu geschrieben hat; den so sehr ist doch meines Erachtens kein Mensch im Stande eines anderen Schrift nach zu ahmen, daß man sie nicht doch Erkennen soll; so viel hirüber, und nun versichere ich, daß kein anderer als Süßmeier das Requiem geendet hat welches nicht so schwer war, weil wie man weis, daß die Hauptstellen alle ausgesetzt waren, und Süß: nicht irre gehen könnt.[108]

Damit hatte Constanze – Ende gut, alles gut? – ihr Gewissen erleichtert. Und auch die anderen sind's zufrieden. So gilt für die *Allgemeine Musikalische Zeitung* als wichtigste Passage in Mosels Schrift:

Vergleicht man dieses Manuscript (die aufgefundene Partitur) *mit der Breitkopf'schen Ausgabe, so findet man in allem Wesentlichen die vollkommenste Übereinstimmung. Die Ausgabe muss daher nach einer Copie der vorliegenden Partitur veranstaltet worden seyn.*

Mehr wollte Breitkopf & Härtel nicht wissen, und so schlägt der Verlag in seiner Besprechung der Moselschen Schrift auch ungewöhnlich sanfte Töne an. Er beschränkt sich darauf, die Ausführungen Mosels wortgetreu zu wiederholen, und schließt:

Wenn wir, wo nur möglich, stets mit den Worten des geehrten Verfassers dieser denkwürdigen Darlegung berichteten, glauben wir am treuesten gehandelt und den Kern des Ganzen am Besten hervorgehoben zu haben; finden auch … nichts wichtiger und glücklicher, als dass der Breitkopf und Härtelsche Abdruck ganz genau … mit der Originalpartitur übereinstimmt, und dass der Geist mehr ist, als der Buchstabe. Und so ist es Mozart's Werk und wird es bleiben.

Erstaunlich, wie einfach das klingt, nach all den unglaublichen Irrungen und Wirrungen, die nahezu ein halbes Jahrhundert lang das Geschehen um das Requiem bestimmt haben! Seine Geschichte wäre damit eigentlich am Ende, doch sie bliebe unvollständig, würde nicht auch der Lebensweg Constanzes und der Mozart-Söhne seinen Abschluß finden...

13
Zum Ausklang dreimal das Requiem...

Das Mozart-Denkmal in Salzburg und Constanzes Wohnung im zweiten Stock des Hauses rechts.

Constanze verbringt ihren Lebensabend in Salzburg im 2. Stock des sogenannten Domherrenstöckels, Haus Nr. 7 am Michaelsplatz, zusammen mit ihrer Schwester Sophie. Vorher hatte sie den 3. Stock bewohnt und sich um die darunterliegende Etage beworben, als diese frei wurde. »Meine Gesundheitszustände im Allgemeinen«, hatte sie der Landesregierung in Linz geschrieben, »erfordern eine heitere Wohnung und mein kranker Fusz leicht zu begehende Stiegen, da die besagte Wohnung diese zwei Eigenschaften hat, so bitte ich ... um gnädige Gewährung meiner gehorsamsten Bitte.«[109]

In der Öffentlichkeit hat sich Constanzes Erscheinungsbild, wie man sieht, nicht verändert: Sie gibt sich bescheiden, demütig und gottesfürchtig, eine Rolle, die sie von Anfang an gespielt und mit bewundernswerter Ausdauer durchgehalten hat. Für ihre Umgebung ist sie die Frau von nebenan, eine von ihresgleichen, die sich so gar nichts darauf einbildet, die Witwe des großen Mozart zu sein.

In ihren eigenen vier Wänden aber erweist sich Constanze als geschäftstüchtig wie eh und je. Kaum ein Tag vergeht, an dem nicht der Postwagen Briefe oder Geldbeträge für sie befördert. Obwohl bereits Mitte Siebzig, hat sie die Fäden ihrer weitgespannten Aktivitäten fest in der Hand. Die Eintragungen in ihrem Tagebuch sprechen für sich:

Von Canzlayrath Bayer aus Copenhagen die erfreilich Nachricht erhalten daß meine gelder am 31. Dez. an Herrn M: Jenisch nach Hamburg abgeschickt worden sind, heißt es unter dem 12. Januar 1837, und drei Tager später: *Von Herrn Jenisch aus Hamburg Nachricht erhalten, daß er meine gelder aus Copenhagen erhalten hat, und daß er von mir order erwarte waß damit geschehen soll. Diesen Brief überschickte ich sogleich Nach Wien an die Herren Schuller und Comp. mit Vollmacht und Bath diese Herren diese gelder von Herrn Jenisch Hamburg in meinem Nahmen kommen zu laßen, und selbe so /: nach ihrem Rath:/ so vorteilhaft als möglich an zu legen am 19 jener bekam ich auch meine Antwort von diesen sehr gefälligen Herren die darin Bestand, daß sie sogleich an H. Jenisch geschrieben, und um das geld so bald wie möglich erwarten und mir rathen Banc actien dafür zu nehmen worüber sie aber doch noch Nachricht von mir zu haben wünschen ob es mir recht ist...*

Und auch das weitere Geschehen beschreibt sie in allen Einzelheiten:

Am 2. F(ebruar) *bekam ich von Schuller die nachricht daß sie diese gelder von Jenisch aus Hamburg für mich Erhalten, und sie mir dafür 5 Stück Banck actien eingekauft haben das Stück zu 1365. Nun war ihr letztes Schreiben vom 2. dieses die Frage: ob ich sie auf meinen Nahme umgeschrieben haben will und ich schrieb Heute als am 4. F. daß ich wegen Diebstahl wünsche daß sie auf meinen Nahmen geschrieben werden und so lebe ich in der frohen Hoffnung diese gelder recht bald in Besitz zu haben wofür ich meinen gütigen Schöpfer sehr danckbar sein will. – Heute als am 14. F. 1837 war ich so glücklich diese gelder in Banck actien von Schuller zu erhalten. Gott lob und danck dafür.*

Bei einer Frau wie Constanze konnte es wohl nicht ausbleiben, daß ihre ausgeprägte Sparsamkeit – unter ihrem Nachlaß wird man später nur wenig für den persönlichen Bedarf finden – im Alter in Geiz ausartete, wie auch ihre Frömmigkeit, ob sie nun aus einem gläubigen Herzen kam oder nicht, in Bigotterie. Sogar im Lotteriespiel, mit dem sie ihr Vermögen offensichtlich zu vermehren trachtete, bemüht sie den lieben Gott und trägt in ihr Tagebuch ein:

38328 ist die N: von der Rothschildischen anleihlotterie welches ich hab aber leider bis ietz noch nichts gewohnen. Es ist so gottes wille, und so bin ich mit demuth und danckbarem Herzen gegen den gütigen Schöpfer und geber alles guten auch Herzlich zu frieden; lobe und preise ihn dafür amen!

Eine Zeitlang hat sich Constanze auch mit dem Gedanken getragen, für sich und ihre Familie, darunter verstand sie ihre »beyden sel. Gatten Mozart und von Nissen«, aber auch – man lese und staune! – »Mozarts sel. Schwester von Sonnenburg«, sowie ihre eigene Schwester Sophie, eine Seelenmesse lesen zu lassen, und zwar am Allerseelentag jeden Jahres. Das Vorhaben, für das Constanze bereits 100 Gulden hinterlegt hatte, scheiterte jedoch an dem Veto der Behörden: Einem »Akatholiken« wie Nissen müsse die »Zuwendung des katholischen Meßopfers« verweigert werden. Constanze hat daraufhin ihre 100 Gulden wieder zurückgezogen, Nissen scheint ihr letzten Endes doch nähergestanden zu haben als die Mozarts ...[110]

Geld, immer wieder ist es das Geld, das Constanze vorantreibt, aus dem sie, obschon von der Gicht in Händen und Füßen geplagt, ihre Energie bezieht. Verhältnismäßig wohlhabend, hat sie sich im Kreis der Familie und der wenigen ihr näherstehenden Personen eine gewisse Machtstellung verschafft. Sie greift ihren Söhnen Karl und Wolfgang mit kleineren Beträgen – zu mehr verleitete ihre Sparsamkeit sie ohnehin nicht – unter die Arme und begleicht die Schulden ihrer Schwester Aloisia, die ihr »jammervolle« Briefe schreibt (sie war Mozarts erste Liebe und stirbt 1839, drei Jahre vor Constanze). Die andere Schwester, »die gute Sophie«, ist sowieso finanziell von ihr abhängig und auf sie angewiesen. – Es sind wie ehedem die zwei Gesichter der Constanze auch und gerade im hohen Alter: Hier der – in Grenzen – großzügige Mittelpunkt der Familie, finanzielle »Anlaufstelle« für die armen Verwandten, dort das Bild von Bedürftigkeit, das sie den Zeitgenossen, bisweilen mit peinlicher Penetranz bietet.

Der spätere Prälat von Hauber weiß davon zu berichten.[111] Eine Studienreise hatte ihn in jungen Jahren mit seinem Freund Schick nach Salzburg geführt, wo beide die Mozart-Witwe kennenlernten. Ein Besuch, mit dem sie keine sehr schönen Erinnerungen verbinden: Constanze hatte ihnen, deren Reisekasse knapp bemessen war, auf recht unverblümte Weise fünf Gulden für Nissens Mozart-Biographie abzunehmen versucht, hatte sich überhaupt so ärmlich gege-

ben, daß die Freunde geneigt waren, ihr ein paar Kreuzer als Almosen zu schenken.
Der Reisebericht der junge Leute spiegelte die tiefe Betroffenheit wider, mit der sie den Schauplatz wieder verließen – ein Dokument, das so gut wie alles über Constanze in ihrem letzten Lebensjahrzehnt aussagt und deshalb ungekürzt mitgeteilt werden soll. In einem der ausführlichen Briefe, die Hauber an seine Braut schreibt, heißt es:

Wir erfuhren gestern, daß Mozarts Witwe hier (in Salzburg) *noch lebe und erkundigten uns durch unsere Wirtin nach ihrer Wohnung. Als wir nun abends von einem Ausflug zurückkamen, trafen wir eine Visitenkarte »Constanza Etatsräthin von Nissen, gewesene Witwe Mozart« und hinten »bei Kaufmann Fend auf dem Marktplatz Nr. 6 über 3 Stiegen«* (Constanze wohnte damals noch im 3. Stock), *von ihrer eigenen Hand geschrieben. Die Frau sei selbst dagewesen, habe sich angelegentlich nach uns erkundigt, und uns eingeladen, heute fein gewiß zu ihr zu kommen. Wir sahen einander an, verdutzt und erstaunt über die hohe Gnade, zerbrachen uns die Köpfe, wie das wohl zugehen möge, und erkannten endlich einstimmig darauf, daß besagte Frau sich geirrt und verirrt haben müsse. Doch erforderte es die Artigkeit, ihr diesen Irrtum zu benehmen, und ich nahm es über mich, den Gang zu wagen, um in wohlgesetzter Rede den Irrtum zu beklagen und zu preisen, der mir das Glück und die Ehre verschaffe, die Witwe des Mannes zu sehen, den ich so sehr bewundere und hochhalte. Schick wartete unten, um, sofern wir beide doch gemeint seien, ebenfalls seine Aufwartung zu machen.*
Ich ging die Treppen hinauf, mit klopfendem Herzen, räusperte mich dreimal vor der Tür und einmal vor der Rede, die nicht nur glücklich ablief, sondern auch nach einigen Auseinandersetzungen damit beantwortet wurde, daß wir allerdings gemeint seien; daß die Frau Etatsräthin gehört, wir wünschten sie zu sehen, und unserem Besuch habe zuvorkommen wollen. Und Schick möge nur heraufkommen; es freue sie immer, Freunde bei sich zu sehen, welche ihren seligen Mann verehren. Er kam, und das Gespräch drehte sich anfangs um den Genius des Mannes; ich war sehr gefühlvoll, verglich seine Schöpfungen mit der Ge-

gend, in welcher er geboren, friedlich, sanft und reich, und im Hintergrunde die riesigen Felsen, während Beethoven nach Art der Gebirge und Schluchten gedichtet, durch welche wir gereist. Sie antwortete mit einem Vers des Inhalts: Mozart sei die einzige Philomele Salzburgs (es gibt hier nämlich keine Nachtigallen). Bald lenkte sie das Gespräch auf seine Schicksale, seine Neider, ging immer mehr ins Detail, sprach von seiner erst verstorbenen Schwester, der zwei Engländer durch ein Geschenk von 900 Pfund[112] *aus bitterem Mangel geholfen, dann von ihrer eigenen geringen Pension und wie ihr zweiter Mann sie von demselben Los befreit. Anfangs schien es, durch die Heirat, bald aber deutete sie auf eine Lebensbeschreibung, wozu sie in Wien keinen, in Berlin 500 Subskribenten bekommen und deren Preis sie nun von 15 auf 5 Gulden habe herabsetzen müssen.*
Da gingen uns allmählich die Augen auf. Schick mahnte mich mit dem Fuß, ich überschlug mein übriges Vermögen, das unmöglich mehr so starken Zuspruch leiden konnte, ich saß wie auf Kohlen, wußte nicht, ob ein freiwilliges Almosen von zwei Zwanzigern – soviel hatte ich Münze bei mir – angehe. Unterdessen brachte sie ein Buch, worin alle sie besuchenden Fremden ihren Namen eintragen. »Mit Ihrer gütigen Erlaubnis, gnädige Frau«, sprach ich, schrieb mit Bleistift »Dr. F. Hauber aus Stuttgart« in das – Ausgabenbuch der Frau Etatsräthin knapp unter »vor Milch 3 kr.« Ich wünschte, ich wäre im Stand, Dir nur ein Achtel des Gefühls mitzuteilen, das über mich, den so mit kaltem Wasser Übergossenen, kam, damit du umsomehr Mitleid mit meiner peinlichen Lage hättest, in der ich nicht wußte, sollte ich lachen oder weinen, mich ärgern oder schämen. Beim Aufbruch zeigte sie uns noch einige Gemälde, erzählte eine Anekdote, führte uns zum Klavier, an dem Mozart komponiert, wir dankten mit verlegenen Bücklingen, und seither vermeiden wir die Stadt und das Haus, das wir mit so ganz anderen Empfindungen verlassen als betreten haben. –

Eines muß man Constanze zugute halten: Sie hat sich bis zuletzt um eine ordentliche Anstellung für Sohn Wolfgang bemüht. Bei dessen Bruder Karl lagen die Dinge einfacher. Bei ihm genügte ein gelegentlicher Briefwechsel, im übrigen lebte er mit sich und der Welt zufrieden in Mailand (seine

Mutter hatte er in den vergangenen 20 Jahren nur ein einziges Mal in Salzburg besucht!). Den Wolfgang aber wollte Constanze versorgt wissen, und als 1841 das Institut *Dommusikverein und Mozarteum* gegründet wird, setzt sie alle Hebel in Bewegung, um ihm die Stellung des Direktors zu verschaffen. Doch daraus wird nichts. Den Posten erhält der 22jährige Theaterkapellmeister Alois Taux, ein geborener Schlesier und später einer der engsten Freunde Karl Mozarts. Wolfgang aber muß sich mit dem Titel eines »Ehrenkapellmeisters« abspeisen lassen. Vielleicht mußte er, der 50jährige, dem Jüngeren den Vortritt lassen, vielleicht hatte das Gründungskomitee aber auch seine Zweifel an der künstlerischen Potenz des Mozart-Sohnes. Zugkräftig wäre sein Name allemal gewesen, daran konnte es nicht gelegen haben ...

Der neugegründete *Dommusikverein* hatte sich nicht nur die »Emporbringung der Musik in allen ihren Zweigen, insbesondere der Kirchenmusik« zum Ziel gesetzt, er hatte auch gleich zu Beginn praktische Arbeit zu leisten: Es stand die festliche Enthüllung eines (noch nicht gelieferten) Mozart-Denkmals des Münchner Bildhauers Ludwig Schwanthaler ins Haus. Aufgestellt sollte es auf dem Michaelsplatz werden, in Sichtweite Constanzes, und es galt eine würdige Feier vorzubereiten.

Zum künstlerischen Leiter des Unternehmens wurde Alois Taux bestellt, eben jener Taux, der beim Gerangel um den Direktorposten beim *Dommusikverein* den Vorzug gegenüber Wolfgang erhalten hatte. Kein Grund zur Mißstimmung zwischen ihm und Constanze, im Gegenteil, der junge Taux bemühte sich aufopfernd um die beiden alten Damen, Constanze und ihre Schwester Sophie; sie wurden von ihm gewiß über die Vorbereitungen des Festes auf dem laufenden gehalten.

Doch Constanze hat die Enthüllung des Denkmals – seine Aufstellung hatte sich verzögert und fand erst ein Jahr später statt – nicht mehr erlebt, sie ist nur wenige Monate vorher verstorben. Schon Mitte 1841 hatte sie sich so schwach gefühlt, daß sie ihr Testament machte, ordentlich und mit jener geschäftsmäßigen Sorgfalt, die seit Nissens Einfluß zu ihren durchaus schätzenswerten Tugenden gehörte.[113]

Als Universalerben setzt sie ihre beiden Söhne Karl und Wolfgang ein, bedenkt aber auch fürsorglich ihre Schwester Sophie. Ihr vermacht sie 250 Gulden »zur Einrichtung auf 2 Zimer; Alles, was sich in der Küche vorfindet; wie auch meine Kleider und alle Wäsche«. Die Söhne haben ihr jährlich 200 Gulden zu zahlen, »so lange ihr der gütige Schöpfer das Leben schenkt«. An sonstigen Legaten teilt sie gewissenhaft 2100 Gulden auf, darunter 200 Gulden für die »arme Mozart in Augsburg«, worunter wahrscheinlich die uneheliche Tochter des »Bäsle« Maria Anna Thekla, Mozarts ehemaliger Spielgefährtin, zu verstehen ist.

Im einzelnen besimmt Constanze für die Söhne »6 silberne Löffel, 6 ganz silberne Gabeln und 5 schwere silberne Löffel[114], dazu »einen großen, tiefen silbernen Suppen- oder Punschlöffel und 6 Kaffee-Löffelchen, ein silbernes Thee-Kännchen mit einem Untersatze« (das alles gelangt später nach den letztwilligen Verfügungen, erst von Wolfgang, dann von Karl, in den Besitz von Josephine Baroni-Cavalcabò, der Freundin Wolfgangs).

An Schmuck vererbt Constanze »11 Schnüre guter Perlen mit Elfenbein-Schließe, von dem berühmten Hesse in Brillanten gefaßt« und – hier weht ein Hauch von wehmütiger Erinnerung durch die nüchterne Aufzählung – »die kleine Uhr, die ich als Braut von Mozart bekam...« An Uhren findet sich in Constanzes Erbmasse noch »eine Hängeuhr, die 8 Tage geht, dann eine Nachtuhr und eine Wanduhr«, von denen die beiden letzten Sophie überlassen bleiben sollten, solange sie lebt.

An Musikinstrumenten hinterläßt Constanze den Söhnen »ein Clavichord von ihrem seligen Vater Mozart« und ihr »Piano-Forte mit allen Musikalien, die ich habe«. Schließlich die Gemälde: »das große der Mozartischen Familie und das Gemälde brüderlicher Liebe vom Maler Hansen aus Copenhagen gemalt und das Portrait ihres lieben Stiefvaters Nissen. Dieß alles sollen sie (die Söhne) unter sich teilen...«

Vom Geld war bereits früher die Rede. Hier betrug der Nachlaß nach Abzug aller Verbindlichkeiten in Höhe von 399 Gulden 32¼ Kreuzer insgesamt 27191 Gulden 40 ¼

Kreuzer, davon 605 Gulden 47 Kreuzer Bargeld, 25079 Gulden 19 Kreuzer an Obligationen und 1405 Gulden 36 Kreuzer an Sparkasseneinlagen – auch aus heutiger Sicht klug angelegtes Geld, das gute Zinsen brachte. Nicht von ungefähr konnte Constanze einem Gewürzkrämer in Kopenhagen ein Darlehen von 7200 Gulden gewähren oder bereits 1829 nicht weniger als 15000 »schwere Gulden« bei ihrem Wiener Bankhaus Schuller anlegen.
Constanze brauchte demnach im Alter keine Not zu leiden, und da sie von ihrer Schwester Sophie betreut wurde und von besagtem Alois Taux über die Ereignisse »draußen« auf dem laufenden gehalten wurde, verlief ihr Lebensabend in geruhsamen, erträglichen Bahnen. Gelegentlich kam auch einmal ein Geschäftspartner von früher zu Besuch, wie etwa der Offenbacher Verleger André, der sich allerdings hinterher die spöttische Bemerkung erlaubte:

Die Witwe Mozart liebte sich Frau Etatsrätin *nennen zu lassen und mache auf mich* nicht *den Eindruck , als wenn sie Mozarts Größe und Genialität ganz begriffen habe.*

Doch gerade er sollte nicht zu schlecht über Constanze reden: Wer weiß, was aus Mozarts musikalischem Nachlaß (den André ja zum Teil vermarktet hat) geworden wäre, hätte Constanze sich nicht seiner angenommen und Nissen und Stadler die Sichtung und Ordnung übertragen. Womöglich wäre das ganze Mozartsche Erbe in alle Winde zerstreut worden...
Am 6. März 1842 stirbt Constanze, um »¾ 4 Uhr früh im Haus Nr. 77 an Lungenlähmung«, wie die Eintragung in das Sterberegister des Dompfarramtes Salzburg lautet.
Der Lebensweg einer ungewöhnlichen Frau ist zu Ende, die, gewandelt vom verwöhnten »Weibchen« zur harten Geschäftsfrau, aus dem Hintergrund heraus die gesamte Nach-Mozart-Aera geprägt hat; und das immerhin ein halbes Jahrhundert lang. Man kann es auch so sehen: Constanze hat die Chance, als Mozarts Witwe zu überleben, genutzt, auf ihre ganz persönliche Weise genutzt. Wie sie dieses gewiß nicht leichte Schicksal, dieses Überleben um jeden Preis, gemei-

stert hat, verdient den Respekt, den ihr die Zeitgenossen letztlich gezollt haben.
So die *Kaiserlich königlich privilegirte Salzburger Zeitung*, die ihr auf der Titelseite einen Nachruf widmet, in dem es, wenn auch mit einiger Übertreibung, heißt:

Sie stammte aus einer sehr achtbaren Familie, da ihr Vater Fridolin von (?) *Weber, Oberamtmann zu Freiburg, und ihre Mutter Cäcilie dem adeligen Hause von Stamms-Stamm* (?) *entsprossen war.*

Entsprechend eindrucksvoll ist der Bericht der gleichen Zeitung vom Begräbnis selbst:

Die Beerdigung der Witwe Mozarts erfolgte am 8ten dieses (März) *auf eine ebenso rührende, wie glänzende Weise. Die Leiche wurde von dem hochwürdigen Herrn Domcapitular Schumann, Edeln von Mansegg, feierlichst eingesegnet, worauf ein schöner, von Chordirektor Daisbeck componirter, vierstimmiger Gesang ertönte. Nach Beendigung desselben setzte sich der Zug in Bewegung. Die zahlreichen Zöglinge der unter dem Namen Mozarteum seit kurzem gegründeten Musikschule des hiesigen Dommusikvereins eröffneten denselben unter Vortritt der Harmoniemusik des Letzteren. An den Sarg, der von der Dienerschaft der angesehensten Honoratioren Salzburg getragen und umgeben wurde, schlossen sich viele hochgestellte Männer, die Glieder des Mozart-Comités und der Repräsentantenkörper des Dommusikvereins. Auch das hierortige Lyceum hatte seine Studierenden zu dem Zuge gesandt.*

Constanze wird im Familiengrab auf dem St. Sebastian-Friedhof beigesetzt, in jener Grabstätte, in der auch ihr Schwiegervater Leopold, ihre Tante Genoveva Weber, ihre Nichte Jeanette Berchtold zu Sonnenburg (die Tochter »Nannerls«) und ihr zweiter Gatte G. N. Nissen ihre letzte Ruhe gefunden haben. Von Alois Taux erklingt ein vierstimmiger Chor von »edler Einfachheit und seelenvoller Innigkeit«, dazu ein »Regina coeli« von Maximilian Stadler, der auf diese Weise noch einmal zu Ehren kommt.

Am nächsten Tag findet in der Sebastianskirche ein Trauergottesdienst statt, bei dem zum Gedenken an Constanze das Requiem aufgeführt wird, jene Totenmesse, deren »geheimnißvolle Verborgenheit« sie ein Leben lang betrieben hat. Und auch das sollte erwähnt werden: Von den beiden Söhnen der Verstorbenen, Karl und Wolfgang, war keiner anwesend...

Warum die Söhne dem Begräbnis der Mutter ferngeblieben waren, weiß man nicht. Bei Karl in Mailand wird die lange und beschwerliche Anreise über die Alpen eine Teilnahme verhindert haben, bei Wolfgang mögen gesundheitliche Gründe ausschlaggebend gewesen sein. Er hatte schon ein Jahr zuvor, den ganzen Sommer 1841 über, Erholung auf dem Land gesucht, irgendwo in Mähren. Mit seiner Gesundheit stand es seit längerem nicht zum besten, wohl in der Hauptsache seelisch bedingt, nachdem der Wechsel von Lemberg nach Wien ihm nicht den erhofften beruflichen Auftrieb gebracht hatte.
Nichts hatte sich gegenüber Lemberg geändert: Auch in Wien mußte er sich mit dem Klavierunterricht begnügen, den er jungen Damen der Gesellschaft erteilte (seine Lieblingsschülerin Julia Baroni-Cavalcabò, nun eine verheiratete von Webenau, hatte sich als Komponistin und Pianistin längst selbständig gemacht). Auch konnte seine Betriebsamkeit im Veranstalten von Kammermusikabenden nicht darüber hinwegtäuschen, daß es sich nur um »optische Aktivitäten« handelte, weit entfernt von dem, was sich die Öffentlichkeit von einem Mozart-Sohn erwartete.
Immerhin, diese Konzerte wurden geschätzt, und die Tochter des Mozart-Biographen Niemetschek, Therese Richter, schreibt, es sei schwer in Wien »einen wahrhaft tonsinnigen Cirkel zusammen zu bringen. Nur bei Mozart werden Quartette im Winter trefflich gegeben...« Gemeint ist natürlich das Haus der Baroni-Cavalcabòs, in dem auch Wolfgang wohnte und in dem seine Freundin Josephine eine ähnlich liebenswürdige Gastgeberrolle spielte wie in Lemberg.[115]
Doch selbst ihre Nähe ließ Wolfgang nicht vergessen, daß er bei diesen Konzertabenden im kleinen Kreis bestenfalls die

»Zugnummer« darstellte, ohne selbst etwas Schöpferisches beizutragen. Der Konflikt zwischen den Erwartungen, die das Publikum mit dem Namen Mozart verband, und dem, was Wolfgang zu bieten hatte, war unübersehbar und für Wolfgang deprimierender denn je geworden.
Der einzige Lichtblick in dieser Zeit: das Wiedersehen mit seinem Bruder Karl. Er hatte Wolfgang im Herbst 1840 in Wien besucht und dabei auch Josephine kennengelernt, für die er seitdem schwärmerische Hochachtung empfand und mit der er noch Jahre lang Briefe wechselte. Für Wolfgang bedeutet dieser Besuch Karls, der sich über einige Wochen erstreckt und das Beisammensein mit Josphine einschließt, die letzte glückliche Episode seines Lebens, ein letztes Aufflackern seiner Lebensfreude, das mit der Rückkehr zum Alltag nur allzu schnell wieder verlöscht.
Gesundheitlich und seelisch angeschlagen, trifft Wolfgang der Tod der Mutter besonders hart. Er veranlaßt den 50jährigen, bereits drei Monate später ein kurzes Testament zu machen, mit dem Wortlaut:

Ich erkläre, durch diese meine eigenhändige Schrift, und Nahmens-Unterfertigung, daß Frau von Baroni-Cavalcabò, geborene Gräfin Castiglioni, Gattin des pensionierten k.k. galizischen Gubernial-Rathes, von Baroni-Cavalcabò, im Falle meines Todes, meine Einzige, und Universal-Erbin sey, und daß es daher, mein ausdrücklicher Wille ist, daß Alles, wie es sich vorfindet, ohne Ausnahme, *überliefert werde. Wien am 17t Juni 1842. Wolfgang Amadeus Mozart.*

Es fällt auf, daß Wolfgang dieses wichtige Schriftstück mit »Wolfgang Amadeus« unterzeichnet, ganz so, als wolle er mit der Übernahme der Vornamen die Nachfolge seines Vaters unterstreichen. Dabei tritt er gerade zu dieser Zeit als Komponist kaum mehr in Erscheinung; einmal bei der ersten (!) Mozart-Gedenkfeier in Wien, Dezember 1841, als er aus dem Stegreif ein Grillparzer-Gedicht vertont, und dann, bescheidener noch, durch das Ausschreiben von zwei Kadenzen für ein Klavierkonzert seines Vaters.
Verunsichert und »mißtrauend gegen sein eigenes, wahrlich

Constanzes Grab auf dem Sebastiansfriedhof in Salzburg (die Tafel für Leopold Mozart wurde erst später aufgestellt).

nicht gewöhnliches Talent«, wie Karl es nennt, lehnt er sogar den ehrenvollen Auftrag des Mozart-Komitees ab, zur Feier der Denkmalsenthüllung eine Hymne zu schreiben. Stattdessen beschränkt er sich darauf, Motive aus Mozarts *La Clemenza di Tito* zusammenzufügen (zusammenzuflicken, wäre der treffendere Ausdruck), die er mit einem eigenen Text unterlegt.

Die dreitägigen Festlichkeiten, vom 4. bis 6. September 1842, sehen ihn als Dirigenten eben dieser Hymne, und er stellt sich ein letztes Mal als Solist vor: Am Abend des 4. September spielt er vor 2000 Zuhörern im glänzend beleuchtetem Carabinieri-Saal der Residenz das Klavierkonzert in d-moll seines Vaters, vom Redakteur der *Salzburger Zeitung* in höchsten Tönen gelobt:

Es war die reinste, schönste Opfergabe, welche die Pietät des Sohnes und Künstlers dem Genius des Vaters und Meisters darbringen konnte.

Wie erhebend für Wolfgang, und doch zu spät...

Auch in anderer Hinsicht war die Veranstaltung, ein turbulenter Wechsel von künstlerischen Darbietungen und Massenbelustigungen, von Melancholie überschattet – es war das letzte Zusammentreffen der Mozart-Brüder, die einander so herzlich zugetan waren. Bezeichnend für die völlig verschiedenen Richtungen, die sie auf ihrem Lebensweg eingeschlagen hatten: Während Wolfgang, zumindesten bei den Konzerten, im Blickpunkt der Öffentlichkeit stand, wurde von Karl kaum Notiz genommen. Er drängte sich nie vor, so daß sich die Chronisten im nachhinein fragten, ob er denn überhaupt an dieser oder jener Veranstaltung teilgenommen hätte.

Von den Strapazen dieser Festlichkeit gezeichnet, kehrt Wolfgang nach Wien zurück. Seine Umgebung nimmt bestürzt zur Kenntnis, wie sehr sich sein Gesundheitszustand verschlechtert hat, zumal ihm eine weitere Enttäuschung nicht erspart bleibt:

Wolfgang hat seinen aus Mozart-Motiven zusammengestellten Festchor dem Bayernkönig Ludwig I. gewidmet, der den

Feierlichkeiten beigewohnt hatte – im Gegensatz zum österreichischen Kaiserhaus, das nur durch die Kaiserinmutter Carolina Augusta vertreten war, während sich der übrige Wiener Hof im nahen Bad Ischl die Zeit vertrieb. Zugegeben, es handelte sich bei der Hymne um keine eigene Komposition Wolfgangs, doch so kühl, ja rüde hätte die Ablehnung des Bayernkönigs dennoch nicht ausfallen müssen. Unbeeindruckt von den Erläuterungen seines Wiener Gesandten, der »Gesuchsteller« müsse sich seinen Lebensunterhalt mühsam durch Klavierunterricht verdienen, läßt er Wolfgang wissen, er, der König, »sammle keine Musikalien«…

Freilich gab es von anderer Seite auch Ehrungen, aber sie konnten diesen Affront nicht aufwiegen. Der Tiefpunkt war erreicht. Der Rest ist ein künstlerisches Dahinvegetieren Wolfgangs, als Mitwirkender oder Veranstalter von Kammermusikabenden oder als Begleiter am Klavier bei »Privatakademien«.

Was von deren Niveau zu halten war, geht aus der Besprechung eines dieser Konzerte hervor. Es hätte so wenig gefallen, schreibt die Wiener *Zeitschrift für Kunst, Wissenschaft und geistiges Leben*, »daß vom halben Ertrag gewiß kein Strohdach erbaut werden kann.« Und bei anderer Gelegenheit:

…Desto lauter und stürmischer ging es in der… Privat-Abendunterhaltung des Hrn. Joseph Mozatti her, man konnte bei dieser Gelegenheit neuerdings den Beweis sehen, wie gut es ist, wenn in einem Konzert recht viele Bekannte und Verwandte der Produzierenden versammelt sind, denn da fehlt es an Beifall nie… H. Mozart hatte aus Gefälligkeit die Begleitung der Gesangsstücke am Pianoforte übernommen; doch so gediegen dies Accompagnement an und für sich war, so erweckte es in der Seele des wahren Musikfreundes dennoch gar seltsame Gedanken, einen Mozart *italienisches Getändel und Geleier begleiten zu hören…*

Da Wolfgang seine hektische Betriebsamkeit fortsetzte – es gab Tage, an denen er gleich mehrere musikalische Aufführungen besuchte – war der Zusammenbruch nur noch eine Frage der Zeit. Im Winter 1843 machte sich ein schweres

Magenleiden bemerkbar, das er im kommenden Jahr im böhmischen Kurort Karlsbad auszukurieren hoffte. Ein trauriges Finale, das die *Neue Zeitschrift für Musik* ein wenig weitschweifig zwar, aber anschaulich beschreibt:

Am 17. Juni 1844 kam Mozarts Sohn, der den Namen seines großen Vaters führte, in Begleitung seines Freundes und Schülers Ernst Pauer (Wolfgangs Freundin Josephine Baroni-Cavalcabò scheint erst später nachgekommen zu sein) *mit Eilpost in Karlsbad an. Wie dies an warmen Sommertagen im Kurorte Usus ist, fanden sich die schon zahlreich im Juni versammelten Kurgäste frühzeitig bei den Heilquellen ein. In langen Reihen wandern die Frühaufsteher auf und ab. So war es auch am 18. Juni 1844. Munterkeit herrschte in den einzelnen Menschengruppen, und alles schien in Sorglosigkeit zu schwelgen. In die ununterbrochen wogende Menschenflut kam an diesem Tage aber ein jähes Stocken, die Gäste blieben stehen, ihre Blicke wandten sich einem Punkt zu, ein Lächeln belebte die Gesichter, und ein leises, bald ein lauteres Kichern trat ein. Ein Neuling bei der Brunnenkur war es, welcher die Aufmerksamkeit ungewollt auf sich lenkte. In Begleitung eines jungen 18jährigen Mannes schritt er zaghaft dem Ziele seine Wanderung, der Heilquelle, zu, komisch wirkend in seinem Auftreten. Trotz der herrschenden Wärmegrade war er in dicke Tücher gehüllt, so daß der Oberrock zu knapp war, die über den Oberkörper geschlungenen Wintertücher zu bedecken, der Hals war noch in ein besonders wolliges Tuch gehüllt, die Füße staken in übergroßen Filzschuhen. Niemand wußte, wer der zimperliche, krank aussehende, eine Erkältung fürchtende Herr sei.*
Als aber die Figur tagtäglich Heiterkeit auslöste, forschten Neugierige nach dem Namen des kuriosen Gastes. Das Dunkel war bald gelichtet, und schon nach einigen Tagen wußten alle Brunnengäste, daß Mozarts Sohn es sei, und daß der Begleiter Ernst Pauer – ein Enkel des berühmten (Klavierfabrikanten) *Andreas Streicher – heiße.*

Schon seit dem Jahre 1838, also ungefähr sechs Jahre vor dem Kurgebrauche in Karlsbad, war Mozart leidend. Als die

Krankheit aber ununterbrochen zunahm und der Winter 1843/44 recht schlecht verlief, ließ Mozart ein Ärztekonsilium zusammentreten, das eine weit fortgeschrittene Leberverhärtung konstatierte und eine Karlsbader Kur ganz besonders angelegentlich empfahl. Obwohl das Unbehagen immer mehr zunahm, wartete der überempfindliche Patient doch erst den warmen Juni ab, um den Rat seiner Wiener Ärzte zu befolgen und nach Karlsbad zu reisen.
Er wurde in der Familie des Badekapellmeisters Labitzky freundlich aufgenommen, und schon kurze Zeit nach der Ankunft führte Labitzky den kranken Mozart zum Dr. Gallus Hochberger, welcher auch die Behandlung übernahm. Da aber Mozart den Wunsch äußerte, auch noch die Meinung eines zweiten Arztes zu hören, wanderte Labitzky mit dem Patienten zu dem damals ebenfalls gesuchten Arzte Dr. Mannl.
Die Diagnose der beiden Ärzte lautete gleich, und Labitzky, der Erkundigungen einzog, konnte aus dem Munde beider nur die traurige Nachricht erhalten, daß die Tage des Sohnes Mozart gezählt seien. Trotz aufmerksamster Behandlung der Doktoren, trotz liebevoller Pflege, für die sein treuer Freund Pauer gemeinsam mit der Familie Labitzky sorgte (auch Josephine muß in den letzten Tagen bei Wolfgang gewesen sein), ging Mozart früher seinem Tode entgegen, als die Ärzte es vermuteten. – Der Auszug aus der Sterbematrikel besagt:

Mozart Wolfgang Amadeus, Ehrenkapellmeister des Mozarteums in Salzburg (diesen Titel hatte Wolfgang stets besonders geschätzt), *geb. aus Wien, ledigen Standes, ist in Karlsbad Nr. 448 am 29. Juli 1844 um 9 Uhr Abends im Alter von 53 Jahren an Magenverhärtung gestorben und am 1. August 1844 begraben worden.*[116]

Es war ein überraschend pompöser Leichenzug, der dem Sarg des Verstorbenen folgte. Zehn Musiker der Kurkapelle waren die Träger, ihnen schlossen sich Ernst Pauer, Joseph Labitzky und Josephine Baroni-Cavalcabò an. Der Karlsbader Musikverein sang einen Choral am offenen Grab, und mit ihm nahmen auch zahlreiche Einheimische (der Chronist

vermerkt ausdrücklich: auch viele Lehrer der Umgebung) und Kurgäste Abschied von dem Toten, der einen so berühmten Namen trug.
Josephine Baroni-Cavalcabò stiftete ein Denkmal aus schlichtem Eisen und einen Grabstein mit der Inschrift:

Wolfgang Amadeus Mozart, Tonkünstler und Tonsetzer, geb. am 26. Juli 1791, gest. am 29. Juli 1844, Sohn des großen Mozart, dem Vater ähnlich an Gestalt und edlem Gemüthe. Der Name seines Vaters sei seine Grabschrift, sowie seine Verehrung des Ersteren der Inhalt seines Lebens war.

Und Franz Grillparzer, ein enger Freund Wolfgangs, widmete ihm dieses Gedicht:

So bist du endlich heimgegangen
Wohin der Geist dich ewig zog
Und hältst den Großen dort umfangen
Der adlergleich zur Sonne flog.[117]

Noch am Begräbnistag führte der Karlsbader Musikverein zu Ehren des jüngsten Mozart-Sohnes in der Dekanatskirche das Requiem seines Vaters auf...

Mit wachsender Sorge hatte Karl die Nachrichten aus Wien und Karlsbad verfolgt, die von einem sich zusehends verschlechternden Zustand Wolfgangs sprachen.

Ihr werther Bericht... verkündigt mir das Schrecklichste, Traurigste, was mir noch hätte zustoßen können, und ich mir nie erwartet haben würde,

antwortete er der befreundeten Familie Streicher, die ihn vom Ernst der Lage unterrichtet hatte. Leider würden es ihm die »gegenwärtigen finanziellen Verhältniße« unmöglich machen, den kranken Bruder zu besuchen.

Doch selbst, wofern mir die Mittel zu Gebote stünden, fährt Karl fort, *würden, Theils die Reise in so weite Entfernungen, Theils die Vorkehrungen zu derselben... einen so großen Zeitaufwand erfordern, daß ich Gefahr liefe in Carlsbad erst zu einem Zeitpunkt einzutreffen, den ich mich nicht wage näher zu bezeichnen, und deßen bloße Andeutung mich in heftiges Weinen ausbrechen macht,*

fährt Karl fort.
Der höchste Trost, der seinem Bruder zuteil werden könne, bestehe laut Karl darin, »die Pflege, hauptsächlich aber den moralischen Umstand seiner unvergleichlichen, mit allen Vorzügen des Geistes und des Herzens hoch begabten Freundin (Josephine Baroni-Cavalcabò) genießen zu können«. Und er setzt in Anspielung auf deren unerfüllte Liebe hinzu: »Werden aber Familien Verhältniße derselben nicht hinderlich seyn den Eingebungen Ihres Herzens zu folgen?«
Wie selbstverständlich bezieht Karl Josephine in seine Anteilnahme mit ein, kein Zweifel, sie gehörte seit langem zur Familie. Und so befürchtet er auch, Josephines Briefe könnten ihn nicht erreichen, nachdem er ihr eine falsche Adresse angegeben hatte. »Eben in diesem Augenblicke wo ich zu Allem unfähig befinde ich mich im Wirrwarr des Wohnungswechsels!« heißt es in seinem Brief an Streicher weiter, »meine neue addresse ist – strada della Cavalchina Nr. 1419 – die ich Sie bitte der Fr. v. Baroni mitzuteilen, welcher ich ein fehlerhaftes Hausnummer angezeigt habe.«
Als dann die Nachricht vom Tod des geliebten Bruders eintrifft, gelten Karls Gedanken nach dem ersten Schock vor allem Josephine. »Gott stärke unsere arme Freundin, Fr. v. Baroni!« schreibt er beschwörend an Streicher, den Übermittler der Unglücksbotschaft. »Ich war ohnehin schon für diese Unvergleichliche von der ehrerbietigsten Anhänglichkeit durchdrungen – jetzt – ist sie für mich heilig...«[118]
Sie erscheint ein wenig übertrieben, diese Bewunderung Karls, doch Josephine rechtfertigt sie in der Folgezeit: Sie erweist sich als umsichtige und zuverlässige Verwalterin des Erbes, ungeachtet des schmerzlichen Verlustes, den sie durch Wolfgangs Tod erlitten hat. Dem *Dommusikverein und Mozarteum* übergibt sie nach dem letzten Willen Wolfgangs die gesamten Musikalien des Nachlasses, Handschriften des

Vaters, Briefe und Erinnerungsstücke, auch das Klavier, auf dem Mozart zuletzt gespielt hatte (sie selbst vermacht noch zu Lebzeiten ihre eigene Musikbibliothek und die Porträts der Mozart-Söhne dem »Mozarteum«, und das Institut bedankt sich dafür, indem es Josephine zum Ehrenmitglied ernennt).
Auch die Karlsbader Freunde und Wegbegleiter der letzten Stunden Wolfgangs werden mit einem kleinen Andenken bedacht: Joseph Labitzky, der Leiter des Kurorchesters, in dessen Haus Wolfgang gewohnt hatte, Dr. Mannl, der bis zum Ende um ihn bemühte Arzt, und der Karlsbader Musikverein, sie alle erhalten von Josephine je einen Brief Leopold Mozarts.
Sogar eine Haarlocke des großen Mozart hat die Zeit überdauert. Josphine hatte sie unter Wolfgangs Hinterlassenschaften entdeckt und gewissenhaft aufgeteilt: die eine Hälfte für einen Herrn von Zack, »als wahren Kenner und Verehrer des unsterblichen Meisters«, und die andere für Karl, der sich doch etwas enttäuscht darüber zeigt, von Wolfgang beim Erbe übergangen worden zu sein.[119] Seiner Verehrung für Josephine hat das freilich keinen Abbruch getan; er wird sie später seinerseits, das heißt, in seinem Testament, reichlich bedenken.
Karl hat seinen jüngeren Bruder um nicht weniger als 14 Jahre überlebt, und diese Jahre verlaufen, um es vorwegzunehmen, so unaufregend, wie sein ganzes bisheriges Leben, bei dem es nur zwei Ausnahmen zu registrieren gibt: den eben erfolgten Tod des Bruders, für Karl das tiefgreifendste Erlebnis schlechthin (erschütternder auch als der Tod der Mutter), und dann eine anscheinend recht stürmische Episode in früheren Jahren.
Sie führt uns zu Karls Privatleben, von dem erstaunlich wenig bekanntgeworden ist, und dieses wenige klingt zudem ausgesprochen mysteriös. Es war Constanze, die, wir erinnern uns, einmal kurz von einer anderen »Constance« gesprochen hatte und sie in einem Brief Nissens an Karl »herzlich grüßen und küssen« ließ. Handelte es sich dabei um eine uneheliche Tochter Karls? Möglich wäre es, nachdem damals eine vorübergehend festere Bindung im Gespräch war.
Zwei merkwürdige Eintragungen in Wolfgangs Tagebuch

deuten darauf hin. Wolfgang hatte bei seinem Besuch der Mutter in Kopenhagen notiert:

Mein Bruder ist verheyratet! Wir haben zwar noch keinen Brief von ihm, der dies meldet, aber es sind ...von dort gekommen, die seine Frau gesehn. Gott gebe ihm so viel Glück, als ich in dieser Lage finden würde (Wolfgang dachte damals an eine mögliche Heirat mit Josephine) ... *Er ist vielleicht am Ziel seiner Wünsche!*

So geschrieben am 1. Oktober 1819, doch schon am 15. November findet sich in Wolfgangs Tagebuch eine gänzlich anderslautende Notiz. Er habe in Bremen »die Frau eines Doktors« kennengelernt, lautet die Eintragung, die seinen Bruder im August gesehen und viel Gutes über ihn gesagt habe. Und wörtlich weiter:

Er ist nicht verheyratet, sondern hat eine Liaison mit einer beynahe 60jährigen Frau (Karl zählte damals 35 Jahre), *an deren Schicksal er ganz das seine scheint geknüpft zu haben ...*[120]

Auch Karl demnach in eine Affäre verwickelt, ähnlich der seines Bruders Wolfgang? Wenn ja, dann nimmt sie ein trauriges Ende. Sie habe von Karl die Nachricht erhalten, trägt Constanze am 20. März 1833 in ihr Tagebuch ein, daß seine »Constanza an den folgen bösartiger Blattern gestorben« sei. Wer immer auch diese »Constanza« gewesen sein mag – es muß ein Unstern über diesem Kapitel in Karls Leben gestanden haben.
Die ihm noch verbleibenden Jahre fließen, wie erwähnt, ruhig dahin. Mit seinem Diener Giuseppe und seinem Hund Moretto, seinen beiden »Vasallen«, wie er sie nennt, bewohnt er ein bescheidenes Heim in Mailand. Anspruchslos, wie er ist, reicht ihm das, was er als kaiserlicher Beamter verdient, zumal ihm aus der Erbschaft der Mutter ein geringes Vermögen zugeflossen ist, das ihm gelegentliche Reisen nach Wien und Salzburg gestattet.
Er läßt sich 1850 pensionieren und erwirbt, 69jährig, ein

Mozarts ältester Sohn Karl verbrachte seinen Lebensabend auf einem kleinen Landgut im oberitalienischen Caversaccio (unten).

kleines Landgut in Caversaccio, einem Dorf, nicht allzu weit von Mailand entfernt zwischen Comer See und Lago Maggiore gelegen. Sein Diener Giuseppe stammte von dort und hatte seinem Herrn zum Kauf geraten: »Signor Mozart« könne in den Heilquellen der Umgebung möglicherweise sein Gichtleiden auskurieren.
Von nun an verbringt Karl jeden Sommer in Caversaccio, froh, der Mailänder Gesellschaft entkommen zu sein, die attraktivere Kurorte bevorzugt. Mit den Dorfbewohnern freundet sich Karl schnell an, besonders mit dem Ortspfarrer Carini, der es immer sehr bedauert, wenn Karl einmal für einige Tage nach Mailand reisen muß. Sein Heim sei dann, so Carini, eine »stille Spelunke«, und die Abende, an denen sie sonst »dem Kartenspiel huldigten«, seien ohne Karl »unendlich lang«. Ein beschauliches Dasein, von Karl mit freundlichen Gesten gefördert: Kurz vor Heiligabend 1853 bedankt sich Pfarrer Carini für eine Weihnachtsgabe, die Karl einem bedürftigen Kind aus dem Dorfe hat zukommen lassen.[121]
An Versuchen, Karl von Mailand und Caversaccio weg nach Salzburg zu locken, hat es nicht gefehlt. Auch Alois Taux, der junge Direktor des *Dommusikverein und Mozarteum*, hatte sich darum bemüht. Mit ihm war Karl seit der Denkmalsenthüllung eng befreundet und in ständigem Briefwechsel. Karl nennt ihn seinen »Herzensfreund« und bringt ihm eine fast väterliche Zuneigung entgegen.[122] Doch selbst Taux vermag ihn nicht umzustimmen, und Karl bittet um Verständnis:

In so vorgerücktem Alter und so schwankendem Gesundheitszustand wie nunmehr ich mich befinde, ist es nicht sehr ratsam Klima zu wechseln, und schon gar nicht das gewöhnte, gegen ein weniger mildes zu vertauschen. – Ein anderer – obgleich Nebengrund (doch immerhin sehr betrachtungswürdig) *besteht darinn, daß ich genöthigt sein würde mit großem Verlust all' mein hiesiges Habe zu veräußern, unter welchem ein kleines Landhäuschen mit anstoßenden Küchen Gärtchen welche ich mir nach und nach zu meiner Bequemlichkeit eingerichtet und vollständig meubliert habe, – mir sehr lieb ist . . .*

Nur eine einzige Jahreszahl gewinnt für Karl noch an Bedeutung, das Jahr 1856, in dem es den 100. Geburtstag seines Vaters zu feiern gilt. Es muß schon ein seltsames, bewegendes Gefühl für Karl gewesen sein, zu erleben, wie damit ein ganzes Jahrhundert Mozartscher Familiengeschichte, von der Geburt Wolfgang Amadeus ausgehend, seinen Abschluß findet, daß sich der Kreis geschlossen hat, – in seiner eigenen Person!

Karl nimmt es hin, wie immer, ohne viel Aufhebens von sich zu machen. Bei der Jahrhundertfeier ist es ihm geradezu peinlich, »Gegenstand allgemeiner Aufmerksamkeit« zu sein. Hanslick, der gefürchtete Musikkritiker, dem er bei der Feier begegnet, überliefert dieses Bild von ihm:

Karl Mozart, ein kleiner schmächtiger Mann mit schwarzen Augen und wenig gebleichtem Haar, schlicht und höchst bescheiden in seinem Benehmen, ... da er fast seine ganze Lebenszeit in Italien verbrachte, betrachtet er sich beinahe als Italiener, spricht sogar das Deutsche hin und wieder etwas gebrochen mit welschem Accent. Karl war nie verheiratet, und da sein Bruder keine Kinder hinterließ, so stirbt mit ihm der Name des großen Meisters aus. ›Das wäre nun in dem Falle zu bedauern‹, meinte der bescheidene Mann, ›wenn die Söhne zugleich das Talent des Vaters geerbt hätten‹.[123]

Während der Festlichkeiten wird Karl zuweilen nur rein zufällig im Publikum entdeckt. Bei einem der Höhepunkte etwa, dem »Einzug der Liedertafeln« durch das Linzer Tor, von dem die *Neue Salzburger Zeitung* berichtet:

...An einem kleinen Häuschen auf dem Wege zur Stadt stand unter den Zuschauern Carl Mozart, der Sohn des Gefeierten, ein Greis von 70 Jahren (richtig: fast 72 Jahren). *Er wurde erkannt und wie die Sänger nach und nach an ihm vorbeizogen, brachten sie ihm ein Hoch...*

Im Laufe des Jahres 1857 überkommen Karl Todesahnungen, und er entschuldigt sich fast dafür, daß er noch lebt:

Man muß der Zeit weichen, auch habe ich ein viel höheres Alter erreicht als so viele meiner Freunde und Bekannten, und als meine nicht kräftige Leibesconstitution mich berechtigte zu erwarten,

schreibt er seinem Freund Taux.Im selben Brief läßt er erkennen, daß sein Interesse an der Musik noch nicht ganz erloschen ist. Es gäbe in Mailand, klagt er, »keine philharmonischen Vereine« und man höre

Nirgends Anderswo Musick als in Theater, allwo Verdi als Autocrat herrscht, – aber auch dieses nur mit einigen wenigen seiner beliebtesten Opern, wie z. B. Rigoletto, Traviata, Trovatore, Vespres siciliennes – die ununterbrochen, und noch dazu gleichzeitig, in allen 4–5 hiesigen Theatern in Szene gesetzt sind.

Nun, es war ohnehin nicht mehr die Zeit Mozarts, und schon gar nicht die seines ältesten Sohnes, der sich von vorneherein mit einem Platz in der hintersten Reihe begnügt hatte. In um so hellerem Licht erscheinen seine menschlichen Qualitäten: Als er am 12. September 1858 sein Testament macht, möchte er möglichst viele bedenken. So setzt er zwar das »Mozarteum« als Universalerben ein und sein langjähriger Diener Giuseppe erbt das »kleine Haus mit Gärtchen« (mit der Auflage, daß es nach dessen Tod der Gemeinde Caversaccio zufallen würde), doch verteilt er auch großherzig zahlreiche kleiner Legate. Sie gehen bis zu Minimalbeträgen von je 50 österreichischen Lire für den Portier seines Wohnhauses, seinen Barbier in Mailand und dessen Kollegen in Caversaggio.
Um sicherzustellen, daß diese Legate auch tatsächlich ausbezahlt werden können, bestimmt Karl:

Im Falle daß das Kapital, welches ich bei der Sparkasse besitze, zusammen mit dem Geldvorrat, den man nach meinem Ableben in meiner Wohnung finden wird, einen ungenügenden Betrag darstellen sollte, um die ... Legate zu decken, ...muß der fehlende Betrag meinem Universalerben dem Mozarteum in Salzburg angelastet werden.

Der »edlen Frau Josephine Baroni Cavalcabò, geborene Gräfin Castiglioni«, seiner verehrten Freundin und Wolfgangs großer Liebe, hinterläßt er – für ihn ein Gebot der Dankbarkeit – zwei Aktien der österreichischen Nationalbank, einige Silbersachen und Erinnerungsstücke, darunter wohl am wertvollsten für Josephine, ein Ring, »glatt, von meinem verstorbenen Bruder stammend«. Und damit Josephine ihres Erbteils ja nicht verlustig gehe, weist er ausdrücklich darauf hin, daß sie »ihren Wohnort von Wien nach Graz Steiermark verlegt hat und in der Elisabethstraße Nr. 765 wohnt«.[124]
Wie ein Geschenk des Himmels mußte es Karl empfunden haben, als er wenige Monate zuvor, im Juni, mit einer beträchtlichen Geldsumme aus Paris überrascht wurde: Das Thèatre lyrique (andere Opernhäuser zeigten sich da weniger großzügig) hatte ihm 8000 Franken an Tantiemen für Aufführungen des *Figaro* überwiesen, gerade noch rechtzeitig für Karl, um die Legate in seinem Testament erhöhen und den Kreis der Begünstigten erweitern zu können. Und das alles kurz vor seinem Tod durch die Einnahmen aus einer Oper seines Vaters!
An erster Stelle derjenigen, die weiteres Bargeld erhalten, steht Josephine mit zusätzlich 3000 österreichischen Lire, aber auch Diener und Dienstmagd können sich über eine »Zugabe« von 1500 Lire freuen. Desgleichen gehen Beträge an das Altersheim der Philharmoniker, an die Institute der »Blindgeborenen« und der »Armen Taubstummen auf dem Lande« in Mailand, an die »Notleidenden in Caversaccio« und andere. Karl vergißt selbst den Testamentsvollstrecker nicht und vererbt ihm »die Kutsche (Einspänner), welche ich kürzlich erworben habe«. Schließlich verfügt er, damit alles im schlichten Rahmen bleibe: »Mein Begräbnis soll in der II. Klasse durchgeführt werden.«[125]
Einen Tag vor Allerheiligen 1858 stirbt Karl. Der Notiz einer Triester Zeitung ist zu entnehmen:

Der Verblichene war kaum zwei Tage unwohl, wenige Stunden gefährlich, und verschied am 31. Oktober 8 Uhr abends, fast lächelnd, indem er fortwährend das Porträt seines unsterblichen Vaters betrachtete.[126]

Im Salzburger Dom erklang das Requiem zum letzten Mal für ein Mitglied der Mozart-Familie.

Am 2. November 1858 wird Karl auf dem Friedhof Mojazza bei Mailand in aller Stille beigesetzt. Zehn Tage später erklingt auch für ihn, den letzten Mozart, das Requiem, aufgeführt von seinem Freund Alois Taux im Dom zu Salzburg …

ANHANG

Zeittafel

1791 14. Februar: Anna Gräfin Walsegg stirbt auf Schloß Stuppach in Niederösterreich.
Anfang Juli: Franz Graf Walsegg gibt bei Mozart ein Requiem in Auftrag.
26. Juli: Geburt des 6. Kindes Franz Xaver Wolfgang Mozart.
2. September: Mozart dirigiert den *Don Giovanni* in Prag.
6. September: *La Clemenza di Tito* wird unter Mozarts Leitung in Prag aufgeführt.
30. September: Uraufführung der *Zauberflöte*.
18. November: Mozart dirigiert sein letztes vollendetes Werk, die *Kleine Freimaurer-Kantate*.
20. November: Mozart legt sich krank zu Bett.
5. Dezember: Wolfgang Amadeus Mozart stirbt.
21. Dezember: Joseph Eybler bestätigt, von Constanze das Requiem zur Ergänzung erhalten zu haben.

1792 Anfang des Jahres: Franz Xaver Süßmayr übernimmt die Vollendung des Requiem.
Erste Jahreshälfte: Der Besteller, Graf Walsegg, erhält das von Süßmayr ergänzte Requiem.
4. März: König Friedrich Wilhelm II. von Preußen läßt durch seinen Gesandten in Wien eine Kopie des Requiem erwerben.
13. März: Kaiser Franz II. von Österreich bewilligt die Pension Constanzes.

1793 4. Januar: Constanze läßt das Requiem nach ihrer Kopie im Jahnschen Saal in Wien aufführen.
14. Dezember: Graf Walsegg führt das Requiem bei einer Totenmesse für seine verstorbene Gattin als eigene Komposition auf.

1794 14. Februar: Graf Walsegg dirigiert das Requiem zum letzten Mal am Sterbetag seiner Gattin.
Karl Mozart wird in Prag in die Obhut Professor Niemetscheks und Franz Duscheks gegeben.

1795 Herbst. Constanze unternimmt eine Konzertreise und bringt auch Wolfgang bei Niemetschek unter.

1796 20. April: Constanze wohnt der Aufführung des Requiem in deutscher Sprache im Leipziger Gewandhaus bei.

1797 Constanze teilt mit Georg Nikolaus Nissen die Wohnung.
15. November: Der 6jährige Wolfgang tritt bei einem Konzert in Prag auf.

1798 Constanze gibt Karl in eine Handelslehre nach Livorno.
In Prag erscheint Professor Niemetscheks erste Mozart-Biographie (2. Auflage 1808).
15. Mai: Breitkopf & Härtel bittet Constanze um Unterstützung für eine Gesamtausgabe Mozarts.
Sommer: Abbé Stadler und Nissen sichten und ordnen den musikalischen Nachlaß Mozarts.
28. August: Der *Allgemeine Litterarische Anzeiger* in Leipzig beschuldigt Constanze »widerrechtlicher Handlungen«.

1799 11. März: B & H fragt bei Constanze erstmals »verschiedenes wegen des großen Requiems« an.
27. März: Constanze nennt in ihrer Antwort den Namen Süßmayrs.
Juni/Juli: Constanze überläßt B & H ihr Kopie des Requiem leihweise.
2. Juli: B & H wendet sich an Mozarts Schwester »Nannerl«.
September: B & H kündigt die Herausgabe des Requiem »nach dem uns von Mozart's Wittwe hierzu mitgetheiltem Manuscripte« an.
29. September: Constanze bittet B & H, nicht zu publizieren, daß der Verlag von ihr eine Kopie erhalten habe.
8. November: Constanze schließt mit André in Offenbach einen Vertrag über den Nachlaß Mozarts mit Rücktrittsklausel.
9. November: Constanze bietet B & H ebenfalls den Nachlaß an.
17. November: Constanze verweist B & H an Süßmayr.

1800 8. Januar: Constanze tritt alle Rechte an Mozarts Nachlaß an André ab.
24. Januar: B & H fragt bei Süßmayr wegen des Requiem an.
30. Januar: Constanze teilt B & H mit, der Besteller des Requiem habe sich gemeldet.
8. Februar: Süßmayr antwortet B & H.
Anfang Februar: Stadler und Nissen vergleichen die Kopie Constanzes mit dem »Original« des Grafen Walsegg.
Sommer. Bei B & H erscheint der Partitur-Erstdruck des Requiem.

August: Stadler vergleicht den Erstdruck mit dem »Original« des Grafen.

1801 26. Januar: Constanze übersendet André ihre Kopie für einen Klavierauszug des Requiem.

1802 26. März: »Nannerls« Ehemann Berchtold zu Sonnenburg stirbt.

2. Juni: Constanze schreibt B & H, sie habe von Süßmayr alle Mozart-Handschriften (außer ›Requiem‹ und ›Kyrie‹) »vor geraumer Zeit« zurückerhalten.

1803 17. September: Franz Xaver Süßmayr stirbt.

1805 Erstes Konzert Wolfgangs in Wien.

1806 Karl zum Musikstudium nach Mailand.

1808 Sommer. Constanze besucht erstmals nach dem Tod Mozarts den St. Marx-Friedhof, um nach seinem Grab zu forschen.

22. Oktober: Wolfgang reist nach Galizien.

1809 26. Juni: Constanze und Nissen werden im Dom zu Preßburg getraut.

1810 Mitte September: Constanze und Nissen übersiedeln nach Kopenhagen.

Karl wird Beamter beim Vizekönig von Neapel.

1813 Wolfgang freischaffender Künstler in Lemberg. Aufnahme im Haus der Baroni-Cavalcabòs.

1818 Ende des Jahres: Wolfgang tritt eine große »Kunstreise« an.

1820 21. August: Wolfgang besucht seinen Bruder Karl in Mailand.

5. Dezember: Wolfgang wohnt einer Requiem-Aufführung mit Klavierbegleitung in Frankfurt bei.

1821 21. Mai: Wolfgang besucht seine Tante, das »Nannerl«, in Salzburg.

Sommer. Constanze und Nissen kehren nach Salzburg zurück. Nissen nimmt die Arbeit an der Mozart-Biographie auf.

1822 Oktober: Wolfgang kehrt nach Lemberg zurück.

1825 7. Mai: Antonio Salieri stirbt in geistiger Umnachtung.

August: Gottfried Weber zweifelt in der *Caecilia* die Echtheit des Mozartschen Requiem an.

1826 Februar: André kündigt die Herausgabe des Requiem mit der Kennzeichnung der Anteile Mozarts und Süßmayrs an.

Frühjahr: Stadler veröffentlicht seine *Vertheidigung der Echtheit des Mozartischen Requiem.*

22. März: Stadler erhält die Urschrift Mozarts zur Sequent (bis ›Lacrimosa‹) in Verwahrung.

24. März: Georg Nikolaus Nissen stirbt.

August: Wolfgang dirigiert in einer Gedenkfeier für Nissen das Requiem in Salzburg.
Zweite Jahreshälfte: Weber antwortet auf Stadlers *Vertheidigung* mit *Weiteren Nachrichten über die Echtheit des Mozartschen Requiem.*
5. Dezember: Wolfgang führt mit dem neugegründeten *Cäcilien-Chor* in Lemberg das Requiem auf.

1827 Anfang des Jahres: André gibt seine Ausgabe des Requiem mit M und S-Kennzeichnung für Mozart und Süßmayr heraus.
Stadler veröffentlicht einen *Zweyten und letzten Nachtrag zur Vertheidigung der Echtheit des Mozart'schen Requiem.*
11. November: Graf Walsegg stirbt auf Schloß Stuppach.

1828 Constanze gibt Nissens Mozart-Biographie heraus.

1829 Der *Cäcilien-Chor* in Lemberg löst sich auf.
29. Oktober: Das »Nannerl«, Mozarts Schwester, stirbt.

1831 Eybler überläßt seine Mozart-Handschrift des Requiem (›Lacrimosa‹, ›Domine‹ und ›Hostias‹) der Wiener Hofbibliothek.

1833 Auch die von Stadler verwahrte Urschrift der Sequenz (einschließlich ›Confutatis‹) gelangt in den Besitz der Hofbibliothek.
23. Februar: Eybler erleidet bei einer Aufführung des Requiem einen Schlaganfall.
8. November: Abbé Maximilian Stadler stirbt.

1835 Anfang des Jahres: Wolfgang reist mit seiner Schülerin Julie Baroni-Cavalcabò nach Karlsbad und lernt in Leipzig Robert Schumann kennen.

1838 Die Hofbibliothek erwirbt aus dem Nachlaß des Grafen Walsegg das »Original« des Requiem.
Wolfgang übersiedelt nach Wien und wohnt im Hause Baroni-Cavalcabò.

1839 8. Februar: Die Zensur verbietet die Veröffentlichung der *Wahren und ausführlichen Geschichte des Requiem von W.A. Mozart.*

1840 September: Karl besucht den Bruder in Wien.

1841 Wolfgang wird »Ehrenkapellmeister« des Salzburger Mozarteums.

1842 6. März: Constanze Nissen verw. Mozart stirbt in Salzburg.
9. März: Trauerfeier in der St. Sebastianskirche mit einer Aufführung des Requiem.
17. Juni: Wolfgang macht sein Testament.

4.-6. September: Feierliche Enthüllung des Mozart-Denkmals in Salzburg mit einer Requiem-Aufführung.

1844 Juni: Wolfgang reist zur Kur nach Karlsbad.
29. Juli: Wolfgang Mozart stirbt.
6. September: Zum Gedenken Wolfgangs erklingt in der Dominikaner-Kirche in Lemberg das Requiem.

1853 17. Dezember: Karl kauft sich ein Landgut in Caversaccio.

1856 6.-10. September: Karl wird bei der Säkularfeier zum 100. Geburtstag seines Vaters in Salzburg geehrt.

1858 31. Oktober: Karl Mozart stirbt in Caversaccio.
12. November: Die Salzburger Liedertafel erweist Karl durch eine Aufführung des Requiem die letzte Ehre.

Anmerkungen

1 Constanze in Mozarts Stammbuch:

Was Du einst auf diesem Blatte an Deinen Freund schriebst,
eben dieses schreibe nun ich Tiefgebeugt an Dich
Vielgeliebter Gatte; mir, und ganz Europa
unvergeßlicher Mozart –
auch Dir ist nun wohl – auf ewig wohl!! – – –
Um 1. U. nach Mitternacht vom 4te zum 5te Dezember deß Jahres
verließ er in Seinem 36te Jahre – O! nur allzu frühe! –
diese gute – aber undankbare Welt! – – O Gott! –
8 Jahre knüpfte uns daß zärtlichste, hieniden unzertrennliche Band! –
O! könnte bald auf ewig mit Dir verbunden seyn.
Deine äußerst betrübte Gattin
Constance Mozart née Weber
Wien den 5te Decemb: 1791

Aus: Deutsch, Otto Erich *Mozart – Die Dokumente seines Lebens*, Bärenreiter-Verlag Kassel 1961, S. 367. – Kurzform: *Deutsch/Dokumente*.

2 Brief Constanzes vom 21. Februar 1833 an die Firma Pietro und Carlo Mechetti in Wien. Aus: Bauer/Deutsch *Mozart – Briefe und Aufzeichnungen*, Bärenreiter-Verlag Kassel 1962 – 1975, Bd. VI, S. 651. – Soweit nicht ausdrücklich anders vermerkt, zitieren wir alle Briefstellen aus dieser Gesamtausgabe. Kurzform: *Bauer-Deutsch/Briefe*.

3 Jahn, Otto *Gesammelte Aufsätze über Musik*, Leipzig 1866, S. 230. – Bischoff, F. *Zur Geschichte der Frau Magdalena Hofdemel* in: Mitt. d. Mozart-Gemeinde Berlin, 10. Heft, Okt. 1900, S. 304.

4 Graf Walsegg hat nicht wieder geheiratet und lebte bis zu seinem Tod 1827 allein und zurückgezogen auf Schloß Stuppach.

5 Herzog, Anton *Wahre und ausführliche Geschichte des Requiem von W. A. Mozart* ..., Handschrift Wiener-Neustadt, Städt. Sammlungen, Lit. B 1692. – Neudruck durch Deutsch, Otto

Erich *Zur Geschichte von Mozarts Requiem*, Österreichische Musikzeitschrift, Jg. 19, Wien 1964, Heft 2, S. 49.

6 Franz Anton Hoffmeister, Komponist und Verleger, 1754–1812.

7 Niemetschek, Franz *W. A. Mozart's Leben nach Originalquellen*, Faksimiledruck der ersten Ausgabe mit den Lesarten und Zusätzen der zweiten vom Jahre 1801, Prag 1905, S. 36.

8 Deutsch, Otto Erich *Der graue Bote*, Mitt. d. Intern. Stiftung Mozarteum, 11. Jg., Salzburg 1963, Doppelheft 3/4.

9 Auch für die Opern seines Freundes Benedikt Schak komponierte Mozart einige Arien. Im selben Jahr (1791) wurde übrigens Beethovens Musik zu einem Ritterballett unter dem Namen des Grafen Waldstein in Bonn aufgeführt.

10 Das »fast vollständig« bezieht sich auf jüngste Forschungsergebnisse, wonach ein Teil der Instrumentierung des ›Kyrie‹ von fremder Hand stammt. Siehe: Nowak, Leopold *Wer hat die Instrumentalstimmen in der Kyrie-Fuge des Requiems von W. A. Mozart geschrieben*, in: Mozart-Jb. 1973/74, Salzburg 1975, S. 191.

11 Plath, Wolfgang *Über Skizzen zu Mozarts ›Requiem‹*, in: Bericht über den Internationalen Musikwissenschaftlichen Kongreß Kassel 1962, Kassel 1963.

12 Sophie Haibel an Constanzes zweiten Gatten Nissen als Beitrag für seine Mozart-Biographie am 7. April 1825. Aus: *Deutsch/Dokumente*, S. 449–451.

13 *Deutsch/Dokumente*, S. 375.

14 Schickling, Dieter *Einige ungeklärte Fragen zur Geschichte der Requiem-Vollendung*. Mozart-R. 1976/77, S. 265 und die anschließende Erwiderung Joseph Heinz Eibels.

15 Bei dem Brief handelt es sich um einen Entwurf. Ob Mozart das Gesuch auch tatsächlich eingereicht hat, ist nicht bekannt. Aus: *Bauer-Deutsch/Briefe*, Bd. VI (Kommentar), Nr. 1124, S. 393.

16 Angermüller, Rudolph *Süßmayr, ein Schüler und Freund Salieris*, in: Mitt. d. Intern. Stiftung Mozarteum, 21. Jg. 1973, Heft 1/2, S. 19–21.

17 Auf Schloß Stuppach erwartete Kaiser Franz I. am 30. September 1760 den Brautzug der Prinzessin Isabella von Parma, auf dem Weg zu ihrer Vermählung mit Erzherzog Joseph, dem späteren Kaiser Franz II.

18 Novello, Vincent und Mary *Eine Wallfahrt zu Mozart*, Bonn 1959.

19 *Die Musik in Geschichte und Gegenwart*, Bärenreiter-Verlag, Kassel 1963, Bd. 11., S. 1299.

20 Ausführlicher in *Neue Mozart-Ausgabe, Requiem-Ergänzungen*, Bärenreiter-Verlag, Kassel 1965, I/1 Abt. 2/2, S. XII. Hier auch der Vergleich zwischen Eyblers Eintragungen und der späteren Fassung Süßmayrs.

21 Der vollständige Abdruck des Süßmayr-Briefes folgt auf S. 122 dieses Manuskripts.

22 Hausner, Henry *Franz Xaver Süßmayr*, in: Mitt. d. Intern. Stiftung Mozarteum, 11. Jg. August 1963, Heft 3/4, S. 25–30.

22a Für das ›Benedictus‹ liegt sogar ein eindeutiger Beweis von der Hand Mozarts vor: Eine kleine Kompositionslehre für seine Schülerin Barbara Ployer aus dem Jahr 1784, die als erstes Beispiel notengetreu das Hauptthema des ›Benedictus‹ enthält, in: Lach, Robert *W. A. Mozart als Theoretiker*, Wien 1918. Mehr darüber S. 198.

23 Paumgartner, Bernhard *Mozart*, Zürich 1940, S. 593.

24 Stadler, Maximilian *Zweyter und letzter Nachtrag zur Vertheidigung der Echtheit des Mozart'schen Requiem*, Wien 1827, Nachbericht S. 29.

25 Hier irrt Herzog. Es kann sich nur um die Ankündigung gehandelt haben.

26 Während Constanze wiederholt behauptet, bis zum ›Dies irae‹ habe der Besteller das Requiem im Original, also von der Handschrift Mozarts, erhalten, erklärte Abbé Stadler im zweiten Teil seiner *Vertheidigung* (a. a. O., S. 28), dem Besteller sei eine ganz von Süßmayr stammende Partitur ausgehändigt worden. Erst später habe ihm Constanze vermutlich »zur größeren Beruhigung auch das Requiem und Kyrie in der Urschrift Mozarts« nachgereicht.

27 Die Vergleichung fand im Februar 1800 statt. Da Constanze ihre Kopie am 8. 7. 1799 leihweise an Breitkopf & Härtel übersandt hat, kann es sich nur um eine zweite in Constanzes Hand befindliche Abschrift gehandelt haben.

28 Franz Sales Kandler, Beamter des Hofkriegsrates in Wien, war als Musikgelehrter Mitarbeiter der *Allgemeinen Musikalischen Zeitung* in Wien und Leipzig.

29 Constanze an Abbé Maximilian Stadler am 31. Mai 1827, in: *Bauer-Deutsch/Briefe*, Bd. IV, S. 491.

30 Bei »Schönheitskorrekturen« war Constanze nicht kleinlich. *La Clemenza di Tito* war natürlich nicht Mozarts letztes Werk.

31 Aus: *Prager Neue Zeitung* vom 9(?). Februar und 9. April 1794, vgl. *Deutsch/Dokumente* S. 411–12.

32 Hummel, Walter *W. A. Mozarts Söhne*, Bärenreiter-Verlag Kassel 1956, S. 18.

33 Schmidt, August *Denksteine. Biographien von… W.A. Mozart (Sohn)*, Wien 1848, zitiert bei Hummel, a.a.O. S. 20.
34 Der 71jährige Karl am 4. März 1856 aus Mailand an Adolf Popelka, den Besitzer der Villa Bertramka. Hummel, a.a.O. S. 18.
35 Auszug aus einem Brief, den Constanze am 30. 1. 1807 an Karl schrieb, der zu dieser Zeit in Mailand Musik studierte.
36 Stellan Mörner, C.–G. *F. S. Silverstolpes im Jahr 1800* (oder 1801) *in Wien niedergeschriebene Bemerkungen zu Mozarts Requiem*, in: *Festschrift für Alfred Orel*, Wien 1960, S. 115.
37 Am 28. August 1798, ausführlich in *Deutsch/Dokumente* S. 423.
38 Der Brief vom Herbst 1798 ist nur dem Inhalt nach bekannt. Niemetschek: »Die Witwe Mozart gab mir in einem Brief ihren ganzen Abscheu über die Beschuldigung zu erkennen…«. *Bauer-Deutsch/Briefe*, Bd. IV, S. 214.
39 Kellner, A. *Musikgeschichte des Stiftes Kremsmünster*, Kassel 1956, S. 490/91.
40 Haas, Robert *Abt Stadlers vergessene Selbstbiographie*, in: Mozart-Jb. 1957, S. 78. – Croll, Gerhard *Eine zweite, fast vergessene Selbstbiographie von Abbé Stadler*, in: Mozart-Jb. 1964, S. 172.
41 Zu Silverstolpe siehe Fußnote 36.
42 Brief Stadlers vom 1. Oktober 1826 während des »Requiem-Streites«. In: Kerner, Dieter *Die Requiem-Briefe der Frankfurter Manskopf-Sammlung*, Das Orchester 26 (1978), Heft 1, Hamburg, S. 11.
43 Die Briefe Härtels an Constanze sind größtenteils verschollen. So kann ihr Inhalt nur anhand der Antworten Constanzes rekonstruiert werden.
44 Dieses großzügige Angebot machte Constanze Härtel in ihrem Brief vom 17. Juni 1799.
45 Die Frankfurter Firma Gayl und Heller, Rheinweinessig- und Kupferdruckschwärzefabrik mit reichhaltigem Musikalienlager, hatte gemeldet, Breitkopf & Härtel würde einen Druck des Requiem »nach der *Original*-Partitur der Madame Mozart« vorbereiten.
46 Mehr über Versteigerung und Vergleich in *Deutsch/Dokumente*, S. 261/62.
47 Schlichtegroll beschränkt sich hierbei nur auf jene Kinder, die überlebt haben. Insgesamt gingen aus der neunjährigen Ehe Wolfgangs mit Constanze sechs Kinder hervor, vier Söhne und zwei Töchter.

48 Professor Niemetschek in: Hitzig, Wilhelm *Die Briefe Franz Xaver Niemetscheks und der Marianne Mozart*..., Der Bär, Jahrbuch von Breitkopf & Härtel auf das Jahr 1928, Leipzig 1928, S. 109.
49 Kecskémeti, Istvan *Süßmayr-Handschriften der Nationalbibliothek Széchényi in Budapest*, in: Mozart-Jb. 1959, Salzburg 1960, S. 206.
50 Aus der Festrede zum Gedenken Franz Xaver Süßmayrs, gehalten von Pater Altman Kellner, Kremsmünster, in: Oberösterreichische Heimatblätter 20/3–4, Linz 1966, S. 12–14.
51 Hausner, Henry H. *Süßmayrs kirchenmusikalisches Werk*, in: Mitt. d. Internat. Stiftung Mozarteum XII, 1964, S. 13–18.
52 Mozart in einem Brief vom 30. September 1790, als er sich zur Kaiserkrönung Leopolds II. in Frankfurt aufhielt.
53 Bankier Raimund Wetzlar von Plankenstern, den Mozart vermutlich wegen eines Darlehens aufsuchte.
54 Aus Joseph Langes Erinnerungen, Wien 1808. Mozarts Schwager, lebte seit 1795 von Aloisia, der Schwester Constanzes, getrennt.
55 Zitiert in Hausner, Henry H. *Franz Xaver Süßmayr*, a. a. O., S. 28.
56 Winterberger, Johann *Franz Xaver Süßmayr, Leben, Umwelt und Gestalt*, Diss. Innsbruck 1946, S. 101.
57 Ernst Ludwig Gerber in seinem *Neuen hist.-biogr. Lexikon*, 1812–1814.
58 Kellner, A. a. a. Ort, S. 504.
59 Zweifellos handelt es sich bei dem ungenannten Rezensenten um Friedrich Rochlitz, den Schriftleiter der *Allgemeinen Musikalischen Zeitung*. Ihn nennt I. F. Edler von Mosel in seiner Schrift *Über die Original-Partitur des Requiem von W. A. Mozart*, Wien 1839, S. 27.
60 Für Michael Haydn hat Mozart die zwei Duos für Violine und Viola (KV 423/24) während seines Besuches in Salzburg von Juli bis Oktober 1783 komponiert.
61 *Geschichte des neunzehnten Jahrhunderts* (Geschichte des Jahres 1803), Bd. III, Wien 1807, S. 200.
62 Es soll sich um eine Verwandte des Postmeisters Joseph Gschaider in Strengberg bei Amstetten gehandelt haben. Siehe Winterberger, a. a. O., S. 129.
63 Siehe Anm. 61
64 Eine letzte Spur führte zur Berliner *Gesellschaft für Theatergeschichte*. In ihrem Besitz soll ein Süßmayr-Porträt gewesen sein.

Nach Auskunft der Gesellschaft sind alle Sammlungsbestände im Zweiten Weltkrieg vernichtet worden, sodaß auch das Süßmayr-Porträt als verschollen gelten muß.

65 Hier irrt Constanze. Sie kann die Handschriften Mozarts, die Graf Walsegg besaß, nur bei den »Vergleichungen« gesehen haben, die der Graf *zwei* Jahre zuvor gestattet hatte.

66 Felix Mendelssohn-Bartholdy in seinem Reisebrief vom 24. Juli 1831 nach einem Besuch bei Karl in Mailand:
Eine sehr liebe Bekanntschaft, die ich dort gemacht habe, ist die des Herrn Mozart, der dort Beamter, eigentlich aber ein Musiker ist, dem Sinn und Herzen nach... man muß ihn nach dem ersten Augenblick gleich lieb haben...
(Hummel, a. a. O., S. 33).

67 Constanze hat die Verleihung des Danebrog-Ordens (3. Klasse) an Nissen dazu benützt, sich unrechtmäßig »von Nissen« zu nennen, wie sie sich später auch eine »von Weber« genannt hat.

68 Es handelt sich um seine Komponisten-Kollegen Kazowski und Lipinski, für die sich Wolfgang uneigennützig eingesetzt hat. Mit dem Ergebnis, daß diese ihm vorgezogen wurden. Der eigentliche Grund für Härtels Zögern aber dürfte wohl der schleppende Verkauf der Werke Wolfgangs gewesen sein.

69 Aus einem Brief Karl Mozarts zum Tod seines Bruders Wolfgang an den Pianofabrikanten Streicher.

70 Das Original des Tagebuches befindet sich in der Bibliothek des Brüsseler Konservatoriums. Die Internationale Stiftung Mozarteum in Salzburg besitzt Fotokopien des Tagebuches und bereitet eine Edition vor.

71 Vincent Novello nach einem Besuch bei Constanze im Jahr 1829 (a. a. O., S. 180). Er liefert damit den Beweis von Wolfgangs Beziehung zu einer verheirateten Frau, die lange Zeit bezweifelt wurde.

72 Max Maria von Weber in den Erinnerungen an seinen Vater in *Carl Maria von Weber – Ein Lebensbild*, Leipzig 1864, Bd. II, S. 225/226.

73 Schünemann, Georg *Ludwig van Beethovens Konversationshefte*, Leipzig 1941–1943, S. 65 a.

74 In seinen letzten Tagen machte sich Wolfgang zum Gespött der Leute, als er bei sommerlicher Hitze in sonderbarer Kleidung in Karlsbad umherging, um sich ja nicht zu erkälten. Siehe Seite 253.

75 Gemeint ist die Familie Hagenauer. Lorenz Hagenauer war Hausherr der Mozarts in der Getreidegasse und ein enger

Freund Leopold Mozarts. Seine Tochter Ursula, die Nachfolgerin ihres Vaters im Spezereiwarenladen, war »Nannerls« Freundin.

76 Novello, a.a.O., S. 84.

77 In einer Fußnote zu diesem Brief an Karl vom 2.3. 1826 übermittelt Constanze Grüße an eine gewisse »Constance«. Vermutlich handelt es sich dabei um eine uneheliche Tochter Karls. Sie starb 1833 an den Blattern.

78 Arthur Schurig (*Wolfgang Amadeus Mozart*, Leipzig 1913) findet dafür harte Worte der Kritik:
Diese dem gutmütigen Sohn Mozarts aufgezwungene Huldigungsfahrt vor aller Welt an das Grab von Konstanzes zweiten Mann ist das Unglaublichste, was die vom Meister auf Händen getragene Frau je getan hat. Sie kann auch nicht ein Gramm Gemüt und Schamgefühl besessen haben. Man vergesse nicht, daß sie das Grab ihres Mannes niemals besucht hat
(doch, einmal, 17 Jahre nach Mozarts Tod!).

79 Constanze nimmt es mit der Wahrheit wieder einmal nicht so genau: Von den beiden Söhnen wurde Karl in Prag bei Professor Niemetschek erzogen und später in Livorno in die Lehre gegeben. Nissen konnte also unmittelbaren Einfluß nur auf Wolfgangs Erziehung genommen haben.

80 *Caecilia*, III/Heft 1, S. 205–228.

81 Lemke, Arnold *Jacob Gottlieb Weber, Leben und Werk*, in: Beiträge zur mittelrheinischen Musikgeschichte, Bd. 9, Mainz 1968, S. 242.

82 Zur Erinnerung: Graf Walsegg besaß die Blätter 1 bis 10 (im Rahmen der Mozart/Süßmayrschen Gesamtpartitur), Stadler hatte ab 1826 die Blätter 11 bis 32 in Verwahrung, Eybler besaß, von Constanze frühzeitig zum Geschenk erhalten, die Blätter 33 bis 45.

83 Sabel, Hans *Maximilian Stadlers weltliche Werke und seine Beziehungen zur Wiener Klassik*, Diss. mschr., Köln 1941, S. 132.

84 Weber in Heft 16/1826 der *Caecilia*, S. 269–272, als Antwort auf Stadlers Schrift, ausdrücklich »Mozarts *wahren* Verehrern gewidmet«.

85 Stadler in seinem *Zweyten und letzten Nachtrag zur Vertheidigung der Echtheit des Mozart'schen Requiem*, Wien 1827, S. 14–15.

86 Stadler versucht sich in seinem Brief an Constanze vom 4. Juli 1827 darauf hinauszureden, daß man ja nicht wisse, »was mit

dem seit so vielen Jahren in den Händen André's befindlichen Exemplar geschehen ist« ...

87 Eibl, Joseph Heinz *Weitere Briefe zum Requien*, in: Mitt. d. Intern. Stiftung Mozarteum, 1/2, 1975, S. 7.

88 In seinem Vorbericht zur Ausgabe 1829 der Requiem-Partitur macht Anton André einen Rückzieher und läßt nichts mehr über die angeblich frühere Komposition verlauten.

89 Constanze am 26. 11. 1800 an André:
Alles, was dem Dies irae vorhergeht (also ›Requiem‹ und ›Kyrie‹), *hat der Anonymus im Original...*
Oder am 2. 6. 1801 an Härtel:
Ich fange damit an, Ihnen zu sagen, daß alles bis auf den Anfang des Dies irae von Mozart allein ist und daß diese seine Handschrift im Besitz des anonymen Bestellers ist...

90 Nissen, Georg Nikolaus *Biographie W. A. Mozart's*, Leipzig 1828, 3. unveränd. Nachdruck Olms/Hildesheim 1984, S. 671.

91 Stadler in einem Brief an Antonin Reicha, Musikprofessor in Paris (Eibl, a. a. O., S. 14).

92 Mozarts Schwester »Nannerl« erklärte noch ein Jahr nach dem Erscheinen von Niemetscheks Biographie, nie von ihr gehört zu haben (in ihrem Brief an Breitkopf & Härtel vom 4. 8. 1799).

93 Angermüller, Rudolph *Nissens Kollektanten für seine Mozartbiographie*, in: Mozart-Jahrbuch 1971/72, S. 217–226.

94 Münster, Robert *Nissens ›Biographie W. A. Mozarts‹ – Zu ihrer Entstehungsgeschichte*, in: Acta Mozartiana, Jg. 9 (1962), Heft 1, S. 1–14.

95 Leopold hatte selbst daran gedacht, eine Biographie seines Sohnes zu veröffentlichen und seine Briefe entsprechend angelegt. Auch bat er alle Briefpartner, die »briefe fleisig aufzubehalten«, um später davon Gebrauch machen zu können (vermutlich hat ihn die Entfremdung 1781 dazu bewogen, den Plan aufzugeben).

96 Hier irrt Nissen. Allein in seinem Todesjahr 1791 schrieb Mozart nicht weniger als 23 Briefe an Constanze während deren Kur in Baden.

97 Angermüller, Rudolph *Feuerstein, Jähndl und das Ehepaar Nissen*, in: Mozartgemeinde Wien, Wiener Figaro, Jg. 39, Mai 1971, S. 9–15.

98 Auch der Name der Freundin Wolfgang Mozarts in Lemberg, Josephine von Baroni-Cavalcabò, findet sich in der Liste der Besteller.

99 Abert, Hermann *Konstanze Nissens Tagebuch aus den Jahren*

1824–1837, in: Mozarteum-Mitteilungen, Heft 2, Februar 1920, S. 55.

100 Das Geld legte Constanze geschickt in Wertpapieren an, so daß die Erben später in den Genuß von stattlichen 21191 Gulden Barvermögen kommen werden.

101 Nowak, Leopold *Die Erwerbung des Mozart-Requiems durch die k. k. Hofbibliothek im Jahre 1838*, in: Festschrift Josef Stummvoll, hrsg. von Josef Mayerhöfer und Walter Ritzer, Wien 1970, S. 295–310.

102 In ihrem Brief vom 8. Juli 1838 an Sohn Wolfgang unter Haslingers Adresse findet Constanze besonders herzliche Worte für Wolfgangs große Liebe Josephine Baroni-Cavalcabò. Sie spricht von ihrer »so lieben Freundin, der Frau Baroni und ihrer lieben Tochter«. (Hummel, a. a. O., S. 174).

103 Gräfin Sternberg, die Schwester des Grafen Walsegg, soll noch im Besitz der Requiem-Abschrift ihres Bruders mit dem Vermerk »Requiem composto del Conte Walsegg« gewesen sein. Später ist das verräterische Schriftstück verschwunden.

104 Nowack hatte in seinem Brief vom 10. Dezember warnend auf andere Interessenten hingewiesen:
Auch haben sich bis nun schon 2. andere Käufer gemeldet, mitunter auch Herr Haslinger...

105 Erst rund 100 Jahre später taucht Herzogs Schrift wieder auf: In der *Salzburger Chronik* vom 27., 28. und 30. 4. 1937. – Wissenschaftlich kommentiert von Otto Erich Deutsch in: *Österreichische Musikzeitschrift*, 19. Jg., Feb. 1964, Heft 2, S. 49–60. Im Nachlaß des Mozart-Biographen Otto Jahn fand sich eine Kopie der Herzogschen Schrift. Bezeichnend für das »Totschweigen«, daß sie von Jahn nicht ausgewertet wurde. In: *Otto Jahns musikalische Bibliothek und Musikaliensammlung*, Auktionskatalog der Versteigerung vom 4. 4., S. 17, Nr. 400, Bonn 1870.

106 Mosel, Ignaz Franz Edler von *Über die Original-Partitur des Requiem von W. A. Mozart*, Wien 1839.

107 Haas, Robert *Josef Leopold Edler von Eybler*, in: Mozart-Jb. 1952 (1953), S. 61–64. Haas spricht darin irrtümlich von Kaiserin »Maria Theresia«.

108 Mosel hat Constanzes Brief in seiner Schrift zitiert, ihren nachdrücklichen Hinweis auf Süßmayr aber weggelassen.

109 Martin, Franz *Beiträge über Mozarts Witwe – Konstanzes letzte Wohnung*, in: Neues Mozart-Jb. III, Regensburg 1943, S. 117.

110 Ebenda *Eine geplante Messestiftung der Witwe Mozart*, S. 113.

111 Lewicki, Rudolf *Ein Beitrag zur Charakteristik von Mozarts Witwe*, in: Mozarteum-Mitt. 2. Jg., Heft 4, August 1920, S. 101.
112 Von einem derartigen Geschenk eines englischen Ehepaares (Novello?) ist nichts bekannt. Vermutlich eine Erfindung Constanzes.
113 Valentin, Erich *Das Testament der Constanze Mozart-Nissen*, in: Neues Mozart-Jb. 1942, S. 128–160.
114 Wie genau es Constanze mit der Abfassung ihres Testaments genommen hat, geht aus ihrem Konzept hervor, in dem es heißt, von den sechs silbernen Löffeln sei »der sechste aus Unachtsamkeit in den Abtritt geschüttet worden, wo man ihn nicht haben kann ...« (später durchgestrichen).
115 Robert Schumann am 10. Oktober 1838 an seine Verwandten in Zwickau: »Am besten werde ich mich ... bei der Cavalcabò ... eingewöhnen ... Bei der Cavalcabò traf ich den Erzbischof Pyrker ... Meine häufigsten Begleiter sind Fischhof und der junge Mozart ...«, in: Boetticher, Wolfgang *Robert Schumann in seinen Schriften und Briefen*, Berlin 1942, S. 212.
116 Kaufmann, M. *Wolfgang Amadeus Mozart der Sohn – Sein Aufenthalt in Karlsbad, seine Begräbnisstätte und Biographisches*, in: Neue Zeitschrift für Musik, 82. Jg., Nr. 16, April 1915.
117 Das vollständige Gedicht Grillparzers, dem auch die Grabinschrift zugeschrieben wird, ist abgedruckt in: Fischer, Josef *Wolfgang Amadeus Mozart (Sohn)*, Karlsbad (Selbstverlag) 1888.
118 Hummel, Walter a. a. O., S. 208.
119 In einem streng vertraulichen Brief an seinen Freund Taux vom 23. 11. 1853 schreibt Karl, er würde in seinem Testament nicht dem »Beyspiele seines sel. Bruders folgen«, um entschuldigend hinzuzufügen, »dem wir es aber nicht verargen wollen, da sein Herz nur von einem einzigen Gefühle (für Josephine) dermaßen überfüllt war, das für andere kein(en) Raum erübrigte«. (Mozarteum-Mitteilungen, 3. Jg. (1920), Heft 1, S. 56)
120 Hummel, Walter a. a. O., S. 48.
121 Ein anderer liebenswerter Zug Karls: Man erzählt in Caversaccio, er habe sich an einem Abend in seinem Heim, obwohl selbst nicht in bester körperlicher Verfassung, hinter den Sessel gestellt, um seinem Hund den Platz am wärmenden Feuer zu überlassen. In: Buchal, Else *Karl Mozart – eine lebende Erinnerung*, Wiener Figaro 1941.
122 Alois Taux (1817–1861) wurde im Grab der Schwestern Constanzes, Aloisia Lange († 1839) und Sophie Haibel († 1846), auf

dem Salzburger Sebastiansfriedhof beigesetzt.(Lewichi, Rudolf, »Aloisia Langes und Sophie Haibels Grab« in: Mozarteum-Mitteilungen 1921, Heft 2–3, S. 78)

123 Hanslick ist damit nicht einverstanden und fährt fort:
Er (Karl) *bedachte nicht, oder wollte nicht bedenken, wie wir mit doppelter Zärtlichkeit die Nachkommen eines großen Mannes hegen, der bei Lebzeiten nicht das gebührende Maß der Liebe und Anerkennung gefunden.*
Hanslick, Eduard *Aus dem Concertsaal. Kritiken und Schilderungen aus den letzten 20 Jahren des Wiener Musiklebens*, Wien 1870, Teil II, S. 112.

124 Josephine starb 1860, also zwei Jahre nach Karls Tod, als 72jährige. Sie hat ihren Mann – er starb 1847 – um 13 Jahre überlebt, Wolfgang um 16 Jahre.

125 Das gesamte Testament Karls ist abgedruckt bei Hummel (a. a. O.) Anhang E, S. 338–343.

126 Nach Hamburger Zeitungen von Rudolf Lewicki zitiert in (Mozarteum-Mitteilungen, II. Jg. 1919, Heft 1 S. 17).

Literatur-Verzeichnis

A) Allgemeine Literatur

ABERT, Hermann *W. A. Mozart,* neubearbeitete und erweiterte Ausgabe von Otto Jahns Mozart, 8. Aufl., Leipzig 1975, Bd. II.

ANGERMÜLLER, Rudolph / SCHNEIDER, Otto *Mozart-Bibliographie 1976–1980,* Bärenreiter-Kassel 1982.

DEUTSCH, Otto Erich *Mozart – Die Dokumente seines Lebens,* Bärenreiter-Kassel 1961.

EINSTEIN, Alfred *Mozart. His Character, his Work,* New York 1945. Deutsche Ausgabe, Stockholm 1947.

HUMMEL, Walter *W. A. Mozarts Söhne,* Bärenreiter-Kassel 1956.

– *Nannerl, Wolfgang Amadeus Mozarts Schwester,* Wien 1954.

»MOZART-BRIEFE UND AUFZEICHNUNGEN«, Gesamtausgabe, gesammelt und erläutert von Wilhelm A. Bauer und Otto Erich Deutsch, Bd. IV: 1787–1857, Bärenreiter-Kassel 1963, und Bd. VI, Kommentar III/IV, ebenda 1971.

NOWAK, Leopold *Neue Mozart-Ausgabe* Vorwort zu *Requiem-Fragmente* I/1. Abt. 2/1 u. *Requiem-Ergänzungen* I/1. Abt. 2/2, Bärenreiter-Kassel 1965.

SCHENK, Erich *Mozart – Eine Biographie,* Wien 1975.

SCHNERICH, Alfred *Mozarts Requiem, Nachbildung der Originalhandschrift Co 17561 der k. k. Hofbibliothek in Wien in Lichtdruck,* Wien 1913.

SCHURIG, Arthur *W. A. Mozart,* 1. Aufl. Leipzig 1913, 2. Aufl. Leipzig 1923.

– *Konstanze Mozart. Briefe, Aufzeichnungen, Dokumente 1782–1842,* Dresden 1922.

B) Spezialliteratur
(soweit nicht in den Anmerkungen aufgeführt)

ANGERMÜLLER, Rudolph *Antonio Salieri. Sein Leben und seine weltlichen Werke usw.*, Schriften zur Musik, Bd. 19, München 1972.

– / DAHMS-SCHNEIDER, SYBILLE *Neue Brieffunde zu Mozart,* Mozart-Jahrbuch 1968–70, S. 226–234.

BÄR, Carl *Mozart/Krankheit – Tod – Begräbnis,* 2. erw. Auflage, Salzburg 1972.

– *Er war… – kein guter Wirth – Eine Studie über Mozarts Verhältnis zum Geld,* Acta Mozartiana, 25. Jg., (1978), Heft 2, S. 30–53.

BERNHARD, Reinhold *Aus der Umwelt der Wiener Klassiker Freiherr Gottfried van Swieten (1734–1803),* Der Bär, Jahrbuch von Breitkopf & Härtel 1929/30, Leipzig 1929, S. 74–166.

BLÜMML, Emil Karl *Mozarts Kinder,* Mozarteum-Mitteilungen, I. Jg. (1918/19), Heft 3.

BLUME, Friedrich *Requiem und kein Ende,* Syntagma Musicologicum, gesammelte Reden und Schriften, hrsg. von Martin Ruhnke, Bärenreiter-Kassel 1963, S. 714.

CROLL, Gerhard *Briefe zum Requiem,* Mozart-Jahrbuch 1967, S. 12–17.

DALCHOW, Johannes / DUDA, Gunther / KERNER, Dieter *Mozarts Tod 1791–1971,* Verlag Hohe Warte, 1971.

DEUTSCH, Otto Erich *Mozarts Nachlaß,* Mozart-Jahrbuch 1953, S. 32–37.

– *Schlichtegroll und Constanze,* Mozarteum-Mitteilungen 11. Jg. (1963), Heft 1/2, S. 3–4.

– *Der Sohn – Eine Studie über Wolfgang Amadeus den Jüngeren,* Musica divina II, 1914.

– *Mozarts Verleger,* Mozart-Jahrbuch 1955, S. 49–55.

– *Die Legende von Mozarts Vergiftung,* Mozart-Jahrbuch 1964, S. 7–18.

EIBL, Joseph Heinz *Süßmayrs ›Requiem‹-Brief vom 8. Februar 1800,* Mozarteum-Mitteilungen 24. Jg. (1976), Heft 1/2, S. 21–23.

– *Zum Pensions-Gesuch Konstanzes vom 11. Dezember 1791,* Mozarteum-Mitteilungen, 14. Jg. (1966), Heft 3/4, S. 4–8.

– *Ein ›ächter Bruder‹ – Mozart und Michael Puchberg,* Acta Mozartiana, 26. Jg. (1979), Heft 3, S. 41–46.

– *W. A. Mozart – ein Spieler?,* Musica 1976, Heft 5, S. 415–418.

– *Süßmayr und Constanze,* Bemerkungen zu einem biographischen Detail in dem vorausgehenden Beitrag von Dieter Schickling, Mozart-Jahrbuch 1976/77, Bärenreiter-Kassel 1978, S. 277–280.

ENGL, Johann Ev. *Die den Vater überlebenden Söhne: Carl und Wolfgang und die übrigen Kinder W. A. Mozarts,* 13. Jahresbericht der Internationalen Stiftung Mozarteum, Salzburg 1893, S. 38–51.

– *Das Requiem und die Requiemfrage,* Festschrift zur Mozart-Centenarfeier, Salzburg 1891, S. 73–123.

FELLERER, Karl Gustav *Mozarts Werk nach seinem Tod,* Mozartgemeinde Wien, ›Wiener Figaro‹, 44. Jg. (1977), S. 1–6.

Finscher, Ludwig *Maximilian Stadler und Mozarts Nachlaß*, Mozart-Jahrbuch 1960/61, S. 168–172.

Fischer, Wilhelm *Das ›Lacrimosa dies illa‹ in Mozarts Requiem*, Mozart-Jahrbuch 1951, S. 9–21.

Fleury, Albert *Die Musikzeitschrift ›Cäcilia‹ (1824–48)*, Diss. masch., Frankfurt/Main 1953.

Franken, Franz Hermann *Mozarts Todeskrankheit*, Mozarteum-Mitteilungen, 28. Jg. (1980), S. 23–24.

Fuchs, Alois *Biographische Skizze von Wolfgang Amadeus Mozart (dem Sohne)*, Allgemeine Wiener Musikzeitung, 14. Sept. 1844.

Geiringer, Karl *W. A. Mozart the younger*, The musical quarterly, Vol. XXVII, Nr. 4, New York 1941.

Genée, R. *Abbé Stadler*, Mitteilungen für die Mozart-Gemeinde in Berlin, Heft 9 (1900), S. 265.

– *Nissens Mozart-Biographie und Constanze*, Mitteilungen für die Mozart-Gemeinde Berlin, März 1905, Heft 19, S. 324–326.

Gugitz, Gustav *Mozarts Finanzen und Freund Puchberg*, Österreichische Musikzeitung 1952, S. 219–225.

Haas, Robert *Anton Eberl*, Mozart-Jahrbuch 1951, S. 123–130.

Hafner, Otfried *Die Grazer Ausgabe von Schlichtegrolls ›Mozarts Leben‹ (1794) und ihr ›Verleger‹ Joseph Georg Hubeck*, Mozarteum-Mitteilungen, 27. Jg. (1979), Heft 1/2, S. 18–21.

Hamann, Heinz Wolfgang *Franz Jakob Freystädtler*, Mozarteum-Mitteilungen, 8. Jg. (1959), Heft 3/4, S. 3–5.

– *Mozarts Schülerkreis*, Mozart-Jahrbuch 1962/63, S. 115–139.

Hermann, Albert von *Antonio Salieri – Eine Studie zur Geschichte seines künstlerischen Wirkens*, Wien 1897.

Hess, Ernst *Zur Ergänzung des Requiems von Mozart durch F. X. Süßmayr*, Mozart-Jahrbuch 1959, Salzburg 1960.

– *Ein neu entdecktes Skizzenblatt Mozarts*, Mozart-Jahrbuch 1964, S. 185–192.

Jerger, Wilhelm *Mozart's Schüler und Mitarbeiter – Zu Franz Xaver Süßmayr's 200. Geburtsjahr*, Acta Mozartiana, 13. Jg. (1966), Heft IV, S. 91–95.

Kerner, Dieter *Mehr Klarheit über Mozarts Requiem*, Das Orchester, 24. Jg. (1976), Heft 2, S. 95–100.

– *Ist das ›Requiem‹ Mozart's ›Schwanengesang‹?*, Schweizer Musikzeitschrift 100, Zürich 1960.

Keußler, Gerhard von *Mozarts Requiem ohne Süßmayr*, Deutsches Musik-Jahrbuch I, Essen 1923.

Kraemer, Uwe *Wer hat Mozart verhungern lassen?*, Musica 1976, Heft 3, S. 203–211.

Kraus, Hedwig *W. A. Mozart und die Familie Jacquin, Zeitschrift* für Musikwissenschaft 15. Jg. (1932/33), S. 155–163.

Lewitch, Rudolf *W. A. Mozart-Sohn an seinen Bruder Carl*, Mozarteum-Mitteilungen I, II und III, 1918–1921, S. 24–26.

Luin, Elisabeth J. *Der ›unbekannte‹ Bote des Mozartschen Requiems*, Mitteilungen der Gesellschaft für Salzburger Landeskunde, 89. Jg. (1951), S. 179–182.

Mosel, Ignaz Franz von *Nekrolog Abbé Maximilian Stadler*, Wiener Zeitschrift für Kunst, Literatur, Theater und Mode, 18. Jg. (1833), 12./13. Dez., S. 1213–1216.

Nowak, Leopold *Das Requiem von W. A. Mozart – Einige Fragen und Probleme*, Österr. Musikzeitschrift 20. Jg. (1965), S. 395–399.

Pisarowitz, K. M. *Saleriana*, Mozarteum-Mitteilungen, 9. Jg. (1960), Heft 3/4, S. 11–14.

Plath, Wolfgang *Zur Echtheitsfrage bei Mozart*, Wolfgang Amadeus Mozart, hrsg. Gerhard Croll, Wissenschaftliche Buchgesellschaft, Darmstadt 1977, S. 432–461.

– *Requiembriefe. Aus der Korrespondenz Joh. Anton Andrés 1825–1831*, Mozart-Jahrbuch 1976/77 (Kassel 1978), S. 174–203.

– *Mozarts Requiem*, Programm der Mozartwoche 1975, Salzburg 24. 1.–2. 2. 1975, S. 34–36.

Pohlmann, Hansjörg *Mozart und das Urheberrecht*, Acta Mozartiana, 6. Jg. (1959), S. 22–31.

Pressel, Gustav *Die aufgefundene Original-Handschrift der Nummern VII und IX des Mozart'schen Requiems*, Der Klavier-Lehrer, IV. Jg. (1881), Nr. 18, S. 209.

Rehm, Wolfgang *Mozarts Requiem*, Programm der Mozartwoche 1980, Salzburg 25. 1.–3. 2. 1980, S. 83–90.

Sabel, H. *Maximilian Stadler und W. A. Mozart*, Neues Mozart-Jahrbuch III. 1943, S. 102–112.

– *Das Requiem-Problem*, Neue Zeitschrift für Musik 135. Jg. (1974), Heft 8, S. 475–479.

Schiedermair, Ludwig *W. A. Mozarts Handschrift in zeitlich geordneten Nachbildungen*, Bückeburg 1919.

Schmid, Ernst Fritz *Franz Anton Hoffmeister und die ›Göttweiger Sonaten‹*, Zeitschrift für Musik 104. Jg. (1937), S. 760, 889, 992 und 1109 ff.

– *Schicksale einer Mozart-Handschrift*, Mozart-Jahrbuch 1957, S. 43–56.

Schroeder, A.-E. (Brüssel) *De betekenis van Mozart's zoon Wolfgang Amadeus, aan de hand van zijn reisdagbook (1819/21)*, Revue Belge de Musicologie, Vol. IV. fasc. 3, 1950.

SENN, Walter *Das Vermächtnis der Brüder Mozart an ›Dommusikverein und Mozarteum‹ in Salzburg*, Mozart-Jahrbuch 1967, S. 52–61.

STADLER, Maximilian *Vertheidigung der Echtheit des Mozartischen Requiem*, Wien 1826 (mit zwei Nachträgen, Wien 1827).

VALENTIN, Erich *Ein ›treusorgender‹ Vater*, Acta Mozartiana, 8. Jg. (1961), Heft 1, S. 11–13.

WATSON, William *An Astounding Forgery*, Music & Letters, VIII. Jg. (1927), S. 61–71.

WEBER, Gottfried *Caecilia – eine Zeitschrift für die musikalische Welt*, Schott's Söhne, Mainz 1825 (Heft 11) und 1826 (Heft 16).

WLCEK, Walter *Franz Xaver Süßmayr (1766–1803) als Kirchenkomponist*, Diss. ungedr. Wien 1953.

WURZBACH, Konstantin *Mozart, Wolfgang Amadeus (Sohn)*, Biographisches Lexikon des K. Österreich 1868, S. 291–297.

Zur Zeit im Handel erhältliche Einspielungen des Requiem auf Schallplatten und Musikcassetten

Daniel Barenboim / Kathleen Battle (Sopran), Ann Murray (Mezzosopran), David Rendall (Tenor), Matti Salminen (Baß) / Chor und Orchester de Paris

EMI – 067-270 194-1

Karl Böhm / Edith Mathis, Julia Hamari, Wieslaw Ochman, Karl Ridderbusch / Wiener Philharmoniker / Chor der Wiener Staatsoper.

DG 413 553-2
(MC DG 2530 143)

Colin Davis / Helen Donath, Yvonne Minton, Ryland Davies, Gert Nienstedt / BBC Symphonie-Orchester / John-Alldys-Chor, London.

Ph 6527 152
(MC Ph 7311 152)

Karl Böhm / Teresa Stich-Randall, Ira Malaniuk, Waldemar Kmentt, Kurt Böhme / Wiener Symphoniker / Chor der Wiener Staatsoper.

Ph 6527 037
(MC Ph 7311 037)

Rafael Frühbeck de Burgos / Edith Mathis, Grace Bumbry, Georg Shirley, Marius Rintzler / New Phil. Chor und Orchester London.

EMI 037-00 088
(MC EMI 237-00 088)

Hans Gillesberger / Wiener Sängerknaben Sopran und Alt, Kurt Equiluz, Gerhard Eder / Orchester der Wiener Staatsoper / Wiener Sängerknaben / Chor der Wiener Staatsoper.

RCA 26.41 408 AW

Carlo Maria Giulini / Helen Donath, Christa Ludwig, Robert Tear, Robert Llyod / Philh. Chor und Orchester London.

EMI 065-03 431

Wolfgang Gönnenwein / Teresa Zylis-Gara, Oralia Dominguez, Peter Schreier, Franz Crass / Consortium Musicum / Südd. Madrigalchor Stuttgart.

EMI 039-128 014-1
(MC EMI 239-128 014-4)

Nikolaus Harnoncourt / Rachel Yaker, Ortrun Wenkel, Kurt Equiluz, Robert Holl / Concentus musicus Wien / Chor der Wiener Staatsoper.

Tel 8.42 756 ZK
(MC Tel 6.42 756 AZ)

Christopher Hogwood / Emma Kirkby, Carolyn Watkinson, Anthony Rolfe-Johnson, David Thomas / Academy of Ancient Music / Westminster Knabenchor.

Dec 411 712-2 ZK
(MC Dec 643 005 AZ)

Herbert von Karajan / Wilma Lipp, Hilde Rössl-Maidan, Anton Dermota, Walter Berry / Berliner Philharmoniker / Wiener Singverein.

DG 2535 257
(MC DG 3335 257)

Herbert von Karajan / Anna Tomowa-Sintow, Agnes Baltsa, Werner Krenn, Jose van Dam / Berliner Philharmoniker / Wiener Singverein.

DG 2530 705
(MC DG 3300 705)

Istvan Kertesz / Elly Ameling, Marilyn Home, Ugo Benelli, Tugomir Franc / Wiener Philharmoniker / Chor der Wiener Staatsoper.

Dec 6.41 573 AH

Neville Marriner / Ileana Cortubas, Helen Watts, Robert Tear, John Shirley-Quirk / Academy of St. Martin-in-the-Fields.

Dec 6.42 290 AW

Pascal Muller / Mariette Kemmer, Anne Bartelloni, Gerard Quenez, Jean Martin / Nürnberger Symphoniker / Chor M.-A. Charpentier.

Col 0 587
(MC Col 587)

Karl Richter / Maria Stader, Hertha Töpper, John van Kesteren, Karl-Christian Kohn / Bach-Chor und – Orchester München.
Tel 6.41 153 AH

Helmuth Rilling / Arleen Auger, Caroly Watkinson, Siegfried Jerusalem, Siegmund Nimsgern / Bach Collegium Stuttgart / Gächinger Kantorei Stuttgart.
CBS 76 819

Gerhard Schmidt-Garden / Hans Buchhierl, Knabensopran; Mario Krämer, Knabenalt, Werner Krenn, Barry McDaniel / Collegium aureum / Tölzer Knabenchor.
EMI 065-99 694 Q

Peter Schreier / Margaret Price, Trudeliese Schmidt, Francisco Araiza, Theo Adam / Staatskapelle Dresden / Rundfunkchor Leipzig.
Ph 411 420-2
(MC Ph 6514 320)

Als Taschenpartitur ist »Das von Franz Xaver Süßmayr vervollständigte Requiem in der traditionellen Gestalt« als Nr. 152 in der Reihe der Bärenreiter-Taschenpartituren, Kassel, erschienen, herausgegeben und mit einem Vorwort versehen von Leopold Nowak.

Register

Bildquellen

Alle Photos aus dem Archiv des Verfassers, außer:
Mozart-Museum, Salzburg (S. 9, 13 u., 83, 90 o., 169, 177)
Mozart-Archiv, Salzburg (S. 27, 284)
Gesellschaft der Musikfreunde, Wien (S. 51, 106)
Österreichische Nationalbibliothek, Wien (S. 131, 249)
Stadtbibliothek Wien (S. 200)
Historisches Museum der Stadt Wien (S. 99 u., 156 u.)
Kellner, Musikgeschichte des Stiftes Kremsmünster (S. 139, 156 o.)
Sammlung van Hoboken, Lausanne (S. 117 o.)
Museum Bertramka (S. 90 o.)
Universitätsbibliothek Glasgow (S. 130)
Berlin, Staatsbibliothek Preußischer Kulturbesitz,
Musikabteilung (139)

Der Abdruck der Notenblätter erfolgte mit Ausnahme der Seiten 212 und 213 aus der Neuen Mozart-Ausgabe, Bärenreiter-Verlag, Kassel

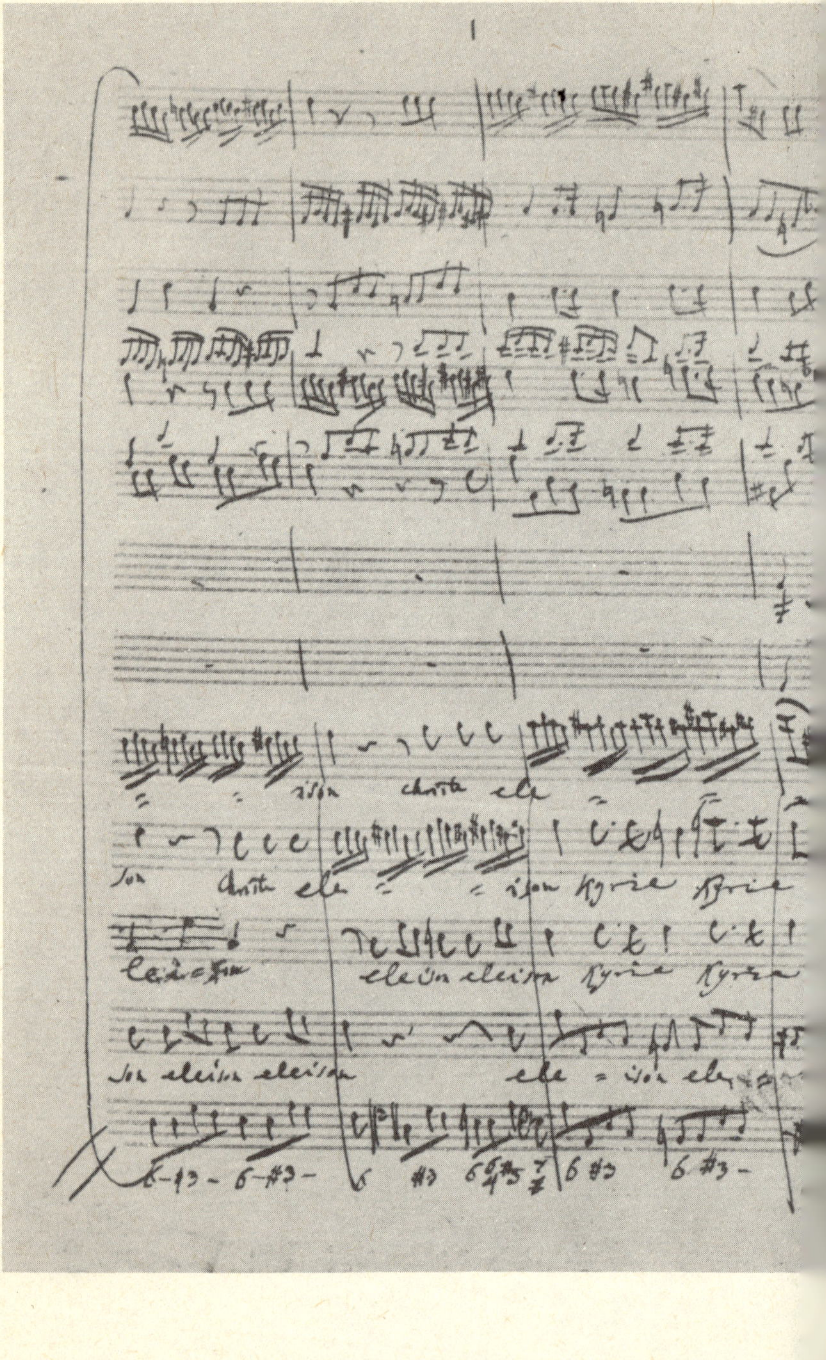
ison Christe ele
Christe ele ison Kyrie Kyrie
eleison eleison Kyrie Kyrie